Novos horizontes no estudo da linguagem e da mente

FUNDAÇÃO EDITORA DA UNESP

Presidente do Conselho Curador
Herman Jacobus Cornelis Voorwald

Diretor-Presidente
José Castilho Marques Neto

Editor-Executivo
Jézio Hernani Bomfim Gutierre

Conselho Editorial Acadêmico
Alberto Tsuyoshi Ikeda
Célia Aparecida Ferreira Tolentino
Eda Maria Góes
Elisabeth Criscuolo Urbinati
Ildeberto Muniz de Almeida
Luiz Gonzaga Marchezan
Nilson Ghirardello
Paulo César Corrêa Borges
Sérgio Vicente Motta
Vicente Pleitez

Editores-Assistentes
Anderson Nobara
Henrique Zanardi
Jorge Pereira Filho

Noam Chomsky

Novos horizontes no estudo da linguagem e da mente

Tradução
Marco Antônio Sant'Anna

© 2000 Foreword: Neil Smith (First published: 2000)

Título original em inglês: *New Horizons in the Study of Language and Mind*

© 2002 da tradução brasileira:

Fundação Editora da UNESP (FEU)
Praça da Sé, 108
01001-900 – São Paulo – SP
Tel.: (0xx11) 3242-7171
Fax: (0xx11) 3242-7172
www.editoraunesp.com.br
www.livrariaunesp.com.br
feu@editora.unesp.br

CIP-Brasil. Catalogação na fonte
Sindicato Nacional dos Editores de Livros, RJ

C474n

Chomsky, Noam, 1928-
    Novos horizontes no estudo da linguagem e da mente / Noam Chomsky; tradução Marco Antônio Sant'Anna. – São Paulo: Editora UNESP, 2005.

Tradução de: New Horizons in the Study of language and Mind
Inclui bibliografia
ISBN 85-7139-611-6

1. Linguagem e línguas – Filosofia.   2. Filosofia da mente.
3. Linguística. I. Título.

05-2685   CDD 401
                                                                                     CDU 8:1

Editora afiliada:

Asociación de Editoriales Universitarias
de América Latina y el Caribe

Associação Brasileira de
Editoras Universitárias

Sumário

Prefácio de Neil Smith   7

Créditos   23

Introdução   25

1 Novos horizontes no estudo da linguagem   29

2 Explicando o uso da linguagem   53

3 Linguagem e interpretação:
   reflexões filosóficas e pesquisa empírica   97

4 Naturalismo e dualismo
   no estudo da linguagem e da mente   145

5 A linguagem como objeto natural   193

6 A linguagem de uma perspectiva internalista   235

7 Explorações internalistas   283

Referências bibliográficas   331

Índice   343

Prefácio

O prestígio de Chomsky no cenário mundial é único. Ele foi o líder da "revolução cognitiva" das décadas de 1950 e 1960 e dominou o campo da Linguística desde então. De várias maneiras, sua teoria da gramática gerativa constituiu-se em guia e inspiração para muitos linguistas pelo mundo afora e em referência para quase todos. Seria possível não concordar com a obra de Chomsky, mas ignorá-la constituiria tanto uma visão limitada como uma atitude antiacadêmica.

Chomsky formou-se pela Universidade da Pensilvânia em 1949, com uma monografia sobre o hebraico moderno posteriormente revista e ampliada para se tornar sua dissertação de mestrado. Conquanto ainda em forma embrionária, esse trabalho deu início ao que seria a gramática gerativa moderna. As questões ali trabalhadas germinaram, definindo um campo de pesquisa para o qual ainda contribui cinquenta anos depois e que, em grande escala, é o produto de sua genialidade. Contudo, essa odisseia intelectual consumiu apenas metade de seu tempo. A outra metade foi dedicada ao ativismo político, à exposição das mentiras detectadas no governo e do programa por trás do poder institucional. Essa atividade envolveu-o na apresentação de incontáveis palestras ao redor do mundo e resultou na produção de quase cinquenta livros, centenas de artigos e milhares de cartas. Talvez haja pouca conexão entre as duas partes de sua obra, mas sua fama e, em parte, sua influência são o produto conjugado de ambas. (A produção de Chomsky é vasta; para uma visão geral recente de parcela representativa de sua obra, ver Smith [1999].)

Sua obra fundamental sobre a linguagem tem tido grandes implicações não apenas para a Linguística, mas também para várias outras disciplinas, mais notoriamente para a Filosofia e a Psicologia. Este volume de ensaios concentra-se nessa terceira parte de seu pensamento e trata, em especial, de questões metafísicas surgidas de sua pesquisa, esclarecendo alguns pontos confusos e marcados por preconceito que têm contaminado o estudo filosófico da linguagem. Ao fazê-lo, apresenta novas soluções para os enigmas tradicionais e novas perspectivas sobre questões de interesse geral, desde o problema mente–corpo até a unificação da ciência.

O cerne desses artigos constitui uma reflexão ampliada sobre a interpretação "internalista" de Chomsky da faculdade humana da linguagem. Muito da tradição filosófica tem se concentrado na linguagem como um constructo público, do qual os indivíduos têm um conhecimento parcial. Essa visão preocupa-se com a relação entre a linguagem e a realidade externa: a relação mundo–palavra que sustenta teorias-padrão da semântica referencial. Em oposição a essa tradição, Chomsky defende de modo extensivo, e com uma série de análises linguísticas criativas, a visão de que o conhecimento da linguagem é individual e interno à mente e ao cérebro humanos. Daí concluir que um estudo apropriado da linguagem precisa tratar de seu constructo mental, uma entidade teórica a que ele se refere com o neologismo "Língua-I", uma propriedade interna de um indivíduo. Uma consequência dessa sua visão é que o conceito leigo (e filosófico) de "língua" – de acordo com o qual o chinês (como o falado em Hong Kong e Beijing) ou o inglês (como o usado por Shakespeare e pelo próprio Chomsky) – não constitui um domínio sobre o qual se podem construir teorias científicas coerentes.

O enfoque numa visão internalista da linguagem insere a obra de Chomsky no domínio da Psicologia e, em última análise, no da Biologia: a linguagem humana é um "objeto biológico". De acordo com isso, a linguagem deve ser analisada segundo a metodologia das ciências naturais, sem espaço para restrições em pesquisa linguística além daqueles típicos de todo trabalho científico. Ainda que essa metodologia seja em sua maior parte desenvolvida segundo as características da Física, não se pode concluir que a Linguística possa ser reduzida à Física ou a qualquer outra das ciências do tipo "duro". Ela possui leis e generalizações próprias que não podem ser descritas em termos de "partículas subatômicas e similares". Nesse sentido, o "Naturalismo" é central para toda a obra de Chomsky, excluindo de forma explícita as exigências dualistas segundo as quais a análise da linguagem precisa satisfazer outros critérios diferentes dos da Química ou da Bacteriologia. A medida de sucesso para a Linguística, assim como para qualquer disciplina empírica, está em que suas teorias tenham poder explicativo e de esclarecimento, e não em sua conformidade com as limitações da Filosofia.

Essa tese naturalista acarreta várias consequências: não há nenhuma justificativa para a assunção comum de que as línguas naturais precisam ser tratadas como as línguas formais, inventadas, da Lógica ou da Matemática; nem para as exigências de que as regras da linguagem que atribuímos aos indivíduos devam ser conscientemente acessíveis; nem ainda para a exigência de que o mental seja reduzido ao físico.

A rejeição desse dualismo filosófico é percebida de modo mais surpreendente no tratamento que Chomsky dá ao problema mente–corpo. Tem sido um desafio perene da Filosofia explicar como o mental pode afetar o físico, e como algo que é, por definição, não substancial pode causar mudanças em entidades espacialmente localizadas: em outras palavras, como a mente é capaz de acionar o corpo. Chomsky desatou esse complicado nó com a ênfase numa dificuldade mais fundamental: o problema da relação mente–corpo nem sequer pode ser formulado, não porque tenhamos, como em geral se supõe, uma compreensão limitada demais da mente, mas porque não temos critérios para aquilo que constitui um corpo. Numa tentativa tipicamente radical de esclarecer essa questão, ele aponta que, da mesma maneira que as brilhantes ideias de Isaac Newton levaram ao fim da mecânica de contato, a noção cartesiana de corpo foi refutada e, desde então, nada a substituiu. Na ausência de uma noção coerente de "corpo", o problema tradicional mente–corpo não possui um *status* conceitual, de maneira que não surgem problemas específicos de causalidade. Dito de maneira mais generalizada, não há nenhum problema metafísico especial associado às tentativas de tratar de maneira naturalista os fenômenos "mentais" (como o conhecimento da linguagem), mais do que os problemas metafísicos que os químicos enfrentam para definir o "químico".

Uma implicação posterior desse argumento é que as noções comuns de redução em ciência não são apropriadas. É óbvio que queremos integrar nossas teorias do mental – incluindo, em particular, a Linguística – às nossas teorias do cérebro e de qualquer outro domínio relevante. Entretanto, mesmo com o exemplo apresentado da redução da Biologia à Química, por meio da revolução da Biologia molecular, a unificação não precisa assumir a forma de redução. Mais importante do que isso, a asserção de que o físico ou o psicológico tem um certo tipo de prioridade é mal concebida: as teorias da Linguística são tão ricas e fazem tantas predições específicas ao longo de um amplo domínio quanto as teorias da Química e da Biologia. Tentar reduzir a Linguística à Neurologia, no estágio de entendimento em que nos encontramos, talvez seja improdutivo. Considere-se o exemplo específico do entendimento das implicações da atividade elétrica no cérebro, medida pelo "evento relacionado com potenciais do cérebro" (ERPs). Os linguistas têm um conhecimento razoável dos diferentes tipos de estrutura linguística "desviante" – desvio aqui definido como abandono dos princípios da gramática – e agora parece que tais diferenças estão correlacionadas aos modelos particulares de atividade elétrica no cérebro. Essas correlações parecem sugerir que os fatos linguísticos podem ser explicados em termos de neurologia. Mas aqui, e numa série de outros casos, é a Linguística que nos torna capazes de atribuir qualquer sentido aos resultados, pois não existe nenhuma teoria eletro--fisiológica suficiente para realizar essa tarefa. É tão impossível fazer generalizações interessantes sobre a linguagem com base em constructos de células ou neurônios quanto o é fazê-las sobre Geologia ou Embriologia com base em constructos das partículas físicas. Em ambos os casos, a exigência de redução vai longe demais.

Em algumas áreas, a unificação científica, pensada apenas como redução, talvez seja, em princípio, impossível. Isso não constitui apenas uma afirmação óbvia de que somos incapazes de entender alguns domínios, mas o ponto mais sutil de que há aspectos de nosso ser que são de modo inerente inacessíveis à nossa inteligência. Não duvidamos que os ratos sejam intelectualmente incapazes de lidar com noções como, por exemplo, a de números primos, e não devemos duvidar que nosso ser geneticamente determinado tenha resultado em um organismo que é, de modo semelhante, incapaz de entender alguns domínios. Como Chomsky afirma, o mundo intelectual é dividido em "problemas" e "mistérios". Os primeiros podem (ou não) sucumbir à nossa teorização; os últimos nunca permitirão isso. Nossa faculdade de Formação de Ciência pode capacitar-nos a adquirir algum tipo de conhecimento teórico sobre visão, linguagem, genética e assim por diante, o que não significa que todos os domínios serão tão receptivos, e algumas questões – como a do livre-arbítrio ou a da correta caracterização da consciência – podem estar além de nossas habilidades intelectuais e continuar constituindo um mistério, assim como os números primos, presume-se, constituem um mistério para os ratos. O argumento não é que não possamos obter nenhuma compreensão nessas áreas, mas que talvez não possamos obter nenhuma compreensão científica, e que precisaremos confiar na genialidade dos romancistas ou dos poetas para uma compreensão maior desses assuntos.

A caracterização de nosso uso da linguagem como algo oposto ao nosso conhecimento da linguagem constitui uma área em que Chomsky é pessimista em relação ao alcance do entendimento científico. Seu trabalho, ao longo de metade do século passado, abriu o estudo sobre a nossa "competência" (para usar o termo agora substituído por Língua-I), mas a maneira como a acionamos para que seja usada em nosso desempenho é algo ainda muito desconhecido, talvez um mistério. Isso não significa que estejamos negando que fizemos progresso em entender como os seres humanos processam as sentenças que ouvem. Os estudos experimentais e teóricos da percepção e da produção da linguagem, os conhecimentos sobre a aquisição e a mudança da linguagem e a análise da função do cérebro em sujeitos normais e em sujeitos portadores de alguma patologia contribuíram para uma ampliação do conhecimento. Há até mesmo noções preliminares sobre como interpretamos determinadas elocuções num contexto, mas ainda estamos tão distantes quanto René Descartes de saber como alguém escolhe reagir a uma pintura com uma exclamação do tipo *que lindo!* ou *isso me lembra Bosch*, em vez de continuar em silêncio.

Apesar da denominação *novos horizontes*, muitos dos tópicos aqui discutidos têm sido objeto de nossa atenção por muitos anos. Desde suas primeiras tentativas na história das ideias em *Cartesian Linguistics* (1966),* Chomsky tem demonstrado uma surpreendente habilidade de colocar suas ideias em uma perspectiva histórica e científica geral mais ampla. Sua formação histórica serve

---

* CHOMSKY, N. *Linguística Cartesiana*. Trad. Francisco M. Guimarães. Petrópolis: Vozes, 1972. (N. T.)

não apenas para possibilitar um rastreamento de antecedentes intelectuais, mas também para iluminar os desenvolvimentos da Linguística, ao compará-los com os da ciência tradicional, em especial com a história da Química. Ao mesmo tempo, relaciona esses desenvolvimentos ao trabalho atual em Psicologia, Filosofia, Matemática e nas ciências cognitivas em geral.

Há dois aspectos novos. De um lado, há novos tipos de evidência para antigas posições; de outro, há agora a possibilidade de apresentar questões antes impossíveis até mesmo de ser formuladas. Não temos ainda respostas a essas questões, mas a habilidade de formulá-las constitui, em si mesma, um avanço empolgante.

O primeiro deles pode ser ilustrado por uma referência a uma posição pela defesa da qual Chomsky tem sido há tempo famoso (ou notório): de modo específico, que uma parte substancial de nosso conhecimento da linguagem é geneticamente determinada, ou inata. Fica evidente que algo linguístico seja inato pelo fato de que os bebês – não os gatos, as aranhas e as rochas – adquirem linguagem. Grande parte do trabalho de Chomsky dos últimos quarenta anos tem sido dedicada a organizar os detalhes técnicos do que devemos atribuir ao "estado inicial" da faculdade humana da linguagem para explicar esse fato elementar. Os avanços em Linguística e em disciplinas correlatas têm criado uma situação que agora nos proporciona uma "perspectiva distante" de apresentar evidências das ciências do cérebro e da Genética para demonstrar como essa determinação acontece e, portanto, de unir essa parte da Linguística com outras ciências. Tal unificação não é central para a obra do próprio Chomsky, mas a sofisticação de sua linguística tem tornado isso um empreendimento exequível.

O segundo aspecto é a possibilidade de utilizar nosso conhecimento sobre linguagem para oferecer uma explicação do restante de nossa cognição. Explicar como isso poderia ocorrer requer um esboço de um pouco da história recente. A Linguística gerativa atual é dominada por duas linhas: a teoria dos "princípios e parâmetros" – como apresentada em *Knowledge of Language* (1986) (*Conhecimento da linguagem*) – e o minimalismo – como visto mais claramente em seu livro *The Minimalist Program* (1995).* Por muitos anos, Chomsky e seus discípulos fizeram um esforço considerável a fim de projetar mecanismos formais adequados que descrevessem a vasta complexidade das línguas naturais, complexidade que se torna cada vez mais admirável quanto mais se olha para línguas individuais. Alguns desses dispositivos formais, em particular as transformações e as noções de estrutura profunda e superficial, foram muito bem-sucedidos e alcançaram uma certa aceitação comum fora da Linguística, entre filósofos, psicólogos e mesmo entre o público leigo. O problema com esse estágio da teoria é que sua complexidade conduziu à falsa interpretação de que as línguas não podiam ser aprendidas: como uma criança poderia superar essa dramática complexidade nos poucos anos durante os quais a aquisição da primeira língua acontece?

A resposta de Chomsky foi que o nosso conhecimento de uma língua é muito mais inato do que antes se suspeitara. Línguas específicas como o inglês ou o japonês podiam, é óbvio, não ser inatas – como se pode constatar pelas diferenças entre elas, as quais foram acionadas pelo ambiente –, mas o processo na aquisição normal da língua também deixa claro que uma grande quantidade deve ser inata. Não se trata apenas do fato de haver restrições sobre o tipo de hipótese que a criança que está aprendendo sua primeira língua pode considerar; todas as propriedades essenciais da língua são construídas a partir do início. Isto é, a criança não precisa aprender de início as propriedades da língua à qual está exposta; em vez disso, apenas seleciona opções específicas de um conjunto antes determinado. Por exemplo, as línguas são ou *head-first* (o verbo precede o objeto, como no inglês) ou *head-*

---

* *O programa minimalista.* Trad. Eduardo Paiva Raposo. Lisboa: Caminho, 1999. (N. T.)

-*last* (o objeto precede o verbo, como no japonês). A criança nasce sabendo que há essas duas alternativas, e que o que deve fazer é equivalente a acionar os interruptores de um quadro de eletricidade para "estabelecer os parâmetros" da língua que está aprendendo. É significativo que essa resolução da tensão entre descrição e explicação reflita os desenvolvimentos em outras ciências. Em imunologia, uma teoria "instrutiva" de desenvolvimento de anticorpos foi substituída por uma teoria "seletiva", na qual a presença de antígenos, até mesmo aqueles produzidos de modo artificial, atraía anticorpos, já presentes no organismo, antes que ele fosse exposto à influência externa. O paralelo com a aquisição da linguagem é surpreendente.

A teoria dos princípios e parâmetros, desenvolvida ao longo das duas últimas décadas, talvez seja a primeira abordagem de fato nova da linguagem nos últimos 2.500 anos. Ela é conceitualmente tão diferente das descrições anteriores sobre linguagem, tanto a tradicional como a gerativa, que para Chomsky esta é a primeira vez que a teoria linguística pode justificar sua descrição como "revolucionária", de maneira geral, mais de acordo com sua obra dos anos 50. A versão atual dos princípios e parâmetros – já muito diferente da versão do início dos anos 80 – está encaixada no programa minimalista dos anos 90. Essa é uma tentativa radical de repensar os fundamentos da disciplina, evitando todos os constructos que não são conceitualmente necessários ou exigidos pela necessidade empírica: as exigências comuns da ciência. O procedimento de repensar a questão significou o abandono de grande parte do esquema descritivo das versões anteriores da gramática gerativa – até mesmo de inovações bem-sucedidas, como a dos níveis de estrutura profunda e de superfície – e exigiu uma busca de novas explicações.

Chomsky é cuidadoso em enfatizar que o "minimalismo" não é ainda uma teoria; trata-se apenas de um programa que define um certo tipo de esforço de pesquisa. Qualquer teoria da linguagem precisa oferecer uma ligação entre som e significado, entre representações da pronúncia e representações das propriedades lógicas das palavras e sentenças. De acordo com isso, uma gramática – a Língua-I – precisa definir dois níveis de representação, chamados FF para "Forma Fonética" e FL para "Forma Lógica", e especificar a ligação entre eles. De modo ideal, não deve haver outros níveis e a complexidade dessa ligação deve ser mínima. Isso sugere duas questões já antes consideradas impossíveis de se responder de modo sério ou, talvez, até mesmo de se formular. Primeiro, até que ponto uma língua humana seria uma boa solução para esse problema conceptual da ligação entre o som e o significado? É correto sugerir que as gramáticas das línguas naturais são, em certo sentido, eficazes? Em segundo lugar, quais são as relações entre a faculdade da linguagem e outros sistemas da mente/cérebro? Em particular, é possível que quaisquer desvios da eficácia detectados na primeira sejam atribuídos às condições impostas pelos segundos?

Chomsky trata desses problemas com base na questão "quão 'perfeita' é a linguagem?", com a resposta, surpreendente para um sistema biológico, de que ela está muito próxima da perfeição. Isso significa que quaisquer desvios da necessidade conceptual manifestados pela faculdade da linguagem (isto é, a Língua-I) são motivados pelas condições impostas pelo exterior. Chomsky chama isso de "condições de legibilidade": condições impostas pela necessidade de outros sistemas da mente/cérebro de usar representações fornecidas pela faculdade da linguagem. Em particular, isso se refere à necessidade de sistemas articulatórios e perceptivos de explorar as representações FF, e do sistema conceptual de explorar a FL. Nesse contexto, processos de movimento ou de "deslocamento" do tipo visto nas diferentes posições ocupadas por *Clinton** em *They elected*

---

* Uma vez constatada a impossibilidade de reproduzir, por meio de equivalentes em língua portuguesa, a maioria dos problemas e exemplos

Clinton* e *Clinton was elected*** parecem ser conceitualmente desnecessários. Por que as línguas naturais exploram esse tipo de estratégia, de todo estranha às línguas artificiais da Lógica e da Matemática? Numa tentativa de responder a essa questão pode-se afirmar que o deslocamento pode, de forma plausível, ser motivado pela necessidade de estruturar a informação para otimizar a comunicação. Se, de fato, isso é verdadeiro, a situação fica como se uma propriedade da faculdade da linguagem fosse imposta de fora do sistema, de outra parte da mente/cérebro. Chomsky não para neste ponto, mas tenta relacionar essa aparente imperfeição da linguagem com outra. As línguas naturais são repletas de fenômenos que apresentam problemas para aprendizes de uma segunda língua e constituem uma fonte de irritação para os filósofos. Há complexidades morfológicas, como o caso dos paradigmas das declinações e o dos verbos irregulares, os quais parecem não ter nenhum significado legítimo em si mesmos e ser inúteis no nível semântico. Eles constituem outro tipo de imperfeição, que necessita da postulação de características que não podem ser interpretadas, isto é, características sem interpretação semântica. Entretanto, a teoria sintática atual faz uso sistemático dessas características que não podem ser interpretadas, a função delas é dirigir os processos de movimento que acabamos de ver como motivados de fora da faculdade da linguagem. Se tais conjecturas estão corretas, permitem a interessante possibilidade de reduzir dois tipos de "imperfeição" aparente a apenas um. Na verdade, se o argumento está correto, as imperfeições são, de fato, apenas "aparentes". Em virtude das restrições que outros sistemas da mente/cérebro impõem às soluções das liga-

---

      gramaticais discutidos pelo autor, optamos pela manutenção das proposições originais em inglês, oferecendo, ou em nota de rodapé, ou no corpo da obra, as respectivas traduções apenas como um guia para os leitores que não conhecem o inglês. (N. T.)
* Eles elegeram Clinton. (N. T.)
** Clinton foi eleito. (N. T.)

ções entre som e significado, talvez não existam outras alternativas, de maneira que a necessidade conceptual explique a forma de toda a gramática.

Por fim, passo a focalizar os ensaios de forma separada. O capítulo 1, "Novos horizontes para o estudo da linguagem", constitui uma introdução sucinta e, em termos gerais, não técnica ao pensamento atual de Chomsky sobre a natureza da faculdade da linguagem, estabelecendo suas ideias em seu contexto histórico e intelectual: as tradições de Galileu e as cartesianas. O texto apresenta seu estilo, agora familiar, de usar exemplos simples e apresentar consequências profundas a partir deles. Se uma biblioteca contém duas cópias do *Guerra e paz*, de Tolstoi, e cada uma é retirada por uma pessoa diferente, elas retiram o mesmo livro ou livros diferentes? Ambas as respostas são adequadas, dependendo de considerarmos o livro um objeto material ou uma entidade abstrata. Isso pode parecer evidente em si mesmo, mas, como Chomsky continua a demonstrar, há sérias implicações para a filosofia da linguagem. Uma observação surpreendente posterior é que nosso conhecimento, que faz objeções a que livros possam ser considerados dessas diferentes maneiras, parece chegar até nós de forma muito independente da experiência. De acordo com isso, temos uma pobreza de argumentos-estímulo para a determinação inata de tal conhecimento. Uma grande parte do ensaio parece ser acessível ao leigo, mas também traz muita coisa a ser oferecida ao especialista.

"Explicando o uso da linguagem" (capítulo 2) constitui uma crítica dos pontos de vista dos filósofos externalistas, em especial a Hillary Putnam, e uma defesa do naturalismo na investigação da linguagem. Chomsky oferece uma longa série de exemplos novos para fundamentar a visão de que o tratamento mais bem-sucedido em relação à linguagem é feito em termos de cálculos sobre representações internas e mentais. É óbvio que esse é o domínio no qual residem suas maiores contribuições técnicas, mas a discussão não pressupõe nenhuma especialidade em teoria sintática. Parte de sua exposição envolve uma generalização da noção internalista da Língua-I para o domínio epistemológico, invocando a noção da Crença-I. Uma vez mais, a tese é ilustrada por exemplos tão simples quanto surpreendentes da profundidade e dos detalhes de nosso conhecimento de itens lexicais comuns, tais como *house* (casa) e *near* (perto). Em *John is painting the house brown*,* sabemos – parece que sem qualquer informação – que é a superfície externa da casa que está sendo pintada e não a interna. Mas o significado de *house* não pode ficar restrito à sua superfície externa. Se duas pessoas estão numa posição equidistante dessa superfície, uma fora e outra dentro, apenas a que está fora pode ser descrita como "próxima" da casa. Uma vez mais, como demonstrado em experimentos práticos, até mesmo crianças de pouca idade parecem conhecer esses fatos, sugerindo que o conhecimento já está, em certo sentido, disponível antes para o organismo.

"Linguagem e interpretação" (capítulo 3) leva essas ideias adiante e, em particular, elabora seus argumentos contra Willard Quine, Michael Dummet e outros sobre questões como a indeterminação da tradução, linguagem pública *versus* linguagem particular, a natureza do conhecimento tácito e o *status* das "regras" linguísticas. Chomsky toma exemplos sintáticos simples, que têm caracterizado bastante a literatura técnica, e os usa para argumentar uma série de posições filosóficas. Considere-se a interpretação de *Mary expects to feed herself*** (onde *Mary* e *herself* são tomados para se referir ao mesmo indivíduo), como oposta à parcialmente idêntica *I wonder who Mary expects to feed herself*, *** onde esse constructo correferencial é impossível. Chomsky rejeita uma série de implicações de exemplos como este e suas análises, tais como: elas não correspondem à reivindicação de Quine de que não há "nenhum fato sobre o assunto"; elas podem ser usadas

---

* John está pintando a casa de marrom. (N. T.)
** Mary espera alimentar-se. (N. T.)
*** Eu fico imaginando quem Mary espera que a alimente. (N. T.)

para apoiar uma distinção analítico-sintática; elas levantam problemas para qualquer noção de significado holístico; e elas apontam para a independência de nossa faculdade linguística de outros aspectos de nosso sistema de crenças.

"Naturalismo e dualismo no estudo da linguagem e da mente" (capítulo 4) retorna ao ataque aos filósofos por sua tácita adoção da "tese da bifurcação": a visão de que o estudo da linguagem deveria estar sujeito aos padrões e às condições adicionais àquelas que sustentam as ciências naturais em geral. Iniciando com a observação de que o termo "mental" apenas seleciona algum aspecto do mundo que desejamos sujeitar à pesquisa naturalista, Chomsky avança apresentando uma sucinta história das ideias – o que se justifica pelo fato de elas pertencerem ao estudo da linguagem – de Descartes até o presente, fazendo analogias de modo especial a partir da Química e do estudo da visão. A implicação do exercício é que o problema da mente–corpo é impossível de ser posto; o suposto papel da mente em definir o que constitui o conhecimento da linguagem não é motivado; e apenas um constructo internalista do conhecimento linguístico é capaz de fornecer alguma explicação para nossas habilidades.

"Linguagem como um objeto natural" (capítulo 5) retorna a várias das mesmas questões, mas focalizando de modo mais direto a linguagem e o conhecimento dela. A Linguística é uma das ciências naturais e Chomsky investiga seus antecedentes intelectuais em um sumário erudito e informativo da história da ciência. A despeito dessa argumentação, várias vezes justificada sobre o *status* "científico" da Linguística, Chomsky é ácido em sua abordagem das tentativas limitantes de reduzir a linguagem ao filosófico ou ao físico. O que é necessário é a unificação – a redução é apenas um caso raro de tal integração. O escopo da Linguística atual inclui os problemas de como as crianças aprendem sua primeira língua e de como os adultos a usam. Nesse ponto, Chomsky faz duas observações surpreendentes. Primeiro, seria uma descoberta empírica surpreendente se as línguas pudessem de fato ser aprendidas; segundo, essas línguas parecem ser em parte inúteis, como evidencia o fato de que os sistemas de desempenho falham de modo frequente. O ensaio termina com uma equilibrada discussão sobre os limites da intuição. Intuição ou julgamentos linguísticos são centrais para a argumentação em Linguística, mas Chomsky mostra que podemos não ter intuições comparáveis quando entramos no vocabulário técnico da Matemática ou da Filosofia, e que a confiança dos filósofos no apelo das intuições sobre a Terra-Gêmea, por exemplo, é sistematicamente perniciosa.

"A linguagem de uma perspectiva internalista" (capítulo 6) trata de algumas das mesmas questões, mas com exemplos diferentes e com uma discussão extensa sobre a diferença entre a investigação científica naturalista e aquela que é muitas vezes chamada de "ciência popular". A relação entre as duas não é evidente. Em Física não se espera que pontos de vista populares alimentem a elaboração de teorias de especialistas e, embora a etnociência seja um campo de pesquisa interessante, não há razão para que se assuma, *a priori*, que os conceitos e constructos do debate pré-científico devam ser transformados sem qualquer alteração em teorias formais da Língua-I. De modo mais particular, não há razão para impor condições de acesso ao conhecimento com base nas regras que caracterizam nossa linguagem. Se uma criança diz *I rided my bike,** não temos nenhum motivo para negar que está seguindo a regra da formação do passado, e menos razão ainda para assumir que está consciente do fato. Como sempre, conclusões profundas e sofisticadas – sobre a esterilidade das concepções externalistas da linguagem e a necessidade das concepções internalistas – são apresentadas com base em exemplos simples.

O último capítulo, "Explorações internalistas" (capítulo 7), continua a exposição de sua perspectiva internalista, tanto apresentando exemplos e argumentos novos como estendendo as críticas a um espectro mais amplo de alvos, em particular aspec-

---

* Como o verbo *to ride* é irregular, o passado seria *I rode my bike*. (N. T.)

tos da Terra-Gêmea. Além disso, o texto estabelece uma ligação mais íntima entre a discussão e seu recente trabalho sobre o programa minimalista e termina com uma discussão argumentada sobre o escopo e a importância nas noções daquilo que é inato.

Fora sua atuação política (inteiramente ausente aqui), Chomsky é mais conhecido por ser um teórico da sintaxe. Muitos dos ensaios desta publicação incluem exemplos perspicazes e intrigantes graças aos quais ele se tornou famoso; o contraste entre *John was too clever to catch** e o equivalente *John was too clever to be caught*;** entre *John was clever to be caught**** e o impossível, em inglês, *John was clever to catch*.**** É surpreendente que, além desses exemplos sintáticos, muito da exemplificação nestes ensaios seja léxica, com argumentos sutis baseados numa série de itens muito simples. Os argumentos são organizados com a mesma força lógica da parte inicial, e as conclusões conduzem à mesma visão de mundo que vem defendendo por quarenta anos – mas os argumentos são novos.

O que se torna impressionante nos escritos de Chomsky não é apenas sua tremenda amplitude e seu notável escopo, mas também o fato de que, depois de meio século, ainda tem o poder de surpreender: vai da observação de que os seres humanos não são uma espécie natural à importância do japonês para a análise do inglês; da rejeição de sua celebrada invenção da "estrutura profunda" à conjectura de que a linguagem, a despeito de sua natureza biológica, pode chegar perto da perfeição; da tensão entre o senso comum e a ciência às implicações do que conhecemos sobre uma casa marrom ou sobre uma xícara de chá. Tudo está combinado para fornecer uma visão única e convincente da linguagem e da mente.

Neil Smith

---

* John era esperto demais para pegar. (N. T.)
** John era esperto demais para ser pego. (N. T.)
*** John era esperto para ser pego. (N. T.)
**** John era esperto para pegar. (N. T.)

Créditos

O capítulo 1, "Novos horizontes no estudo da linguagem", foi apresentado como uma aula na Universidade das Ilhas Baleares, na Espanha, em 21 de janeiro de 1997. O capítulo 2, "Explicando o uso da linguagem", foi publicado pela primeira vez em *Philosophical Topics* (20, 1992, p.205-31) e está reimpresso com permissão do editor daquele período. O capítulo 3, "Linguagem e interpretação: reflexões filosóficas e pesquisa empírica", foi publicado em 1992 inicialmente em *Inference, Explanation, and Other Frustrations: Essays in the Philosophy of Science* (Inferência, explicação e outras frustrações: ensaios sobre filosofia da ciência – p.99-128), editado por John Earman, reitor da Universidade da Califórnia. Esse ensaio foi reimpresso com permissão da Editora da Universidade da Califórnia. O capítulo 4, "Naturalismo e dualismo no estudo da linguagem e da mente", é uma versão editada de uma aula apresentada durante as Agnes Cumins Lectures, no University College, Dublim, em abril de 1993, e foi publicado primeiramente no *International Journal of Philosophical Studies* (2, 1994, p.181-200). Está reimpresso com permissão daquela publicação. O capítulo 5, "A linguagem como um objeto natural", é uma versão editada da Jacobsen Lecture, no University College, em Londres, em 23 de maio de 1994, e da Homer Smith Lecture, na Escola de Medicina da Universidade de Nova York, em 16 de maio de 1994. Uma versão levemente modificada desse capítulo foi publicada pela primeira vez em 1995, junto com o capítulo 6 ("A linguagem de uma perspectiva internalista"), com o título de "Linguagem e natureza", em *Mind* (104, p.1-61). A versão modificada desse material é reproduzida com permissão da Editora da Universidade de Oxford. O capítulo 7, "Explorações internalistas", aparecerá num volume posterior de ensaios sobre Tyler Burge, editado pelo Professor Bjorn Ramberg e reimpresso com permissão do Professor Ramberg e da Editora do MIT.

Introdução

Durante a segunda metade do século XX, houve uma pesquisa intensa e sempre produtiva sobre as faculdades cognitivas humanas, sua natureza e os modos como entram em ação e interpretação. É comum a adoção da tese de que "as coisas mentais, na verdade as mentes, são propriedades emergentes do cérebro", e do reconhecimento de que "essas emergências são... produzidas por princípios que controlam as interações entre eventos de nível mais profundo – princípios que ainda não entendemos" (Mountcastle, 1998, p.1). A palavra "ainda" expressa uma atitude otimista que, certa ou errada, foi um tema constante ao longo desse período.

A tese retoma propostas do século XVIII desenvolvidas por razões bem convincentes: em especial, a conclusão que Newton parece ter estabelecido, para seu considerável desânimo, de que é "impossível" haver "uma física puramente materialística ou mecanicista" (Koyré, 1957, p.210); e as implicações da "sugestão de Locke" de que Deus podia ter escolhido "anexar à matéria *uma faculdade de pensamento*", do mesmo modo que "anexou os efeitos ao movimento, efeitos que não podemos, de forma nenhuma, conceber que o movimento seja capaz de produzir" (Locke,

1975, liv.IV, cap.3, seç.6, p.541). Os princípios do início do período moderno e o pensamento por trás deles merecem maior atenção do que, em minha opinião, têm em geral recebido. Vale também a pena lembrar que a falta de compreensão da "interação mente/cérebro" não é o único aspecto no qual o progresso tem sido limitado, desde a origem das modernas revoluções científicas. Enquanto a pesquisa científica sobre faculdades mentais mais elevadas tem conseguido grandes realizações em algumas áreas, os resultados não atingem as questões que foram – de fato, de meu ponto de vista – consideradas o centro do problema. Alguns desses tópicos são abordados nos capítulos deste volume.

O estudo da linguagem é um domínio no qual tem havido um progresso substancial, especialmente nos últimos vinte anos. Aqui também, questões tradicionais que ainda continuam em pauta são consideradas. Minha compreensão dessa obra é que ela (frequentemente de forma implícita) assume como certa a versão da tese sobre mente/cérebro antes citada, e que ela pode, de modo razoável, ser interpretada como parte da psicologia ou, de forma mais ampla, da biologia humana. Com certa aceitação, alguns estudiosos a têm denominado "Biolinguística" (Jenkins, 1999). Seu objeto são os atributos particulares das pessoas, de modo especial seu cérebro, que chamam "atributos linguísticos". Ela procura revelar a natureza e as propriedades de tais atributos, seu desenvolvimento e sua base na capacidade biológica inata. Essa capacidade parece determinar uma "faculdade de linguagem", que é um componente distintivo de faculdades mentais mais elevadas (como um sistema, isto é, seus elementos podem ter todo tipo de funções), uma "propriedade da espécie", compartilhada entre os humanos, para maior aproximação entre eles, cobrindo uma ampla variedade. A faculdade da linguagem constitui um desenvolvimento revolucionário muito recente e, até onde se sabe, é biologicamente isolada em aspectos vitais. A pesquisa biolinguística busca a unificação com outras abordagens às propriedades do cérebro, na esperança de que algum dia a barra, "/", na expressão "mente/cérebro", ganhe um conteúdo mais substantivo. A obra está preocupada não só com a natureza e com o desenvolvimento dos atributos linguísticos, mas também com as maneiras como entram em ação na linguagem. As relações desses atributos com um meio externo (produção e percepção) e seu papel no pensamento e na fala sobre o mundo e sobre outras ações e interações humanas são algumas vezes incluídas em princípio e algumas vezes de fato. Em alguns domínios, especialmente em relação a problemas de referência e significado em língua natural, a abordagem me parece sugerir que uma considerável reavaliação do assunto talvez esteja em pauta, por razões discutidas nos capítulos a seguir.

Deve-se demonstrar, é óbvio, que esta abordagem "naturalística" é uma maneira apropriada de investigar os fenômenos e o uso da linguagem. Uma tese mais ambiciosa é que isso está pressuposto (pelo menos de forma tácita, e algumas vezes por meio de negações explícitas) por um trabalho construtivo nessas áreas; e que algo semelhante está firmado no estudo de outras faculdades cognitivas. É também necessário mostrar que algumas críticas são mal orientadas, incluindo as que estão disseminadas e vêm exercendo influência. Penso que tudo isso é muito plausível. Os ensaios seguintes, em sua maioria baseados em palestras proferidas ao longo dos últimos anos, tentam fornecer algumas razões para essas conclusões e esquematizar algumas direções que me parecem apropriadas e dignas de ser exploradas.

1
Novos horizontes no estudo da linguagem

O estudo da linguagem é um dos ramos mais antigos da pesquisa sistemática, remontando à Índia e à Grécia clássicas, com uma história de realizações rica e frutífera. De um ponto de vista diferente, ainda é bem jovem. As principais iniciativas contemporâneas de pesquisa tomaram forma apenas há cerca de quarenta anos, quando algumas das principais ideias da tradição foram revistas e reconstruídas, abrindo caminho para o que tem se mostrado uma pesquisa muito produtiva.

O fato de a linguagem ter exercido um grande fascínio ao longo dos anos não constitui um dado surpreendente. A faculdade humana da linguagem parece ser uma verdadeira "propriedade da espécie", variando muito pouco entre os seres humanos e sem um análogo significativo em outro domínio. Talvez as analogias mais próximas sejam encontradas entre os insetos, numa distância de bilhões de anos na cadeia evolutiva. Na atualidade, não há nenhuma razão séria para que se desafie a visão cartesiana de que a habilidade de usar sinais linguísticos, a fim de expressar pensamentos livremente formados, marque "a verdadeira distinção entre o homem e o animal" ou a máquina – e com o vocábulo "máquina" estamos nos referindo tanto aos robôs que conquistaram a imaginação dos séculos XVII e XVIII quanto aos mecanismos que estão hoje fornecendo um estímulo para o pensamento e a imaginação.

Além disso, a faculdade da linguagem entra de maneira decisiva em cada aspecto da vida, do pensamento e da interação humanos. Ela é a grande responsável pelo fato de apenas no mundo biológico os humanos terem uma história, uma evolução cultural e uma diversidade muito complexa e rica, e até mesmo um sucesso biológico, no sentido técnico da enormidade de seus números. Seria difícil que um cientista marciano, ao observar as coisas estranhas na Terra, não ficasse atônito pela manifestação e pelo significado da forma aparentemente única de sua organização intelectual. É até mesmo mais natural que essa questão, com seus muitos mistérios, deva ter estimulado a curiosidade dos que procuram entender sua própria natureza e seu lugar dentro de um mundo mais amplo.

A linguagem humana baseia-se em uma propriedade elementar que também parece ser biologicamente isolada: a propriedade da infinitude discreta, exibida em sua forma mais pura pelos números naturais 1, 2, 3, ... As crianças não aprendem essa propriedade; a menos que a mente já possuísse esses princípios básicos, nenhuma evidência poderia fornecê-los. De maneira semelhante, nenhuma criança precisa aprender que há sentenças de três e quatro palavras, e não sentenças de três palavras e meia, e que elas continuam assim por diante; é sempre possível construir uma sentença mais complexa, com uma forma e um significado definidos. Esse tipo de conhecimento precisa ter vindo para nós da "mão original da natureza", para usar a frase de David Hume (1975 [1748], seç.85, p.108), como parte de nossa capacitação biológica.

Galileu, intrigado com essa propriedade, considerou a descoberta de um meio de comunicar nossos "pensamentos mais secretos a qualquer outra pessoa com 24 pequenos caracteres"

(Galileu 1632/1661, fim do primeiro dia) a maior das invenções humanas. A invenção foi bem-sucedida, porque refletiu a infinitude discreta da linguagem, representada por esses caracteres. Pouco tempo depois, os autores da Gramática Port Royal ficaram atônitos com a "maravilhosa invenção" de um meio de construir, com base em poucas dúzias de sons, uma infinidade de expressões que nos conferem a capacidade de revelar a outros o que pensamos, imaginamos e sentimos – de um ponto de vista contemporâneo, não seria uma "invenção", mas algo não menos "maravilhoso" como um produto de evolução biológica, sobre o qual virtualmente nada é conhecido.

A faculdade da linguagem pode perfeitamente ser considerada um "órgão da linguagem", no sentido em que os cientistas falam do sistema visual, do sistema imunológico ou do sistema circulatório como órgãos do corpo. Entendido dessa maneira, um órgão não é algo que possa ser removido do corpo, deixando o resto intacto. Trata-se de um subsistema de uma estrutura mais complexa. Desejamos compreender a total complexidade, investigando as partes que têm características distintivas e a interação entre elas. O estudo da faculdade da linguagem caminha nessa direção.

Posteriormente, assumimos que o órgão da linguagem é como outros, no sentido de que seu caráter básico é uma expressão dos genes. A maneira como isso acontece continua a ser algo remoto para pesquisa, mas podemos investigar o "estado inicial" geneticamente determinado da faculdade da linguagem de outros modos. É evidente que cada linguagem é o resultado da inter-relação de dois fatores: o estado inicial e o curso da experiência. Podemos conceber o estado inicial como um "sistema de aquisição da linguagem", que toma a experiência como *input* e fornece a linguagem como *ouput* – um *ouput* que é internamente representado na mente/cérebro. O *input* e o *output* são ambos passíveis de análise: podemos estudar o curso da experiência e as propriedades das linguagens adquiridas. Aquilo que é aprendido dessa maneira pode fornecer-nos muitas informações sobre o estado inicial que faz a mediação entre eles.

Além disso, há uma forte razão para acreditarmos que o estado inicial é comum às espécies: se meus filhos tivessem crescido em Tóquio, iriam falar japonês, como as outras crianças de lá. Isso significa que a evidência sobre o japonês sustenta-se de modo direto sobre as assunções concernentes ao estado inicial para o inglês. Dessa maneira, é possível estabelecer fortes condições empíricas que a teoria do estado inicial precisa satisfazer, e também propor vários problemas para a biologia da linguagem: De que maneira os genes determinam o estado inicial e quais são os mecanismos cerebrais envolvidos no estado inicial e nos estados posteriores que o cérebro assume? A resolução desses problemas é muito difícil até mesmo para sistemas muito mais simples em que experimentos diretos são possíveis; todavia, alguns deles podem ser submetidos à pesquisa.

A abordagem que venho esboçando está relacionada à faculdade da linguagem: seu estado inicial e os estados que ela assume. Suponhamos que o órgão da linguagem de Peter está em estado L. Podemos considerar L a "linguagem internalizada" de Peter. Quando falo de uma linguagem aqui, é isso que estou pretendendo dizer. Entendida dessa maneira, a linguagem é algo como "o modo como falamos e entendemos", constituindo então uma concepção tradicional da linguagem.

Adaptando um termo tradicional a uma nova estrutura, chamamos a teoria da linguagem de Peter de "gramática" de sua linguagem. A língua de Peter determina uma gama infinita de expressões, cada uma com seu som e seu significado. Em termos técnicos, a língua de Peter "gera" as expressões de sua linguagem. A teoria de sua linguagem é, portanto, chamada de gramática gerativa. Cada expressão constitui um complexo de propriedades, as quais fornecem "instruções" para os sistemas de desempenho de Peter: seu aparato articulatório, seus modos de organizar os pensamentos e assim por diante. Com sua linguagem e com seus sistemas associados de desempenho, Peter tem a seu dispor uma vasta quantidade de conhecimento sobre o som e o significado de expressões, e uma capacidade correspondente de interpretar o que ouve, de expressar seus pensamentos e de usar sua linguagem de várias maneiras diferentes. A gramática gerativa surgiu no contexto do que é frequentemente chamado de "a revolução cognitiva" dos anos 50, constituindo um fator importante em seu desenvolvimento. Seja apropriado ou não o termo "revolução", houve uma importante mudança de perspectiva: do estudo do comportamento e de seus produtos (como os textos) para os mecanismos internos envolvidos em pensamento e ação. A perspectiva cognitiva toma o comportamento e seus produtos não como objeto de pesquisa, mas como um dado que pode fornecer evidências sobre os mecanismos internos da mente e sobre os modos como esses mecanismos operam ao executar as ações e ao interpretar a experiência. As propriedades e os modelos que constituem o foco de atenção em linguística estrutural têm seu lugar, mas como fenômenos a ser explicados junto com outros inumeráveis fenômenos, com base em mecanismos internos que geram as expressões. A abordagem é "mentalística", o que não deve ser entendido num sentido controvertido. Ela está preocupada com "aspectos mentais do mundo", que se apresentam junto com seus aspectos mecânico, químico, óptico e outros. Isso corresponde a estudar um objeto real no mundo natural – o cérebro, seus estados e suas funções – e, assim, a conduzir o estudo da mente em direção a uma eventual integração com as ciências biológicas.

A "revolução cognitiva" renovou e deu outra forma a muitos dos dilemas, realizações e concepções do que poderíamos chamar de "a primeira revolução cognitiva" dos séculos XVII e XVIII, que foi parte da revolução científica que modificou de maneira tão radical nossa compreensão do mundo. Reconheceu-se nessa época que a linguagem envolvia "o uso infinito de meios finitos", como disse Wilhelm von Humboldt, mas essa compreensão só podia ser desenvolvida de maneiras limitadas, pois as ideias básicas continuavam vagas e obscuras. Em meados do século XX, avanços nas ciências formais haviam fornecido conceitos apropriados, numa forma muito clara e acurada, possibilitando explicar com precisão os princípios computacionais que geram as expressões de uma linguagem e, assim, captar, ao menos de modo parcial, a ideia do "uso infinito dos meios finitos". Outros avanços também abriram caminho para a investigação de questões tradicionais com maiores esperanças de sucesso. As mudanças no estudo da linguagem tinham registrado realizações fundamentais. A linguística antropológica fornecera um entendimento muito mais rico sobre a natureza e a variedade de linguagens, minando também muitos estereótipos. Determinados tópicos, de modo especial o estudo dos sistemas de som, tinham conhecido um avanço muito grande graças à linguística estrutural do século XX.

As primeiras tentativas de levar adiante o programa da gramática gerativa revelaram rapidamente que, mesmo nas línguas mais bem estudadas, as propriedades elementares haviam ficado sem reconhecimento, que as gramáticas e os dicionários tradicionais mais abrangentes apenas tangenciavam a superfície. Do princípio ao fim, as propriedades básicas foram apenas pressupostas, ficando sem reconhecimento e expressão. Isso é muito apropriado se o objetivo é ajudar as pessoas a aprender uma segunda língua, a encontrar o significado convencional e a pronunciar as palavras, ou a ter alguma ideia geral de como as línguas diferem entre si. Mas, se o objetivo é entender a faculdade da linguagem e os estados que ela pode assumir, não podemos tacitamente pressupor "a inteligência do leitor". Em vez disso, o fato torna-se o objeto de pesquisa.

O estudo da aquisição da linguagem conduz à mesma conclusão. Um olhar cuidadoso sobre a interpretação das expressões revela muito rapidamente que, desde os estágios mais iniciais, a criança sabe muito mais do que a experiência ofereceu a ela. Isso é verdadeiro mesmo em relação a palavras simples. Em períodos de pico de aquisição da linguagem, uma criança adquire palavras numa média de cerca de uma palavra por hora, com exposição muito limitada e sob condições muito ambíguas. As palavras são entendidas de maneiras delicadas e intricadas, as quais estão muito além do alcance de qualquer dicionário, e apenas no início de sua investigação. Quando saímos do domínio de palavras simples, a conclusão torna-se ainda mais dramática. A aquisição da linguagem em geral se parece muito com o crescimento de órgãos – é algo que acontece a uma criança, e não o que a criança efetivamente faz. E, da mesma maneira que o ambiente é reconhecido como importante, o curso geral do desenvolvimento e as características básicas do que aparece estão predeterminados pelo estado inicial. Mas esse estado inicial é uma propriedade humana comum. Assim, deve ocorrer que, em suas propriedades essenciais, e mesmo em seus pequenos detalhes, as linguagens sejam produto do mesmo molde. Um cientista marciano poderia concluir de modo razoável que há uma única linguagem humana, com diferenças apenas marginais.

Como as línguas foram investigadas mais cuidadosamente do ponto de vista da gramática gerativa, ficou claro que sua diversidade fora subestimada de modo tão radical quanto sua complexidade, e também a extensão de sua determinação pelo estado inicial da faculdade da linguagem. Ao mesmo tempo, sabemos que a diversidade e a complexidade não passam de um aspecto superficial.

Tais conclusões foram surpreendentes, paradoxais, mas inegáveis. Elas se apresentaram de uma forma difícil, o que se tornou o problema central do estudo moderno da linguagem: Como é possível demonstrar que todas as línguas são variações de um único tema e, ao mesmo tempo, registrar de modo fiel suas intricadas propriedades de som e significado, diferentes na superfície? Uma legítima teoria da linguagem humana precisa satisfazer duas condições: a "adequação descritiva" e a "adequação explicativa". A gramática de uma determinada língua satisfaz a condição da adequação descritiva, na medida em que fornece uma descrição completa e acurada das propriedades da língua, daquilo que o falante da língua sabe. A fim de satisfazer a condição da adequação explicativa, a teoria da linguagem precisa demonstrar como cada língua em particular pode ser derivada de um estado inicial uniforme, sob as "condições de limite" estabelecidas pela experiência. Sendo assim, ela fornece uma explicação das propriedades das línguas num nível mais profundo.

Há uma séria tensão entre essas duas tarefas da pesquisa. A busca de uma adequação descritiva parece conduzir a uma complexidade sempre maior e a uma variedade de sistemas de regras, enquanto a busca de uma adequação explicativa requer que a estrutura da linguagem seja invariável, com exceção de aspectos marginais. É essa tensão que, em grande parte, tem estabelecido as diretrizes para a pesquisa. O modo natural de resolver a tensão é desafiar a assunção tradicional, sustentada pela gramática gerativa inicial, de que a linguagem é um sistema complexo de regras, cada uma delas específica de línguas e de construções gramaticais particulares: regras para a formação de cláusulas relativas em hindi, frases verbais em suaíli, passivas em japonês e assim por diante. As considerações sobre a adequação explicativa indicam que isso não pode estar correto.

O problema central foi encontrar propriedades gerais de sistemas de regras que pudessem ser atribuídas à própria faculdade da linguagem, na esperança de que o restante demonstrasse ser mais simples e uniforme. Há mais ou menos quinze anos, esses esforços cristalizaram uma abordagem da linguagem que foi um abandono muito mais radical da tradição do que fora a anterior gramática gerativa. A abordagem dos "princípios e parâmetros", como foi denominada, rejeitou inteiramente o conceito de regra e construção gramatical: não há regras para a formação de cláusulas relativas em hindi, frases verbais em suaíli, passivas em japonês e assim por diante. As construções gramaticais conhecidas são consideradas artefatos taxonômicos, úteis talvez para descrições informais, mas sem prestígio teórico. Possuem algo como o *status* de "mamífero terrestre" ou de "animal de estimação doméstico". E as regras são decompostas em princípios gerais da faculdade da linguagem, os quais interagem para produzir as propriedades de expressões. Podemos conceber o estado inicial da faculdade da linguagem como uma rede fixa conectada a um quadro de interruptores; a rede é constituída dos princípios da linguagem, enquanto os interruptores são as opções a ser determinadas pela experiência. Quando os interruptores são acionados de uma determinada maneira, temos o suaíli; quando acionados de outra, temos o japonês. Cada língua humana possível é identificada como um conjunto específico de interruptores – um conjunto de parâmetros, para usar uma terminologia técnica. Se o programa de pesquisa for bem-sucedido, deveremos ser capazes de literalmente deduzir o suaíli com base em uma escolha de conjuntos, o japonês de outra, e assim por diante, no conjunto das línguas que os seres humanos podem adquirir. As condições empíricas da aquisição da linguagem exigem que os interruptores sejam acionados com base em informações muito limitadas que estejam disponíveis para a criança. Observe-se que pequenas mudanças no conjunto de interruptores podem conduzir a uma grande variedade aparente no *output*, pois os efeitos proliferam ao longo do sistema. Essas são as propriedades gerais da linguagem que qualquer teoria genuína precisa de alguma forma captar.

Isso constitui, é óbvio, um programa que está longe de ser um produto acabado. As conclusões a que se chegou por meio de conjecturas provavelmente não continuarão em sua forma atual; e nem seria preciso dizer que não se pode ter certeza de que toda a abordagem esteja no caminho certo. Entretanto, como um programa de pesquisa, ele tem sido muito bem-sucedido e conduzido a verdadeiras explosões de pesquisa empírica em línguas de uma extensão tipológica muito ampla, a novas questões que nunca poderiam ter sido antes formuladas e a muitas respostas intrigantes. Questões sobre aquisição, processamento, patologia e outras também assumiram novas formas, as quais demonstraram ser igualmente muito produtivas. Além disso, qualquer que seja seu destino, o programa sugere como a teoria da linguagem poderia satisfazer as condições conflitantes de adequação descritiva e adequação explicativa, fornecendo, de fato pela primeira vez, pelo menos um esboço de uma teoria genuína da linguagem.

Nesse programa de pesquisa, a tarefa principal é descobrir e deixar claros os princípios e parâmetros e os modos de interação entre eles e ampliar a estrutura para incluir outros aspectos da linguagem e seu uso. Enquanto muita coisa continua obscura, tem havido progresso suficiente, pelo menos, para considerar, talvez para levantar algumas questões novas e de muito mais alcance sobre o esquema da linguagem. Em particular, podemos questionar o quanto esse esquema é bom. Quão próxima a linguagem poderia chegar daquilo que alguns superengenheiros construiriam, dadas as condições que a faculdade da linguagem precisa satisfazer?

As questões precisam ser bem ajustadas e há maneiras de se proceder. A faculdade da linguagem está inserida em uma arquitetura mais ampla da mente/cérebro. Ela interage com outros sistemas, os quais impõem condições que a linguagem precisa satisfazer se pretende ser de fato utilizável. Poderíamos considerá-las "condições de legibilidade", no sentido de que outros sistemas precisam ser capazes de "ler" as expressões da linguagem e usá-las como "instruções" para o pensamento e a ação. Os sistemas sensoriais e motores, por exemplo, precisam ser capazes de ler as instruções relacionadas ao som, isto é, as "representações fonéticas" geradas pela linguagem. O aparato articulatório e perceptivo tem um *design* específico que o capacita a interpretar determinadas propriedades fonéticas, e não outras. Assim, esses sistemas impõem condições de legibilidade aos processos gerativos da faculdade da linguagem, os quais precisam fornecer expressões com a forma fonética apropriada. O mesmo é verdadeiro em relação aos sistemas conceituais e outros que fazem uso dos recursos da faculdade da linguagem: eles possuem suas propriedades intrínsecas, as quais requerem que as expressões geradas pela linguagem tenham determinados tipos de "representações semânticas", e não outras. Portanto, podemos perguntar em que medida a linguagem é uma "boa solução" para as condições de legibilidade impostas pelos sistemas externos com os quais ela interage. Até bem recentemente, essa questão não poderia ser posta de maneira séria, nem mesmo formulada de maneira consistente. No momento, parece que isso é possível, e há até mesmo indicações de que a faculdade da linguagem pode estar próxima de se tornar "perfeita" nesse sentido; se isso realmente ocorrer, será uma conclusão surpreendente.

Aquilo que foi denominado "o programa minimalista" constitui um esforço para explorar essas questões. Ainda é muito cedo para oferecer um julgamento decisivo sobre o projeto. Minha opinião é que essas questões podem ser agora produtivamente colocadas na agenda e que resultados anteriores são promissores. Gostaria de dizer algumas palavras sobre as ideias e as perspectivas e, depois, retornar a alguns problemas que continuam em foco.

O programa minimalista requer que as assunções convencionais sejam submetidas a um cuidadoso escrutínio. A mais respeitada delas é que a linguagem possui som e significado. Em termos atuais, isso traduz de uma maneira natural a tese de que a faculdade da linguagem ocupa outros sistemas da mente/ cérebro em dois "níveis de interface", um relacionado ao som, o outro ao significado. Uma determinada expressão, gerada pela linguagem, contém uma representação fonética legível aos sistemas sensoriais e motores, e uma representação semântica legível aos sistemas conceituais e outros sistemas de pensamento e ação.

Uma questão que se apresenta é se há outros além dos níveis de interface: Há níveis "internos" à linguagem, em particular níveis de estrutura profunda e superficial que têm sido postulados em obras modernas? (ver, por exemplo, Chomsky 1965; 1981a; 1986). O programa minimalista procura demonstrar que tudo que tem sido descrito com base nesses níveis está equivocado, e é mais bem entendido se se fala em condições de legibilidade na interface: para aqueles que conhecem a literatura técnica, isso significa o princípio da projeção, a teoria da ligação, a teoria do Caso, a condição da corrente, e assim por diante.

Também tentamos demonstrar que as únicas operações computacionais são aquelas inevitáveis em relação às assunções mais fracas sobre as propriedades da interface. Uma dessas assunções é que há unidades semelhantes a palavras: os sistemas externos têm de ser capazes de interpretar itens tais como "Peter" e "alto".

Outra é que esses itens estão organizados em expressões e significados maiores: a palavra "Peter" começa com o fechamento dos lábios e é usada para se referir a pessoas. A linguagem, portanto, envolve três tipos de elementos:

- as propriedades de som e significado, chamadas "características";
- os itens formados a partir dessas propriedades, chamados itens lexicais; e
- as expressões complexas construídas a partir dessas unidades "atômicas".

Segue-se que o sistema computacional que gera expressões tem duas operações básicas: uma reúne características em itens lexicais, a segunda forma objetos sintáticos maiores, a partir daqueles já construídos, começando com os itens lexicais.

Podemos pensar que essa primeira operação constitua essencialmente uma lista de itens lexicais. Em termos tradicionais, essa lista – chamada de léxico – é a lista de "exceções", associações arbitrárias de som e significado e escolhas particulares entre propriedades flexionais tornadas disponíveis pela faculdade da linguagem, que determina a maneira como indicamos que os nomes e os verbos estão no plural ou no singular, que os nomes apresentam os casos nominativo ou acusativo, e assim por diante. O *design* ótimo não introduziria características novas no curso da computação. Não deverá haver índices ou unidades frasais e níveis de barra (daí nenhuma regra de estrutura frasal ou teoria X-barra; ver Chomsky, 1995c). Tentamos também demonstrar que nenhuma outra relação estrutural é invocada além daquelas colocadas em ação pelas condições de legibilidade ou introduzidas de alguma maneira natural pela própria computação. Na primeira categoria, temos propriedades tais como a adjacência, no nível fonético, e a estrutura de argumento e as relações variáveis quantificadoras, no nível semântico. Na segunda categoria, temos relações muito localizadas entre características e relações elementares entre dois objetos sintáticos juntados no curso da computação: as relações entre um deles e as partes do outro é a relação de comando-c; como Samuel Epstein (1999) apontou, essa é a noção que desempenha um papel central ao longo do *design* da linguagem; ela tem sido considerada muito artificial, ainda que assuma uma posição de maneira natural dessa perspectiva. Mas excluímos o governo, relações internas de ligação para os desvios de expressões e uma variedade de outras relações e interações.

Como qualquer um que esteja familiarizado com os trabalhos mais recentes poderá confirmar, há ampla evidência empírica para apoiar a conclusão oposta a essa. Pior que isso, uma assunção central da obra dentro da estrutura dos princípios e parâmetros, e suas realizações razoavelmente impressionantes, é que tudo que acabei de propor é falso – que a linguagem é muito "imperfeita" a esse respeito, como se podia esperar. Assim, não se trata de uma tarefa pequena demonstrar que tal aparato é eliminável como uma tecnologia descritiva não desejada; ou ainda, melhor que isso, que as forças descritiva e explicativa são estendidas se tal "excesso de bagagem" é alterado. Contudo, penso que o trabalho de poucos anos atrás sugere que essas conclusões, que pareciam fora de questão, são ao menos plausíveis e possivelmente corretas.

As línguas são totalmente diferentes e queremos saber de que maneira o são. Um aspecto diz respeito à escolha de sons, que variam num determinado espectro. Outro está relacionado à associação de som e significado, essencialmente arbitrária. Isso é muito claro e não precisamos nos deter nesse ponto. Mais interessante é o fato de que as línguas diferem quanto aos sistemas flexionais: o sistema de casos, por exemplo. Achamos que ele é muito rico em latim, e mais ainda no sânscrito ou no fenício, mas mínimo em inglês e imperceptível em chinês. Ao menos, é o que parece; considerações sobre adequação explicativa sugerem que aqui também as aparências podem levar a conclusões equivocadas, e, de fato, trabalhos recentes (Chomsky 1995c; 1998) indicam que esses sistemas variam muito menos do que parece ocorrer com o caso das formas de superfície. O chinês e o inglês, por exemplo, talvez tenham o mesmo sistema do latim, mas a realização fonética é diferente. Além disso, parece que muito da variedade linguística pode ser reduzido a propriedades de sistemas flexionais. Se isso está correto, então a variação linguística localiza-se numa pequena parte do léxico.

As condições de legibilidade impõem uma divisão tríplice entre as características reunidas em itens lexicais:

1. características semânticas, interpretadas na interface semântica;

2. características fonéticas, interpretadas na interface fonética; e

3. características que não são interpretadas em nenhuma dessas interfaces.

Numa língua perfeitamente estabelecida, cada característica seria semântica ou fonética, e não apenas um sistema para criar uma posição ou para facilitar a computação. Se isso está correto, não há características formais que não sejam interpretáveis. Isso parece ser uma exigência muito pesada. Tais características formais prototípicas como os casos estruturais – o nominativo e o acusativo latino, por exemplo – não têm interpretação na interface semântica e não precisam ser expressas no nível fonético. E há outros exemplos também nos sistemas flexionais.

Na computação sintática, parece haver uma segunda e mais dramática interpretação no estabelecimento da língua, pelo menos na aparência: a "propriedade de deslocamento", que é um aspecto difuso da língua: as frases são interpretadas como se estivessem numa posição diferente na expressão, onde itens similares algumas vezes aparecem e são interpretados em termos de relações locais naturais. Tomemos a sentença *Clinton seems to have been elected*.* Entendemos a relação entre *elected* e *Clinton* da mesma maneira como quando estão relacionados na sentença *It seems that they elected Clinton*.** *Clinton* é o objeto direto de *elected*, em termos tradicionais, ainda que "deslocado" para a posição de sujeito de *seems*; o sujeito e o verbo concordam em características flexionais nesse caso, mas não têm relação semântica; a relação semântica do sujeito é com o verbo remoto *elect*.

Temos agora duas "imperfeições": características que não podem ser interpretadas e propriedades de deslocamento. Na assunção do *design* ótimo, esperaríamos que elas estivessem relacionadas, e esse parece ser o caso: características que não podem ser interpretadas constituem o mecanismo que implementa a propriedade de deslocamento.

A propriedade de deslocamento nunca é construída em sistemas simbólicos designados para propósitos especiais, chamados "linguagens" ou "linguagens formais", num uso metafórico: "a linguagem da aritmética," ou as "linguagens do computador", ou "as linguagens da ciência". Esses sistemas também não têm sistema flexional e, por isso, nenhuma característica impossível de ser interpretada. Deslocamento e flexão são propriedades es-

---

* Parece que Clinton foi eleito. (N. T.)
** Parece que eles elegeram Clinton. (N. T.)

peciais da linguagem humana, entre as muitas ignoradas quando os sistemas simbólicos são designados para outros propósitos, os quais podem negligenciar as condições de legibilidade impostas à linguagem humana pela arquitetura da mente/cérebro. A propriedade de deslocamento da linguagem humana é expressa por transformações gramaticais ou por algum outro sistema, mas é sempre expressa de alguma maneira. A razão pela qual a linguagem deve ter essa propriedade constitui uma questão interessante, discutida desde a década de 1960 sem nenhuma solução. Minha suspeita é que parte da razão tem a ver com fenômenos que têm sido descritos em termos de interpretação de estrutura de superfície; muitos deles são conhecidos da gramática tradicional: comentário-tópico, especificidade, nova e velha informação, a força da ação, que encontramos mesmo em posição deslocada, e assim por diante. Se isso está correto, então a propriedade de deslocamento é, de fato, posta em ação por condições de legibilidade: ela é motivada por exigências interpretativas que são externamente expostas por nossos sistemas de pensamento, os quais têm essas propriedades especiais (assim indica o estudo do uso das linguagens). Essas questões estão atualmente sendo investigadas de maneiras interessantes, as quais não tenho condições de explorar aqui.

Tomando-se por base as origens da gramática gerativa, as operações computacionais foram consideradas como de dois tipos:

- regras de estrutura frasal que formam objetos sintáticos maiores a partir de itens lexicais, e
- regras transformacionais que expressam a propriedade de deslocamento.

Ambas têm raízes tradicionais, mas rapidamente descobriu-se que diferem de forma substancial daquilo que se havia suposto, com variedade e complexidade de que não se tinha ideia. O programa de pesquisa procurou mostrar que a complexidade e a variedade são apenas aparentes e que os dois tipos de regras podem ser reduzidos a uma forma mais simples. Uma solução "perfeita" para o problema da variedade das regras de estrutura frasal seria eliminá-las inteiramente, em favor de uma operação irredutível que toma dois objetos já formados e liga-os um ao outro, formando um objeto maior apenas com as propriedades do alvo do ajuntamento: a operação que podemos denominar União. Um trabalho recente indica que esse objetivo poderia muito bem ser realizável.

O procedimento computacional ótimo consiste, então, da operação União e de operações para construir a propriedade de deslocamento: operações transformacionais ou algum outro complemento. O segundo dos dois esforços paralelos procurou reduzir o componente transformacional à forma mais simples; ainda que pareça diferente das regras de estrutura frasal, parece ser impossível de se eliminar. O resultado final foi a tese de que para o conjunto central de fenômenos há apenas uma única operação Move [Mover] – basicamente, mover qualquer coisa em qualquer lugar, sem propriedades específicas para línguas ou construções particulares. A maneira como isso se aplica é determinada por princípios gerais que interagem com as escolhas de parâmetros específicos – um conjunto de mudanças – que determinam uma língua particular. A operação Merge [Fundir] toma dois objetos distintos X e Y e une Y a X. A operação Move toma um único objeto X e um objeto Y que é parte de X e mescla Y a X.

O problema seguinte é demonstrar que se trata, de fato, do caso de que características que não podem ser interpretadas constituem o mecanismo que implementa a propriedade de deslocamento, de maneira que as duas imperfeições básicas do sistema computacional são reduzidas a apenas uma. Se é correto concluir que a propriedade de deslocamento é motivada pelas condições de legibilidade impostas por sistemas externos de pensamento, como acabei de sugerir, então as imperfeições são completamente eliminadas e o *design* da linguagem passa a ser, afinal, ótimo: características que não podem ser interpretadas são exigidas como um mecanismo para satisfazer uma condição de legibilidade imposta pela arquitetura geral da mente/cérebro.

A maneira como ocorre essa unificação é muito simples, mas para que isso fosse explicado de modo coerente teríamos que ir além do escopo destas observações. A ideia intuitiva básica é que as características que não podem ser interpretadas têm de ser removidas, a fim de satisfazer a condição de interface, e a remoção requer uma relação local entre a característica atingida e a característica combinável que pode removê-la. De modo típico, essas duas características são distantes uma da outra, por razões relacionadas com a maneira como a interpretação semântica acontece. Por exemplo, na sentença *Clinton seems to have been elected*, a interpretação semântica exige que *elected* e *Clinton* estejam localmente relacionados na frase *Elect Clinton*, para que a construção seja propriamente interpretada, como se a sentença fosse realmente *seems to have been elected Clinton*. O verbo principal da sentença, *seems*, tem características flexionais que não podem ser interpretadas: está no singular/na 3ª pessoa/masculino, propriedades que não acrescentam nada independente ao significado da sentença, pois já estão expressas no nome da frase que concorda com ele e não podem ser eliminadas do verbo. Portanto, essas características atingidas de *seems* precisam ser eliminadas numa relação local, uma versão explícita da categoria descritiva tradicional de "concordância". Para se chegar a esse resultado, as características correspondentes da frase em concordância com *Clinton* são atraídas pelas características passíveis de ser atingidas do verbo principal *seems*, as quais são, então, eliminadas sob a compatibilidade local. Mas, agora, a nova frase *Clinton* é deslocada.

Observe-se que apenas as *características* de *Clinton* são atraídas; toda a frase se movimenta por razões relacionadas ao sistema sensório-motor, incapaz de "pronunciar" ou de "ouvir" características isoladas, separadas da frase à qual pertencem. Entretanto, se por alguma razão o sistema sensório-motor é desativado, então apenas as características aparecem e, ao lado de sentenças tais como *an unpopular candidate seems to have been elected,** com um deslocamento aberto, temos sentenças da forma *seems to have been elected an unpopular candidate*;** aqui a frase remota *an unpopular candidate* concorda com o verbo *seems*, o que significa que suas características foram atraídas para uma relação local com *seems*, ao deixar o restante da frase para trás. O fato de o sistema sensório-motor ter sido desativado é chamado de "movimento de cobertura", um fenômeno com propriedades bem interessantes. Em muitas línguas – espanhol, por exemplo – podemos encontrar esse tipo de sentenças. O inglês também as apresenta, ainda que seja necessário, por outras razões, introduzir o elemento semanticamente vazio *there*, resultando na sentença *there seems to have been elected an unpopular candidate*;*** e também, por razões bem interessantes, realizar uma inversão de ordem, de maneira que surja "parece ter sido um candidato impopular eleito". Essas propriedades ocorrem a partir de escolhas específicas de parâmetros, as quais têm geralmente efeito ao longo das línguas e interagem para resultar numa lista complexa de fenômenos distintos apenas de modo superficial. No caso de que estamos tratando, tudo se reduz ao simples fato de que características formais que não podem ser interpretadas precisam ser eliminadas numa relação local com a característica de combinação, produzindo a propriedade de deslocamento exigida pela interpretação semântica na interface.

Há uma razoável quantidade de dúvidas nesta breve descrição. O preenchimento de lacunas produz uma estrutura muito interessante, com muitas ramificações em línguas tipologicamente diferentes. Para que continuássemos, no entanto, precisaríamos ir muito além do objetivo destas observações.

---

* Um candidato impopular parece ter sido eleito. (N. T.)
** Parece ter sido eleito um candidato impopular. (N. T.)
*** Em português, idêntica a **. (N. T.)

Gostaria de encerrar com ao menos uma breve referência a outras questões relacionadas às maneiras pelas quais o estudo internalista da linguagem se relaciona com o mundo externo. Por simplicidade, usemos palavras simples. Suponhamos que "livro" seja uma palavra do léxico de Peter. A palavra é um complexo de propriedades, fonéticas e semânticas. Os sistemas sensório-motores usam as propriedades fonéticas para articulação e percepção, relacionando-as com eventos externos: movimentos de moléculas, por exemplo. Outros sistemas mentais usam as propriedades semânticas da palavra quando Peter fala sobre o mundo e interpreta o que outros dizem sobre ele.

Não há nenhuma controvérsia maior sobre como proceder quanto ao aspecto do som, mas quanto à questão do significado há desacordos profundos. Parece-me que estudos empiricamente orientados abordam problemas de significado da mesma maneira que estudam o som, como em fonética e fonologia. Tentam encontrar as propriedades semânticas da palavra "livro": que ela é nominal, não verbal, usada para se referir a um artefato e não a uma substância como água ou a uma abstração como saúde, e assim por diante. Pode-se perguntar se essas propriedades fazem parte do significado da palavra "livro" ou do conceito associado à palavra. No entendimento corrente, não há nenhuma maneira razoavelmente boa de distinguir essas propostas, mas talvez algum dia uma questão empírica seja descoberta. Do mesmo jeito, algumas características do item lexical "livro", internas a ele, determinam modos de interpretação do tipo apenas mencionado.

Ao investigar o uso da linguagem, descobrimos que palavras são interpretadas em termos de fatores tais como constituição material, forma, uso característico e intencionado, papel institucional, e assim por diante. As coisas são identificadas e atribuídas às categorias com base em tais propriedades – as quais estou considerando características semânticas – ao lado de características fonéticas que determinam o seu som. O uso da língua pode tratar de várias maneiras dessas características semânticas. Suponhamos que uma biblioteca tenha duas cópias do *Guerra e paz* de Tolstói e que Peter retire uma delas e John a outra. Peter e John retiraram o mesmo livro ou livros diferentes? Se levamos em consideração o fator material do item lexical, retiraram livros diferentes; se focalizamos o componente abstrato, retiraram o mesmo livro. Podemos considerar ambos os fatores, material e abstrato, simultaneamente, da mesma maneira como dizemos que *the book that he is planning will weight at least five pounds if he ever writes it* ou his book is in every store in the country.*** De maneira similar, podemos pintar o portão de branco e passar por ele, usando o pronome *it* para nos referir ambiguamente à figura e ao chão. Podemos relatar que o banco quebrou depois que elevou as taxas de juros, ou que ele elevou as taxas de juros para se prevenir da quebra. Aqui o pronome *it* e a "categoria vazia" que é o sujeito de "quebrou" adotam simultaneamente tanto o fator material como o institucional.

Os fatos sobre tais questões são em geral claros, mas não comuns. Assim, elementos referencialmente dependentes, mesmo os ligados de modo mais estreito, observam algumas distinções, mas ignoram outras, por meios que variam para diferentes tipos de palavras de forma curiosa. Tais propriedades podem ser investigadas de várias maneiras: aquisição da linguagem, generalidade entre linguagens, formas inventadas etc. O que descobrimos é surpreendentemente intricado; e, sem nenhuma surpresa, conhecido antes em alguma evidência e, por isso, compartilhado entre linguagens. Não há uma razão *a priori* para se esperar que a linguagem humana tivesse tais propriedades; os marcianos poderiam ser diferentes. Os sistemas simbólicos da ciência e da matemática certamente o são. Ninguém sabe em que medida as propriedades específicas da linguagem humana constituem uma

---

* O livro que ele está planejando irá pesar pelo menos três quilos, se ele o escrever. (N. T.)
** Seu livro está em todas as lojas do país. (N. T.)

consequência das leis gerais da bioquímica aplicadas a objetos com características do cérebro, outro problema importante, ainda numa perspectiva distante.

Uma abordagem similar à interpretação semântica foi desenvolvida de maneiras interessantes na filosofia dos séculos XVII e XVIII, adotando com frequência o princípio de Hume de que a "identidade que atribuímos" às coisas é "apenas fictícia" (Hume, 1740, seç.27), estabelecida pelo entendimento humano. A conclusão de Hume é muito plausível. O livro sobre minha escrivaninha não tem essas estranhas propriedades por causa de sua constituição interna, mas por causa da maneira como as pessoas pensam e dos significados dos termos por meio dos quais esses pensamentos são expressos. As propriedades semânticas das palavras são usadas para pensar e falar do mundo com base nas perspectivas disponibilizadas pelas fontes da mente, e não da maneira pela qual a interpretação fonética parece proceder.

A filosofia contemporânea da linguagem segue um curso diferente. Ela pergunta a que uma palavra se refere e dá várias respostas. Mas a questão não tem um significado claro. O exemplo do "livro" é típico. Faz pouco sentido perguntar a que *coisa* a expressão "*Guerra e paz* de Tolstói" se refere quando Peter e John retiram cópias idênticas da biblioteca. A resposta depende de como as características semânticas são usadas quando pensamos e falamos, de uma maneira ou de outra. Em geral, uma palavra, mesmo do tipo mais simples, não distingue uma entidade do mundo, ou de nosso "espaço de crença". Assunções convencionais sobre essas questões me parecem muito dúbias.

Mencionei que a gramática gerativa moderna tem procurado focalizar aspectos que animaram a tradição; em particular, a ideia cartesiana de que "a verdadeira distinção" (Descartes, 1927 [1649], p.360) entre os humanos e outras criaturas ou máquinas é a habilidade de agir da maneira considerada claramente ilustrada no caso comum da linguagem: sem quaisquer limites finitos, influenciados, mas não determinados por uma situação interna, apropriados a situações, mas não causados por elas, coerentes e evocando pensamentos que o ouvinte possa ter expressado e assim por diante. O objetivo do trabalho que venho discutindo é trazer à luz alguns dos fatores que entram em práticas normais como estas. Entretanto, trata-se apenas de *alguns*. A gramática gerativa procura descobrir os mecanismos usados, contribuindo assim para o estudo de *como* são usados de modo criativo na vida normal. Esse é o problema que intrigava os cartesianos, e ele ainda permanece um mistério para nós, mesmo que muito mais coisas sobre os mecanismos envolvidos sejam entendidas atualmente.

A esse respeito, o estudo da linguagem é ainda muito semelhante ao de outros órgãos. O estudo do sistema visual e motor tem descoberto mecanismos pelos quais o cérebro interpreta estímulos espalhados, tais como um cubo e um braço que alcança um livro sobre a mesa. Mas esses ramos da ciência não levam em conta a questão de como as pessoas decidem olhar para um livro sobre a mesa ou pegá-lo, sendo ainda muito poucas as especulações sobre o uso do sistema visual ou do sistema motor ou outros. São essas capacidades, manifestadas mais surpreendentemente no uso da linguagem, que constituem o cerne da preocupação tradicional: para Descartes, no início do século XVII, constituem "as coisas mais nobres que poderíamos ter", e para ele isso "pertence verdadeiramente" a nós. Meio século antes de Descartes, o físico-filósofo espanhol Juan Huarte observou que essa "faculdade gerativa" de ação e entendimento humano comum é estranha às "feras e às plantas" (Huarte, 1698 [1575], p.3; ver também Chomsky, 1966, p.78 et seq.), ainda que seja uma forma inferior de entendimento que está em falta no verdadeiro exercício da imaginação criativa. Mesmo a forma inferior está para além de nosso alcance teórico, além do estudo dos mecanismos envolvidos.

Em várias áreas, inclusive na da linguagem, muito se tem aprendido sobre esses mecanismos. Os problemas que agora podem ser enfrentados são difíceis e desafiadores, mas muitos mistérios ainda permanecem fora do alcance da forma de pesquisa humana que chamamos de "ciência", uma conclusão que não devemos reputar surpreendente se consideramos os humanos parte do mundo orgânico, e talvez não devamos tampouco achar penosa essa tarefa.

2
Explicando o uso da linguagem

Em suas conferências "John Locke", Hilary Putnam argumenta "que certas habilidades humanas – a linguagem falada é o exemplo paradigmático – talvez não sejam teoricamente explicáveis de forma isolada", fora de um modelo completo de "organização funcional humana", que "pode muito bem ser *ininteligível* aos humanos quando estabelecida em algum detalhe". O problema é que "de modo realístico, não vamos tomar um modelo explicativo para o tipo natural de 'ser humano'", não por causa da "*mera* complexidade", mas porque "somos parcialmente opacos a nós mesmos, no sentido de *não* termos a habilidade de entender uns aos outros como entendemos os átomos de hidrogênio". Esse é um "fato *constitutivo*" em relação "aos seres humanos no período atual", ainda que talvez não o seja em poucas centenas de anos (Putnam, 1978).

Os "tipos naturais" *seres humanos* e *átomos de hidrogênio* exigem, portanto, diferentes tipos de pesquisa, uma que conduza a "detalhados modelos explicativos", e a outra não, ao menos por ora. A primeira categoria diz respeito à pesquisa científica, na qual procuramos teorias explicativas inteligíveis e esperamos uma eventual integração com o cerne das ciências naturais; convencionou-se denominar este modelo pesquisa "naturalística", focalizando o caráter do trabalho e seus razoáveis objetivos, abstraindo-se suas realizações. Além disso, há alguns aspectos da completa "organização funcional humana" que não constituem um tópico sério para a (atual) pesquisa naturalística, mas sim um estudo de todas as coisas, como, por exemplo, a tentativa de responder a falsas questões do tipo "como as coisas funcionam?" ou "por que elas acontecem?". Muitas questões – incluindo as de maior significado humano, pode-se argumentar – não se incluem na pesquisa naturalística, já que são abordadas por nós de outra maneira. Como Putnam enfatiza, as distinções não são claras, mas, mesmo assim, são úteis.

Numa discussão crítica sobre o "mentalismo sofisticado do tipo desenvolvido pelo MIT" (de modo específico, a "linguagem do pensamento" de Jerry Fodor; Fodor, 1975), Putnam acrescenta algumas observações complementares sobre pesquisa teórica que *não* ajudariam a explicar a linguagem falada. Considera a possibilidade de as ciências do cérebro descobrirem que quando "pensamos a palavra *gato*" (ou quando um falante tailandês pensa o equivalente) uma configuração G é formada no cérebro. "Se isso é verdadeiro, é fascinante", conclui; talvez constitua uma significativa contribuição para a Psicologia e para as ciências do cérebro, "mas qual sua relevância para a discussão do *significado* de *gato*" (ou do equivalente tailandês ou de G)? – é clara a implicação de que isso não é relevante (Putnam, 1988a).

Portanto, precisamos estabelecer uma relação entre esses elementos. Primeiro, "a linguagem falada" e outras habilidades humanas não estão, na atualidade, inseridas na pesquisa naturalística. Segundo, nada pode ser aprendido sobre significado (e, a partir daí, sobre um aspecto fundamental da linguagem falada) com base em estudo de configurações e processos do cérebro (pelo menos do tipo ilustrado). A primeira conclusão me parece não de todo verdadeira e formulada de maneira não inadequada; a segunda, rígida demais. Vamos considerá-las, uma de cada vez.

O conceito *ser humano* é parte de nosso senso comum, com propriedades de individuação, persistência psíquica e assim por diante, refletindo preocupações, atitudes e perspectivas humanas particulares. O mesmo vale para *linguagem falada*. Fora um acidente improvável, tais conceitos não estarão inseridos nas teorias explicativas da variedade naturalística; não apenas agora, mas sempre. Isso não ocorre por causa de limitações culturais ou mesmo por limitações humanas intrínsecas (ainda que elas com certeza existam), mas por causa de sua natureza. Talvez tenhamos muito a dizer sobre as pessoas assim concebidas; talvez cheguemos até mesmo a ter relatos superficiais que apresentem algumas explicações sobre isso. Mas tais relatos não podem ser integrados às ciências naturais junto com modelos explicativos dos átomos de hidrogênio, das células ou de outras entidades que estabelecemos ao procurar um modelo explicativo coerente e inteligível do tipo naturalístico. Não há razão para supor que haja um "tipo natural de 'ser humano'"; pelo menos se os tipos naturais são os tipos da natureza, isto é, as categorias descobertas na pesquisa naturalística.

A questão não é se os conceitos do senso comum podem ser estudados em algum ramo da pesquisa naturalística – talvez possam –, mas se, ao estudar o mundo natural (nesse caso, ao estudar esses conceitos como parte do mundo natural), o consideramos do ponto de vista fornecido por tais conceitos. Com certeza, não. Eles até podem ser estudos científicos de alguns aspectos daquilo que as pessoas são e fazem, mas não farão uso das noções do senso comum sobre o *ser humano* ou *sobre a linguagem falada* – com seu papel especial no pensamento e na vida humana – ao formular seus princípios explicativos.

O mesmo é verdadeiro em relação aos conceitos gerais do senso comum. Noções como *escrivaninha* ou *livro* ou *casa*, tornadas mais abstratas quando aparecem sozinhas, não são adequadas para a pesquisa naturalística. O fato de algo ser descrito como uma escrivaninha, em vez de como uma mesa ou como uma cama depende das intenções de seu *designer* e da maneira como nós e outros o usamos – ou temos a intenção de usá-lo – entre outros fatores. Os livros são objetos concretos. Podemos nos referir a eles como tais ("o livro pesa três quilos") ou de uma perspectiva abstrata ("quem escreveu o livro?"; "ele escreveu o livro em sua cabeça, mas, depois, esqueceu-se dele"); ou de ambas as perspectivas simultaneamente ("o livro que ele escreveu pesou três quilos"; "o livro que ele está escrevendo irá pesar pelo menos três quilos, caso seja publicado"). Se digo "aquele baralho, em que está faltando uma rainha, está muito surrado para ser usado", "aquele baralho" é simultaneamente tomado como um conjunto defeituoso e como um tipo estranho de "objetos concretos" espalhados, e, com certeza, não como uma soma ao acaso. O termo *casa* é usado para a referência a objetos concretos, mas do ponto de vista de interesses e objetivos humanos especiais, e com propriedades curiosas. Uma casa pode ser destruída e construída, da mesma maneira que uma cidade; Londres pode ser completamente destruída e construída ao lado do Tâmisa em mil anos e ainda ser Londres, dependendo de algumas circunstâncias. É difícil imaginar como esses conceitos podem ser adequados ao estudo teórico das coisas, dos eventos e dos processos no mundo natural. É indiscutível que o mesmo vale para *matéria, movimento, trabalho, líquido* e outras noções do senso comum que são consideradas em procedimentos da pesquisa naturalística; um físico que pergunta se um monte de areia é uma substância sólida, líquida ou gasosa – ou de outro tipo – não perde tempo perguntando como os termos são usados no discurso comum, e não esperaria que a resposta a essa última questão tivesse algo a ver com tipos naturais, já que se trata de tipos na natureza (Jaeger & Nagel, 1992).

É apenas razoável esperar que o mesmo seja verdadeiro em relação a *crença, desejo, som* de *palavras, intenção* etc., tanto quanto aspectos da ação e do pensamento humano podem ser focalizados na pesquisa naturalística. Poderia parecer tão razoável ser um Realista Intencional, quanto ser uma Escrivaninha- ou Som-da--Linguagem- ou Gato- ou Matéria-Realista; não que não existam coisas como escrivaninha etc., mas no domínio onde aparecem questões sobre realismo de uma forma séria, no contexto da pesquisa das leis de natureza, os objetos não são concebidos sob perspectivas peculiares fornecidas por conceitos do senso comum. Há uma considerável defesa de que "o discurso mentalístico e as entidades mentais devem eventualmente perder seu lugar em nossas tentativas de descrever e explicar o mundo" (Burge, 1992). Ainda que isso seja suficientemente verdadeiro, é difícil ver o significado dessa doutrina, já que não se discute que o mesmo é verdadeiro "para o discurso fisicalista e para as entidades físicas" (em qualquer medida na qual a distinção "mental–física" seja inteligível).

Mesmo as noções mais elementares, tais como *coisa nomeável*, envolvem de modo decisivo noções intricadas como a de agência humana. Aquilo que tomamos como objetos, a maneira como nos referimos a eles e os descrevemos, e o conjunto de propriedades com o qual os investimos dependem do lugar que ocupam na matriz das ações, dos interesses e das intenções humanas, em aspectos que estão bem fora da extensão potencial da pesquisa naturalística. Os termos da linguagem também podem indicar posições em sistemas de crenças, o que enriquece as perspectivas que esses termos produzem para que o mundo seja descrito, ainda que de maneiras inadequadas para os fins da pesquisa naturalística. Alguns termos – de maneira particular os que não apresentam uma "estrutura relacional interna" (em especial, conhecidos como "termos do tipo natural") – podem fazer pouco mais que isso, tanto quanto o léxico da linguagem natural está relacionado (ver, entre outros: Moravcsik, 1975; Chomsky, 1975b; Moravcsik, 1990; Bromberger, 1992a). A expressão "estrutura relacional interna" indica as propriedades relacionais para palavras tais como "dar" (que exige um sujeito agente, um objeto tema e um objeto indireto como objetivo), o que falta em "gato", "líquido" etc. Os conceitos da linguagem natural e, em geral, do senso comum não constituem nem ao menos possibilidades para as teorias naturalísticas.

Putnam estende suas conclusões para a tese de Brentano de que "a intencionalidade não será reduzida nem deixará de existir": "não há propriedade, passível de ser descrita cientificamente, que todos os casos, de qualquer fenômeno intencional particular, tenham em comum" (isto é, pensar sobre gatos) (Putnam, 1988a). De maneira mais genérica, os fenômenos intencionais relacionam pessoas e aquilo que fazem, como observado do ponto de vista dos interesses e dos pensamentos não reflexivos humanos, e, portanto, não serão inseridos (como visto) na teoria naturalística, que procura colocar tais fatores de lado. Do mesmo modo que corpos em queda, ou os céus, ou líquidos, um "fenômeno intencional particular" pode estar associado a alguma região amorfa num espaço muito intricado e em transformação das preocupações e dos interesses humanos. Mas esses não são os conceitos apropriados para a pesquisa naturalística.

Podemos especular que certos componentes da mente (vamos chamá-los de a "faculdade formadora da ciência", para conferir, graças a um título, um pouco de dignidade à ignorância) entram na pesquisa naturalística, da mesma maneira que a faculdade da linguagem (sobre a qual já sabemos bastante) entra na aquisição e no uso da linguagem. Os produtos da faculdade formadora da ciência são fragmentos do entendimento teórico, teorias naturalísticas de graus variados de poder e plausibilidade, envolvendo o significado de conceitos construídos e especificados numa forma considerada e determinada, tanto quanto possível, com a intenção de aperfeiçoá-los ou, ao contrário, de modificá-los para que possam se tornar ainda mais compreensíveis. Outras faculdades da mente produzem os conceitos do senso comum que fazem parte da semântica da linguagem natural e dos sistemas de crenças. Eles apenas "crescem na mente", bem da maneira pela qual o embrião cresce para se tornar uma pessoa. Quão agudas as distinções podem ser é uma questão aberta, mas, no entanto, elas parecem ser reais. Algumas vezes há uma semelhança entre conceitos que surgem de diferentes maneiras; é possível que a pesquisa naturalística seja capaz de construir uma contraparte para a noção do senso comum de *ser humano*, assim como a fórmula H_2O tem uma grosseira correspondência com *água* (ainda que terra, ar e fogo, no mesmo nível que água para os antigos, não apresentem tais complementos). Constitui lugar-comum que quaisquer similaridades com as noções do senso comum não têm nenhuma consequência para a ciência. Por exemplo, não constitui uma exigência para a Bioquímica determinar em que ponto, na transição de simples gases para bactérias, encontramos a "essência da vida"; e, se alguma categorização desse tipo fosse imposta, a correspondência para a noção de senso comum importaria não mais que para *vizinhança, energia* ou *peixe* (topológicos).

De modo semelhante, não diz respeito à Biologia-Psicologia dos organismos lidar com noções técnicas de discurso filosófico tais como *conteúdo perceptivo*, com suas propriedades estabelecidas (algumas vezes dubiamente atribuídas à "psicologia popular", um constructo que parece derivar em parte de convenções culturais domésticas e de tradições do discurso acadêmico). Nem essas pesquisas devem indicar um *status* especial para a percepção verídica sob condições "normais". Assim, no estudo da determinação da estrutura a partir do movimento, se o evento externo é uma rede sucessiva de *flashes* num taquistoscópio que produz a experiência visual de um cubo rodando no espaço, ou de um cubo real em rotação, ou de um estímulo da retina ou do nervo óptico, ou de um córtex visual, ele é imaterial. De qualquer maneira, "a investigação computacional diz respeito à natureza das representações internas usadas pelo sistema virtual e aos processos pelos quais eles são derivados" (Ulman, 1979, p.3), na medida em que realiza o estudo de algoritmos e mecanismos neste e em outro trabalho na mesma linha inaugurada pioneiramente por David Marr (1982). É também imaterial se as pessoas podem aceitar casos não verídicos como "vendo um cubo" (considerando "vendo" como tendo uma experiência, seja "hipotética" ou verídica); ou se o objetivo está voltado para as preocupações das teorias filosóficas de atribuição intencional. Uma "psicologia" que trata das questões anteriores não seria, sem dúvida, individualista, como Martin Davies (1991) argumenta, mas isso também fugiria da pesquisa naturalística na natureza dos organismos e, possivelmente, da autêntica psicologia popular também.[1] Tomando um outro exemplo padrão sobre a assunção (implausível) de que seria possível fazer uma abordagem naturalística, digamos, ao ciúme, dificilmente isso faria distinção entre estados que envolvessem objetos reais ou imaginados. Se a "ciência cognitiva" estiver relacionada com a atribuição intencional, talvez ela tenha uma atividade interessante (como a literatura), mas não é provável que forneça uma teoria explicativa ou esteja integrada às ciências naturais.

À medida que o entendimento avança e os conceitos são aperfeiçoados, o curso da pesquisa naturalística volta-se na direção das teorias nas quais termos são despojados de resíduos distorcidos do senso comum e designados para uma relação com entidades postuladas e para um lugar numa matriz de princípios: *real*,

---

1 Davies aceita a posição de Tyler Burge de que a obra da escola de Marr está preocupada com representações "informacionais", com conteúdo intencional (daí com antecedentes causais reais), mas essa posição parece incompatível com a prática experimental real ou com os resultados teóricos (por exemplo, o princípio da rigidez de Ullman); é difícil ver como isso estaria correto, porque – como Davies enfatiza – a obra de Marr não atinge a representação do modelo 3D de forma alguma. Como o estudo da percepção visual age dessa maneira (por exemplo, a obra de Elizabeth Spelke sobre a constância do objeto no princípio; Spelke, 1900), ele não mantém para a experiência visual nenhum conteúdo perceptivo no sentido técnico do discurso filosófico (Ullman, 1979; Davies, 1991).

número, elétron e assim por diante. A divergência da linguagem natural é dupla: os termos construídos desviam-se das intricadas propriedades das expressões da linguagem natural; eles estão especificados por propriedades semânticas que talvez não se atrelem à linguagem natural, tais como a referência (não nos esqueçamos de que Strawson certa vez falou em "o mito do nome próprio lógico", na linguagem natural, e relacionou mitos ligados a elementos pertencentes a um índice e a pronomes; P. Strawson, 1952, p.216). À medida que se toma essa direção, a divergência com a linguagem natural aumenta; e com isso a divergência entre as maneiras como entendemos *átomo do hidrogênio*, de um lado, e *ser humano* (*escrivaninha, líquido, céus, queda, caça, Londres, isto* etc.), de outro.

Mas, mesmo uma versão fortalecida da primeira tese de Putnam não nos dá o direito de nos mover para a segunda, de modo mais genérico, para concluir que as teorias naturalísticas do cérebro não têm nenhuma relevância para que se entenda o que as pessoas fazem. Sob determinadas condições, as pessoas veem as apresentações do taquistoscópio como um cubo em rotação ou como uma luz em movimento numa linha reta. Um estudo do córtex visual poderia informar a razão por que isso acontece, ou por que a percepção continua mesmo quando acontece em circunstâncias comuns. Pesquisas comparáveis poderiam ter muito a dizer sobre "linguagem falada" e outras atividades humanas.

Tomemos o caso de Putnam: a descoberta de que pensar sobre gatos evoca G. Com certeza, tal descoberta poderia ter alguma relevância para a pesquisa do que Peter quer dizer (ou refere-se ou pensa a respeito) quando usa o termo *gato*, e, daí, "uma discussão do significado de *gato*". Por exemplo, tem havido um debate – do qual Putnam tem participado – sobre as propriedades referenciais de *gato*, caso os gatos fossem robôs controlados de Marte. Suponhamos que depois que Peter comece a acreditar nisso seu cérebro realize ou não a forma G, quando se refere a gatos (pensa sobre eles etc.). Isso poderia ser relevante para o debate. Ou tomemos um caso real: estudos recentes sobre a atividade elétrica do cérebro (eventos potenciais relacionados do tipo ERP) mostram respostas distintas para expressões desviantes e não desviantes e, entre as primeiras, para violações de:

1. expectativas de significado de palavras;
2. regras de estrutura de frase;
3. a condição da especificidade de referência sobre operadores de extração; e
4. condições de localidade em movimento (Neville et al. 1991).

Tais resultados certamente poderiam ser relevantes para o estudo do uso da linguagem, e, em particular, para o estudo do significado.

Podemos seguir adiante. Os modelos de atividade elétrica do cérebro estão correlacionados com as cinco categorias da estrutura observada: não desvio e quatro tipos de desvio. Mas o estudo dessas categorias é também um estudo do cérebro, de seus estados e propriedades, da mesma maneira que o estudo dos algoritmos, preocupado em ver uma linha reta ou em fazer uma longa divisão, é um estudo do cérebro. Como outros sistemas complexos, o cérebro pode ser estudado em vários níveis: átomos, células, conjuntos de células, redes neurais, sistemas representacionais computacionais (R-C) etc. O estudo ERP relaciona dois níveis: a atividade elétrica do cérebro e os sistemas R-C. O estudo de cada nível é naturalístico, tanto no caráter do trabalho como no fato de que essa integração com o cerne das ciências naturais é uma perspectiva que pode ser razoavelmente considerada. No contexto da discussão de Putnam, as descobertas sobre o cérebro nesses níveis de pesquisa estão em igualdade com uma descoberta sobre a configuração (imaginada) G quando Peter pensa em gatos.

No caso da linguagem, as teorias R-C têm um suporte empírico muito mais forte que qualquer coisa disponível em outros níveis e são muito superiores em poder explicativo; elas se inserem no campo das ciências naturais de uma maneira que não ocorre com a pesquisa sobre "linguagem falada" em outros níveis. Na verdade, o significado corrente dos estudos ERP repousa primeiramente em suas correlações com as teorias R-C, muito mais amplas e mais bem estabelecidas. Nelas, há um espaço para as cinco categorias e, de acordo com isso, percebe-se uma ampla gama de suporte empírico indireto; se as teorias R-C fossem isoladas, as observações ERP constituiriam apenas curiosidades, revelando a falta de uma matriz teórica. De maneira semelhante, a descoberta de que G está relacionado com o uso de *gatos*, como um fato isolado, seria mais uma descoberta sobre G do que sobre o significado de *gato* – e, somente por essa razão, lançaria pouca luz na controvérsia sobre robôs controlados de Marte. Tomando um outro caso, a descoberta sobre o deslocamento perceptivo de meros cliques para limites de frases, é, por ora, mais uma descoberta sobre a validade do experimento do que sobre limites de frases. A razão disso é que a evidência de outros tipos sobre limites de frases – algumas vezes chamadas de evidências "linguísticas" em vez de "psicológicas" (uma terminologia muito equivocada) – é muito mais convincente e inserida numa estrutura explicativa muito mais rica. Se os experimentos com cliques foram considerados confiáveis de modo suficiente para se identificar as entidades postuladas nas teorias R-C, e se sua estrutura teórica foi aprofundada, pode-se confiar nelas em casos em que a "evidência linguística" é vacilante; talvez mais, à medida que a pesquisa avança. (Sobre os equívocos dessas questões, ver o capítulo 3 deste volume; Chomsky, 1991a; 1991b.)

No momento, as teorias naturalísticas da linguagem e de seu uso mais bem estabelecidas são as teorias R-C. Assumimos, pela fé, que há algum tipo de descrição em termos de átomos e moléculas, ainda que sem esperar que princípios operativos e estruturas de linguagem e pensamento sejam discernidos nestes níveis. Com um salto maior de fé, tendemos a assumir que há uma explicação em termos neurológicos (em vez de, digamos, em termos vasculares), ainda que uma observação do cérebro revele tanto células e sangue como neurônios.[2] Pode ser que os elementos relevantes e os princípios da estrutura do cérebro devam ser ainda descobertos. Talvez as teorias R-C forneçam orientações para a pesquisa de tais mecanismos, do mesmo modo que a Química do século XIX forneceu condições empíricas decisivas para a revisão radical da Física fundamental. A afirmação comum de que "o mental é o neurofisiológico num nível mais elevado" – em que as teorias R-C são colocadas dentro do "mental" – tem uma significação problemática. Ela deveria ser reorganizada, como a especulação de que o neurofisiológico pode se tornar "o mental num nível menos elevado" – isto é, a especulação de que o neurofisiológico poderia, algum dia, demonstrar ter alguma ligação com os "fenômenos mentais" ocupados com as teorias R-C. Quanto às exigências do materialismo eliminatório, a doutrina permanece um mistério até que alguma explicação seja dada sobre a natureza do "material"; e, dada essa explicação, alguma razão pela qual se deve levar isso a sério, ou observar se teorias bem-sucedidas vão além de seus limites estipulados.

Por ora, as abordagens R-C fornecem a explicação mais fundamentada e mais rica em relação aos aspectos básicos do uso da linguagem. Nessas teorias, há um conceito fundamental que demonstra semelhança com o senso comum sobre a noção de "linguagem": o *procedimento gerativo* que forma as *descrições estruturais* (DEs), cada uma constituindo um complexo de propriedades fonéticas, semânticas e estruturais. Esse procedimento pode ser chamado de *Língua-I*, um termo para indicar que essa concepção de linguagem é interna, individual e intencional (de ma-

---

[2] Isso revela um sistema vascular tão rico, observa Richard Lewontin, que para histórias extravagantes engendradas sobre a evolução da cognição deve-se acrescentar a especulação de que o cérebro evoluiu como um termorregulador, resfriando o sangue, como Aristóteles pensou, e produzindo a cognição humana como um subproduto (Lewontin, 1990).

neira que Línguas-I distintas poderiam, em princípio, gerar o mesmo conjunto de DEs, ainda que as propriedades inatas muito restritivas da faculdade da linguagem possam muito bem deixar essa possibilidade não realizada). Podemos tomar as expressões linguísticas de uma dada Língua-I para constituir as DEs geradas por ela. Uma expressão linguística, então, é um complexo de propriedades fonéticas, semânticas e outras. Ter uma Língua-I é algo como ter uma "maneira de falar e entender", o que constitui uma estrutura tradicional do que é linguagem. Há razão para se acreditar que as línguas-I (competência gramatical) são distintas da organização conceitual e da "competência pragmática", e que esses sistemas podem ser seletivamente prejudicados e dissociados em seu desenvolvimento (ver Yamada, 1990; John Marshall, 1990).

A Língua-I especifica a forma e o significado de elementos lexicais tais como *escrivaninha*, *obra*, *queda*, na medida em que esses elementos são determinados pela própria faculdade da linguagem. De modo semelhante, ela deve explicar propriedades de expressões mais complexas: por exemplo, o fato de que "John partiu rudemente" pode significar tanto que tenha partido de uma maneira rude como que tenha sido rude de sua parte ter partido, e que, em todo caso, ele partiu (talvez um evento semântico deva ser postulado como um nível de representação para lidar com tais fatos; ver Higginbotham, 1985; 1989). E isso deve explicar o fato de que o sujeito entendido de *expect* no exemplo (1) depende se *X* é nulo ou é *Bill*, com muitas outras consequências semânticas.

(1) *John is too clever to expect anyone to talk to X.**

E para o fato de que, em meu discurso, *ladder* rima com *matter*, mas *madder* não. Numa lista ampla de casos como esse, podemos encontrar uma série de explicações incomuns. O estudo de sistemas R-C é muito esclarecedor sobre como as pessoas articulam

---

* John é inteligente demais para esperar que alguém fale com *X*. (N. T.)

seus pensamentos e interpretam o que ouvem, mesmo que, é óbvio, seja apenas – mas isso significa muito – um estudo dessas ações, do mesmo modo que a Fisiologia e a Psicologia da visão são estudos dos seres humanos vendo objetos.

Uma pesquisa mais profunda sobre línguas-I irá procurar explicar o fato de que Peter tem a Língua-I L^p enquanto Juan tem a Língua-I L^j – sendo essas declarações abstrações de alto nível, porque, na realidade, o que Peter e Juan têm em suas cabeças é tão interessante para a pesquisa naturalística quanto o curso de uma pena num dia de muito vento. A explicação básica deve estar nas propriedades da faculdade da linguagem do cérebro. Para uma boa abordagem, o estado inicial geneticamente determinado da faculdade da linguagem é o mesmo para Peter, Juan e outros seres humanos. Isso apenas permite um agudo efeito de experiência. À luz do entendimento atual, não deixa de ser plausível especular que o estado inicial determina de maneira singular o sistema computacional da linguagem, junto com uma série muito estruturada de possibilidades lexicais e algumas opções entre "elementos gramaticais" que não apresentam conteúdo substantivo. Além dessas possibilidades, a variação de línguas-I pode reduzir-se à arbitrariedade saussuriana (uma associação de conceitos com representações abstratas de som) e partes do sistema de som, relativamente acessíveis e, daí, "aprendíveis" (para usar um termo com conotações enganosas). Pequenas diferenças em um sistema intricado podem, é claro, produzir grandes diferenças fenomenológicas, mas um cientista marciano racional, ao estudar os humanos, pode não achar muito impressionante a diferença entre o inglês e o navajo.

A Língua-I é uma propriedade (descrita de maneira limitada) do cérebro, um elemento de estados transitórios da faculdade da linguagem relativamente estável. Cada expressão linguística (DE) gerada pela Língua-I inclui instruções para os sistemas de desempenho nos quais a Língua-I está inserida. É apenas em virtude dessa integração nesses sistemas de desempenho que esse estado do cérebro qualifica-se como linguagem. Algum outro organismo poderia, em princípio, ter a mesma Língua-I (estado do cérebro) que Peter, mas inserido em sistemas de desempenho que o usam para a locomoção. Estamos estudando um objeto real, a faculdade de linguagem do cérebro, que assumiu a forma de uma Língua-I completa e está integrada num sistema de desempenho que executa um papel na articulação, na interpretação e na expressão de crenças e desejos, referindo, contando histórias e assim por diante. Por essas razões, a questão trata do estudo da linguagem humana.

Parece que os sistemas de desempenho são de dois tipos gerais: articulatório-perceptivo e conceitual-intencional.[3] Se isso está correto, é razoável supor que uma expressão gerada inclui dois *níveis de interfaces*, um que fornece informação e instruções para os sistemas articulatório-perceptivos e outro para os sistemas conceitual-intencionais. Em geral, assume-se que uma interface constitui a representação fonética (Forma Fonética, FF). A natureza da outra é mais controvertida e pode ser denominada FL ("Forma Lógica").

As propriedades desses sistemas, ou a existência deles, são questões de fato empírico. Não se deve deixar confundir por conotações não pretendidas desses termos, tais como "forma lógica" e "representação", estabelecidas pelo uso técnico em diferentes tipos de pesquisa. De modo semelhante, ainda que haja um resquício das noções de "gramática profunda" e "gramática da superfície" da análise filosófica, os conceitos não correspondem de maneira exata. Aquilo que é "superfície" do ponto de vista da Língua-I é, se acaso for, a FF, a interface dos sistemas articulatório-perceptivos. Todo o restante é "profundo". A gramática de superfície da análise filosófica não goza de nenhum pres-

---

3 Uma vez mais, não há implicação aqui de que os sistemas de desempenho reais correspondem diretamente ao uso informal, ou filosófico, ou a outro discurso técnico.

tígio especial no estudo empírico da linguagem; trata-se de algo como julgamento fenomenológico, mediado pelo academicismo, por autoridades e convenções tradicionais, por artefatos culturais e assim por diante. Questões similares surgem sobre aquilo que é denominado, de maneira muito casual, "psicologia popular", como observei. Essas noções devem ser consideradas com cuidado: muita coisa pode estar escondida por trás da aparente clareza fenomenológica.

O complexo da Língua-I e os sistemas de desempenho entram na ação humana. Constituem um objeto apropriado para as teorias naturalísticas, que poderiam levar-nos muito longe em direção ao entendimento de como e por que as pessoas fazem o que fazem, ainda que sempre deixem de apresentar uma explicação completa, da mesma maneira que uma teoria naturalística do corpo falharia em captar totalmente ações ou realizações humanas, tais como ver uma árvore ou fazer uma caminhada.

De maneira correspondente, seria um equívoco, ou mesmo algo pior, dizer que alguma parte do cérebro ou um modelo abstrato dele (por exemplo, uma rede neural ou um computador programado) vê uma árvore ou imagina raízes quadradas. Pessoas em uma série de circunstâncias-padrão pronunciam palavras, se referem a gatos, expressam seus pensamentos, entendem o que outros dizem, jogam xadrez, ou fazem qualquer outra coisa; seus cérebros não fazem isso e nem os programas de computadores – ainda que o estudo dos cérebros, possivelmente com modelos abstratos de algumas de suas propriedades, pudessem muito bem fornecer ideias em relação ao que as pessoas estariam fazendo em tais casos. Um algoritmo construído numa teoria R-C poderia fornecer uma explicação correta do que está ocorrendo no cérebro quando Peter vê uma linha reta, ou faz uma longa divisão, ou "entende chinês",[4] e poderia estar completamente inte-

---

4 Muito menos provável, mesmo que a frase possa ter dado algum significado claro o suficiente para a questão ser sensivelmente levantada.

grado numa teoria bem estabelecida em algum outro nível de explicação (digamos, a célula). Mas o algoritmo, ou uma máquina que o implementa, não estaria realizando essas ações, ainda que pudéssemos decidir modificar o uso existente, como quando dizemos que os aviões voam e que os submarinos navegam (mas não nadam). Nada de substantivo está em jogo. De maneira semelhante, enquanto é possível que as pessoas realizem essa ação, em virtude do fato de que seus cérebros implementam o algoritmo, as mesmas pessoas não estariam realizando a ação se fossem mecanicamente implementando as instruções, como uma máquina (ou como seus cérebros). Pode ser que veja uma linha reta (faça uma longa divisão, entenda inglês etc.), em virtude do fato de que meu cérebro implementa um certo algoritmo; mas se eu, a pessoa, realizo as instruções mecanicamente, traçando alguma representação simbólica do *input* para uma representação do *output*, nem eu, nem "Eu mais algoritmo mais memória externa" vê uma linha reta (etc.), uma vez mais, por razões que não são interessantes.[5]

Seria também um equívoco, considerada a natureza dos sistemas de desempenho, partirmos diretamente para um vago "estudo de todas as coisas". Consideremos a discussão de Donald Davidson sobre Peter como um "intérprete", tentando imaginar o que Tom tem em mente quando fala. Davidson observa que Peter pode muito bem usar qualquer informação, assunção de pano de fundo, suposição, ou qualquer outra coisa, construindo uma "teoria de transição" para a ocasião. Então, a consideração de um "intérprete" leva-nos a modelos completos de organização funcional humana. Davidson conclui que não há nenhuma utilidade para "o conceito de uma linguagem" que sirva como uma "máquina de interpretação portátil, estabelecida para estu-

---

5 O tópico foi amplamente debatido desde a obra "Mentes, cérebros e programas", de John Searle (1980). Não está claro que qualquer questão substantiva já tenha sido formulada.

dar com afinco o significado de uma elocução arbitrária"; somos levados a "abandonar ... não apenas a noção arbitrária de linguagem, mas apagamos os limites entre saber uma língua e saber nosso caminho no mundo, de maneira geral". Já que "não há regras para se chegar a teorias de transição", "precisamos desistir da ideia de uma estrutura compartilhada definida de modo claro, que os usuários da linguagem adquirem e, então, aplicam a casos" (Davidson, 1986b, p.446). "Não existe algo como a linguagem", declara Davidson ao iniciar um recente estudo de Filosofia (Davidson, 1986b; Ramberg, 1989).

A observação inicial sobre "teorias de transição" está correta, mas a conclusão não. Uma resposta razoável à observação – se nosso objetivo é entender o que os seres humanos são e o que eles fazem – é tentar isolar sistemas coerentes que são receptivos à pesquisa naturalística e interagem para produzir alguns aspectos de total complexidade. Caso resolvamos seguir esse curso, seremos levados a conjeturar que há um procedimento gerativo que produz expressões linguísticas com suas propriedades de interface, e sistemas de desempenho que acessam essas instruções e são usados para interpretar e expressar os pensamentos de alguém.

Que tal "a ideia de uma estrutura compartilhada definida claramente, que os usuários da linguagem adquirem e, então, aplicam a casos"? Devemos também postular tais "estruturas compartilhadas", além da Língua-I e de sistemas de desempenho? Com frequência, argumenta-se que noções como "linguagem pública" ou "significados públicos" são exigidas para explicar a possibilidade de comunicação ou de "um depósito comum de pensamentos", no sentido de Gottlob Frege (Frege, 1965 [1892], p.71). Assim, se Peter e Mary não têm uma "linguagem compartilhada", com "significados compartilhados" e "referência compartilhada", então como Peter é capaz de entender o que Mary diz? (É interessante que ninguém chegue à conclusão análoga sobre "pronúncia pública"). Um estudo recente defende que os linguistas podem adotar uma perspectiva de uma Língua-I apenas "pagando o preço de negar que a função básica da linguagem natural é mediar a comunicação entre seus falantes", incluindo o problema de "comunicação entre *fatias de tempo de um idioleto*" (conhecidos como aprendizado incremental; Fodr & Lepore, 1992).[6] No entanto, esses pontos de vista não estão bem fundamentados. A comunicação bem-sucedida entre Peter e Mary não implica a existência de significados compartilhados ou de pronúncia compartilhada a uma linguagem pública (ou a um depósito comum de pensamentos ou de suas articulações), mais que a semelhança física entre Peter e Mary implica a existência de uma forma pública que eles compartilham. Quanto à ideia de que "a função básica das linguagens naturais é mediar a comunicação", não está claro que sentido pode ser atribuído a uma noção absoluta de "função básica" para qualquer sistema biológico; e, se esse problema puder ser resolvido, talvez perguntemos por que a "comunicação" é a "função básica". Além disso, o problema de transição parece não mais misterioso que o problema de como Peter pode ser a pessoa que é, dados os estágios pelos quais passou. Não só a perspectiva da Língua-I é apropriada aos problemas em questão, como também não é fácil imaginar uma alternativa coerente.

Pode ser que ao ouvir Mary falar Peter continue a assumir que ela seja idêntica a ele, módulo M, alguma ordem de modificações que ele precisa resolver. Algumas vezes a tarefa é fácil, algumas vezes, difícil, e outras, insolúvel. Para resolver M, Peter irá usar qualquer artifício disponível, ainda que muito do processo seja indubitavelmente automático e sem nenhuma reflexão.[7]

---

6 O problema do interestágio é responsável por levantar apenas a assunção do "holismo semântico".

7 Estes procedimentos não podem ser confundidos com princípios de caridade e semelhantes, se a distinção linguagem–crença é válida; ver adiante neste capítulo. Para ser minimamente realistas, devemos distinguir muitos casos. Assim, o que Peter faz quando Mary fala uma linguagem intimamente relacionada pode ter pouca relação com seu procedimento quando fala uma linguagem ininteligível. Subordinar todos esses processos à "interpretação" e à "tradução" não constitui uma boa estratégia de pesquisa.

Tendo se estabelecido em M, Peter, de modo semelhante, irá usar qualquer artifício para construir uma "teoria de transição" – mesmo se M for nulo. Até aqui, como Peter é bem-sucedido nessas tarefas, entende o que Mary diz como o que ele quer dizer por sua expressão comparável. A única "estrutura compartilhada" (virtualmente) entre os seres humanos é o estado inicial da faculdade da linguagem. Fora isso, não esperamos encontrar mais que aproximações, como no caso de outros objetos naturais que crescem e se desenvolvem.

A discussão da linguagem e de seu uso de maneira geral introduz outros tipos de estrutura compartilhada: comunidades com suas línguas, línguas comuns em meio a uma cultura mais ampla etc. Tais práticas são padrão em discursos casuais comuns também. Assim, dizemos que Peter e Tom falam a mesma língua, mas Juan fala uma língua diferente. De modo semelhante, dizemos que Boston está perto de Nova York, mas não de Londres, ou que Peter e Tom se parecem um com o outro, mas nenhum deles se parece com John. Ou poderíamos rejeitar qualquer uma dessas asserções. Não há uma escolha certa ou errada em abstrato, a partir de interesses que podem variar de todos os modos imagináveis. Não há também categorias naturais, idealizações. Quanto a isso, falar a mesma língua está no mesmo nível que estar perto ou se parecer com alguém. Uma observação padrão em um curso de graduação em Linguística pode ser feita por meio de uma brincadeira feita por Max Weinreich de que uma língua é um dialeto com um exército e uma marinha, mas os dialetos são também noções não linguísticas, que podem ser estabelecidas de uma maneira ou de outra, conforme os interesses particulares e as preocupações do momento. Fatores como conquistas, barreiras naturais (oceanos, montanhas), TV nacional etc. podem induzir a ilusões quanto a essa matéria; entretanto, nenhuma noção de "língua comum" foi formulada de nenhuma maneira útil ou coerente e nem as perspectivas parecem promissoras. Qualquer abordagem ao estudo da linguagem ou do significado que confie nessas noções é muito suspeita.

Suponhamos, por exemplo, que "seguir uma regra" seja analisar com base em comunidades: John segue uma regra se ele se conforma às práticas ou normas da comunidade. Se a "comunidade" é homogênea, a referência a ela não contribui em nada (as noções *norma, prática, convenção* etc. suscitam questões posteriores). Se a "comunidade" é heterogênea – fora a grande falta de clareza da noção de normas (prática etc.) para este caso –, surgem ainda vários outros problemas. Um deles é que a análise proposta não é acurada. De modo típico, atribuímos seguir a regra no caso de uma *falta* notável de conformidade à prática prescritiva ou a normas alegadas. Assim, talvez digamos que Johnny, que tem 3 anos, está seguindo sua própria regra quando diz *trazinhado* em vez de trazido; ou que seu pai, Peter, está seguindo a "regra errada" ("violando as regras") quando usa *ininteressado* para dizer *desinteressado* (como a maioria das pessoas faz). Mas apenas um linguista diria que Johnny e Peter estão observando a Condição (B) da teoria da Ligação (Chomsky, 1981a, p.188), como em geral a comunidade realiza (na verdade, a comunidade de todos os falantes da língua, de modo muito semelhante). A objeção mais séria é que a noção de "comunidade" ou "língua comum" faz tanto sentido quanto a noção de "cidade da vizinhança" ou "parecer-se com", sem especificação posterior de interesses, deixando a análise esvaziada.[8]

Por razões conhecidas, nada disso sugere que haja qualquer problema no uso informal, mais que no uso comum de expressões tais como *Boston fica perto de Nova York* ou *John está quase em casa*. Trata-se apenas de que não esperamos que tais noções entrem num discurso teórico explicativo. Elas até podem ser apropriadas para uma discussão informal sobre o que as pessoas fazem, com assunções tácitas do tipo que fundamentam a discussão comum em circunstâncias particulares; ou mesmo para o discurso

---

8 Sobre o desenvolvimento de Saul Kripke desta abordagem e suas conclusões sobre sua relevância para a linguística, ver Chomsky, 1986, cap.4.1.

técnico, em que as qualificações relevantes são tacitamente entendidas. Elas não têm lugar em pesquisa naturalística, ou em qualquer tentativa de um entendimento mais aguçado.

Com frequência, pretensos fatores sociais no uso da linguagem têm uma interpretação individualista internalista. Se Peter está melhorando seu italiano ou Gianni está aprendendo o seu, eles estão (de maneiras bem diferentes) se tornando mais semelhantes a um grupo extenso de pessoas; os dois modos de abordagem e seleção de modelos variam de acordo com nossos interesses. O fato de supormos que há uma entidade fixa que estão abordando não acrescenta nada em relação àquilo que estão fazendo, mesmo que algum sentido possa ser conferido a essa noção misteriosa. Se Bert reclama de artrite em seu tornozelo e em seu fêmur, e isso é descrito por um médico que está equivocado sobre ambos os casos, mas de maneiras diferentes, ele pode (ou não) escolher modificar seu uso para o do médico. Além de detalhes posteriores, que podem variar muito, a partir de contingências e preocupações em alteração, nada parece faltar neste relato. De maneira semelhante, discursos comuns sobre se uma pessoa assimilou um conceito não requerem nenhuma noção de linguagem comum. Dizer que Bert não assimilou o conceito *artrite* ou *gripe* é dizer apenas que seu uso não é exatamente aquele usado por pessoas em quem confiamos para nos curar – uma situação normal. Se meu vizinho Bert fala comigo sobre sua artrite, minha posição inicial é que ele é idêntico a mim neste uso. Introduzirei modificações para interpretá-lo de acordo com as exigências das circunstâncias; a referência a uma "linguagem pública presumida" com um "conteúdo real" para *artrite* não lança nenhuma luz adicional sobre o que está acontecendo entre nós, mesmo que algum sentido claro possa ser dado às noções tacitamente assumidas. Se não sei nada sobre olmos e faias, além do fato de que elas são grandes árvores temporárias, nada, fora essa informação, pode ser representado em meu léxico mental (pode ser que nem mesmo isso, como observado antes); a diferença entendida em relação a propriedades referenciais pode ser uma consequência de uma condição que, em geral, constitui uma propriedade do léxico: a falta de indicação de uma relação semântica é considerada um indicativo de que ela não constitui.[9] As questões continuam – as factuais, eu presumo – para saber qual tipo de informação faz parte do léxico, distinta dos sistemas de fé. Mudanças de uso, como os casos anteriores, podem de fato ser mudanças marginais de Língua-I ou mudanças de sistemas de crença, aqui interpretadas como sistemas R-C (descritos de uma maneira limitada) da mente, o que enriquece as perspectivas e os pontos de vista sobre pensamento, interpretação, uso da linguagem e outras ações (chamando-as de *sistemas de Crença-I*, uma contraparte das crenças que podem ser descobertas em pesquisa naturalística). O trabalho com semântica lexical provê uma base para a resolução empírica em alguns casos (particularmente no sistema verbal, com sua estrutura relacional mais rica), mantendo a estrutura individualista-internalista.

Pouco é entendido sobre a arquitetura geral da mente/cérebro, fora umas poucas áreas dispersas, não aquelas que têm sido o foco das considerações mais gerais da chamada "ciência cognitiva". Por exemplo, tem havido uma discussão muito interessante sobre uma teoria da crença e sua possível explicação para pensamento e ação. Mas é raro encontrar um trabalho empírico substantivo que possa ajudar a examinar, refinar ou testar essas ideias. Pelo menos parece razoável supor que as crenças-I não formam um conjunto homogêneo; o sistema tem uma estrutura

---

9 Em *Representação e realidade*, Putnam (1988a) argumenta contra as posições de que o registro lexical inclui referências específicas para julgamento especializado. O argumento está baseado em assunções tácitas sobre a linguagem pública comum e tradução que não me parece fácil de defender ou mesmo formular. Poderíamos, entretanto, aceitar a conclusão, considerando a confiança em julgamento especializado (entre outras opções) uma propriedade geral de um espectro amplo de registros lexicais, relacionada às maneiras como passam a fazer parte de sistemas de crenças.

mais ampla que pode fornecer materiais para decisões sobre crenças falsas e identificação equivocada. Suponhamos que algumas Crenças-I sejam crenças de *identificação* e outras não, ou que elas envolvam um espectro tão amplo que as últimas (ou as menores) sejam mais prontamente abandonadas, sem afetar as condições de referência. Suponhamos que a informação de Peter sobre Martin van Buren seja exaurida pela crença de que ele foi (1) o presidente dos Estados Unidos e (2) o sexto presidente, sendo (1) mais uma crença de identificação que (2). Se Peter aprendesse que Lincoln foi o sexto presidente, possivelmente descartaria a Crença-I de não identificação, enquanto usasse o termo em referência. Se ele aceitasse de modo tranquilo a informação de que todos os livros de História estão equivocados e que van Burem não foi um presidente de maneira nenhuma, estaria perdido quanto à maneira de proceder. Isso parece um primeiro passo razoável em direção a uma análise, tanto quanto uma perspectiva internalista pode fornecer, e tanto quanto parece factualmente clara. Algumas vezes, julgamentos mais abrangentes podem ser feitos, em circunstâncias particulares, de variadas e conflitantes maneiras.[10]

Pode ser que um tipo de caráter público (ou interpessoal) de pensamento e significado resulte da uniformidade de um dom natural inicial e que aceite apenas Línguas-I semelhantes em aspectos significativos, fornecendo assim uma razão empírica para a adoção de alguma versão da doutrina de Frege de que "não se pode negar que a humanidade possui um depósito comum de pensamentos que é transmitido de geração a geração" (Frege, 1965 [1892], p.71). E os postulados especiais da faculdade da ciência em formação podem também abordar um caráter público (mais em foco, para a preocupação particular de Frege). Mas, para os sistemas que se desenvolvem de maneira natural na mente,

---

10 Ver Stich, 1983. O problema básico – nenhum critério estabelecido é ao mesmo tempo forte demais e fraco demais – foi esboçado em Scheffler, 1955.

além do momento da dotação inicial como Língua-I (talvez também como Crença-I e sistemas relacionados), o caráter de pensamento e significado varia de acordo com a variação dos interesses e das circunstâncias, com uma maneira não muito clara de estabelecer categorias posteriores, mesmo de modo ideal. Os apelos a uma origem comum de linguagens ou especulações sobre seleção natural encontrados ao longo da literatura parecem completamente fora de foco.

Consideremos o estado inicial compartilhado da faculdade da linguagem do cérebro, e a limitada linha de Línguas-I alcançáveis à medida que ele se desenvolve no início da vida. Quando perscrutamos as propriedades lexicais, encontramos uma textura rica de semântica puramente internalista, com propriedades gerais interessantes, e evidências para relações semânticas formais (incluindo conexões analíticas; ver referências na p.58). Além disso, uma grande parte dessa estrutura semântica parece derivar de nossa natureza interior, determinada pelo estado inicial de nossa faculdade de linguagem, por isso não aprendida e universal para Línguas-I. O mesmo é verdadeiro em relação à fonética e a outras propriedades. Em resumo, a Língua-I (incluindo a semântica internalista) se parece muito com outras partes do mundo biológico.

Podemos muito bem dar a tudo isso o nome de uma forma de sintaxe, isto é, o estudo dos sistemas simbólicos das teorias R-C ("representação mental"). A mesma terminologia continua apropriada se o aparato teórico é elaborado incluindo modelos mentais, representações de discurso, valores semânticos, mundos possíveis e comumente explicados e outras construções teóricas que ainda precisam estar relacionadas, de alguma forma, a coisas no mundo; ou incluindo as entidades postuladas por nossa faculdade de formação de ciência, ou construídas por outras faculdades da mente.

As propriedades internamente determinadas de expressões linguísticas podem ser bem abrangentes, mesmo em casos muito simples. Consideremos uma vez mais a palavra *house* (casa), digamos, na expressão *John is painting the house brown,** um determinado conjunto de propriedades estruturais, fonéticas e semânticas. Dizemos que se trata da mesma expressão para Peter e Tom, apenas no sentido em que poderíamos dizer que os seus sistemas circulatório ou visual são os mesmos: eles são semelhantes o suficiente para os propósitos em pauta. Uma propriedade estrutural da expressão é que ela consiste de seis palavras. Outras propriedades estruturais diferenciam-na de *John is painting the brown house,*** que tem diferentes condições de uso correspondentes. Uma propriedade fonética é que as últimas duas palavras, *house* (casa) e *brown* (marrom), compartilham a mesma vogal; elas estão em relação formal de assonância, enquanto *house* e *mouse* (rato) estão em relação formal de rima, duas relações de expressão linguística definíveis em termos de suas características fonológicas.[11] Uma propriedade semântica é que uma das duas últimas palavras pode ser usada para se referir a certos tipos de coisas, e a outra expressa uma propriedade dessas coisas. Aqui, também, há relações formais que podem ser expressas em termos de características dos itens, por exemplo, entre *house* e *building* (prédio). Ou, para tomar uma propriedade mais interessante, se John está pintando a casa de marrom, então está aplicando tinta a sua superfície exterior, não à interior; uma relação de vínculo se estabelece entre as expressões linguísticas correspondentes.

Formalmente falando, as relações de vínculo têm o mesmo *status* da rima; são relações formais entre as expressões, que podem ser caracterizadas em termos de suas características linguísticas. Certas relações são interessantes, distintas de muitas que não são, por causa das maneiras que as Línguas-I estão inseridas nos sistemas de desempenho que usam essas instruções para várias atividades humanas.

---

* John está pintando a casa de marrom. (N. T.)
** John está pintando a casa marrom. (N. T.)
11 Tecnicamente, devemos falar de "rima-I" etc.

Algumas propriedades da expressão são universais, outras são particulares da linguagem. O fato de que a vogal de *house* é mais breve de que a vogal de *brown* é uma propriedade fonética universal; o fato de que a vogal em minha Língua-I é frontal e não medial como ocorre em Línguas-I semelhantes à minha é uma propriedade particular. O fato de que uma *brown house* (casa marrom) tem um exterior e não um interior marrom parece ser uma linguagem universal, propriedade de palavras *container* de uma categoria ampla, incluindo as que podemos inventar: *box* (caixa), *airplane* (avião), *igloo* (iglu), *lean-to* (inclinação) etc. Pintar um cubo esférico de marrom é dar a ele um exterior marrom. O fato de *house* ser distinta de *home* (lar) é uma característica particular da Língua-I. Em inglês, volto ao meu lar depois do trabalho; em hebraico, volto para minha casa.

Quando nos movemos para além da estrutura lexical, as conclusões sobre a riqueza do estado inicial da faculdade da linguagem e sua estrutura aparentemente especial são reforçadas. Consideremos as seguintes expressões no exemplo (2):

(2) a He thinks the young man is a genius.*
    b The young man thinks he is a genius.**
    c His mother thinks the young man is a genius.***

Em (2b), o pronome pode ser referencialmente dependente de *the young*; em (2a) ele não pode (ainda que pudesse ser usado para se referir ao jovem em questão, um aspecto irrelevante). Os princípios que sublinham esses fatos parecem ser universais, ao menos em grande medida;[12] uma vez mais, oferecem ricas condições sobre interpretação semântica, sobre relações intrínsecas

---

* Ele pensa que o jovem é um gênio. (N. T.)
** O jovem pensa que ele é um gênio. (N. T.)
*** Sua mãe pensa que o jovem é um gênio. (N. T.)
12 Ver Lasnik, 1989, particularmente cap.9. Questões interessantes surgem no caso de (2c) (pronomização anterior) com relação a tais problemas como uso referencial das descrições definidas e informação velha-nova.

de significado entre expressões, incluindo conexões analíticas. Além disso, neste domínio temos resultados teóricos de certa profundidade, com consequências surpreendentes. Assim, os mesmos princípios parecem produzir as propriedades semânticas de expressões da forma do exemplo (1), na página 65. Dados os sistemas de desempenho, a representação no nível da interface FP impõe condições restritivas sobre o uso (articulação e percepção, neste caso). O mesmo é verdadeiro em relação à representação FL, como ilustrado nos exemplos (1) e (2), ou no nível lexical, no *status* especial da superfície exterior para palavras *container*. Uma análise mais detalhada revela uma complexidade adicional. A superfície exterior é distinguida por outros meios dentro da semântica da Língua-I. Se vejo a casa, vejo sua superfície exterior; ver a superfície interior não basta. Se estou dentro de um avião, vejo-o apenas se olho pela janela e vejo a superfície da asa, ou se há um espelho do lado de fora que reflita sua superfície exterior. Mas a casa não é apenas sua superfície exterior, uma entidade geométrica. Se Peter e Mary estão equidistantes da superfície – Peter dentro e Mary fora –, Peter não está perto da casa, mas Mary pode estar, dependendo das condições correntes sobre o que seja perto. A casa pode ter cadeiras dentro ou fora dela, o que é consistente com estar relacionado com a superfície. Mas, enquanto aqueles que estão fora podem estar perto, os que estão dentro necessariamente não estão perto. Assim, a casa envolve suas superfícies exterior e interior. Mas o interior é concebido de maneira abstrata; trata-se da mesma casa se eu a encho com poltronas ou mudo suas paredes – ainda que, se limpo a casa, possa interagir apenas com coisas no espaço interior, e esteja me referindo apenas a elas, quando digo que a casa está uma bagunça ou que precisa ser decorada novamente. A casa é concebida como uma superfície exterior e um espaço interior (com propriedades complexas). É óbvio que a casa em si é um objeto concreto; ela pode ser de tijolos ou de madeira, e uma casa de madeira não tem apenas um exterior de madeira.

Uma casa marrom de madeira tem um exterior marrom (adotando-se a perspectiva abstrata) e é feita de madeira (adotando-se a perspectiva concreta). Se minha casa costumava ficar na Filadélfia, mas agora fica em Boston, então o objeto físico foi deslocado. Em contraste com isso, se meu lar costumava ficar na Filadélfia, mas agora fica em Boston, então nenhum objeto físico precisou ser deslocado, ainda que minha casa seja também concreta – mesmo que, de certo modo, seja também abstrato, se entendo como a casa na qual vivo, ou a cidade, ou o país, ou o universo; uma casa é concreta num sentido muito diferente. A diferença *casa–lar* tem várias consequências: Em inglês, posso ir para *meu lar*, mas não ir para *minha casa*; posso viver numa casa marrom, mas não num lar marrom; em muitas línguas, a contraparte de *lar* é adverbial, como é parcialmente em inglês também.

Mesmo nesse exemplo trivial, vemos que as condições internas sobre o significado são ricas, complexas e inesperadas; de fato, muito pouco conhecidas. Mesmo os dicionários mais elaborados não sonham com tais sutilezas; fornecem nada mais que sugestões, que fazem que o conceito pretendido seja identificado por aqueles que já o têm (ao menos em aspectos essenciais). A variante-I do telescópio de Frege opera de maneiras curiosas e intricadas.

À primeira vista, parece haver algo paradoxal nestas descrições. Assim, casas e lares são concretos, mas, de outro ponto de vista, são considerados de modo muito abstrato, ainda que de maneiras muito diferentes; o mesmo ocorre com livros, baralhos, cidades etc. Não se trata de que temos ideias confusas – ou crenças inconsistentes – sobre casas e lares, ou caixas, ou aviões, em iglus, ou cubos esféricos etc. Em vez disso, um item lexical nos fornece um determinado leque de perspectivas, a fim de que possamos ver o que consideramos ser as coisas no mundo, ou o que concebemos de outras maneiras; esses itens funcionam como filtros de lentes, fornecendo maneiras de olhar as coisas e pensar sobre os produtos de nossas mentes. Os termos em si não se referem, pelo menos se o termo *referem-se* for usado em seu sentido de linguagem natural; mas as pessoas podem usá-los para se referir às coisas, vendo-as de pontos de vistas particulares – as quais são remotas do ponto de vista das ciências naturais, como observado.

O mesmo é verdadeiro sempre que pesquisamos a Língua-I. Londres não é uma ficção, mas, considerando-a como Londres – isto é, da perspectiva do nome de uma cidade, um tipo particular de expressão linguística –, concedemos a ela propriedades curiosas: como já observado, concordamos que, sob determinadas circunstâncias, ela poderia ser toda destruída e construída em um outro lugar, anos ou mesmo milênios mais tarde, ainda sendo Londres, a mesma cidade. Charles Dickens descreveu Washington como "a Cidade das Intenções Magnificentes", com

> avenidas espaçosas, que começam em nada e não levam a lugar nenhum; ruas, com milhas de comprimento, que precisam apenas de casas, caminhos e habitantes; prédios públicos que precisam apenas de um público para ser completos; e ornamentos de grandes vias públicas que precisam apenas de grandes vias públicas para ornamentar

mas ainda assim Washington. Podemos nos referir a Londres referindo-nos ou não a sua população: de um determinado ponto de vista, trata-se da mesma cidade se sua população a deixa; de outro, podemos dizer que Londres veio a ter um sentimento mais sombrio ao longo dos anos de Thatcher, um comentário sobre como as pessoas agiam e viviam. Referindo-nos a Londres, podemos falar sobre uma localidade ou uma área, sobre pessoas que algumas vezes vivem ali, o ar sobre ela (mas não alto demais), prédios, instituições etc., em várias combinações (como em *Londres é tão infeliz, feia e poluída que deve ser destruída e reconstruída a 150 quilômetros*, ainda sendo a mesma cidade). Termos como *Londres* são usados para falar sobre o mundo real, mas não são nem são consideradas coisas no mundo com as propriedades dos intricados modos de referência que o nome da cidade guarda.

Esses dois tipos de perspectivas podem se encaixar de maneira diferente no sistema de crenças de Peter, como no enigma de Kripke. (Para uma discussão intensa de um ponto de vista mais ou menos similar, ver Bilgrami, 1992.) Para cumprir os propósitos da pesquisa naturalística, construímos uma imagem do mundo dissociada das perspectivas do "senso comum" (nunca completamente, é óbvio; não podemos tornar-nos algo a não ser as criaturas que somos[13]). Se mesclarmos essas maneiras diferentes de pensar o mundo, poderemos nos encontrar atribuindo às pessoas crenças estranhas e até mesmo contraditórias sobre objetos que devem ser considerados um pouco à parte dos meios providos pela Língua-I e pelos sistemas Crenças-I, os quais acrescentam uma textura mais ampla à interpretação. A situação parecerá ainda mais complicada se considerarmos a ideia obscura de que certos termos têm uma relação com as coisas ("referência"), fixada numa linguagem pública comum, a qual talvez até mesmo exista "independentemente de qualquer falante particular" que tenha uma "compreensão parcial e um tanto equivocada da linguagem" (Dummett, 1986); e que esses "termos de linguagem pública", na linguagem comum, referem-se (em algum sentido a ser explicado) a objetos tais como Londres, tomado como uma coisa divorciada das propriedades providas pelo nome da cidade (ou algum outro modo de designação) numa Língua-I particular, e de outros fatores que entram nas referências de Peter a Londres. Os problemas parecem ficar mais sérios ainda se voltamos a atenção para o histórico do indivíduo ou das crenças compartilhadas que marcam o uso da linguagem normal. Todos os movimentos como esse vão além dos

---

13 Putnam tem com frequência enfatizado que padrões de inferência e justificação de crença são de interesse relativo. Além disso, o caráter particular (e, portanto, limite) da compreensão humana impõe escolhas do panorama da teoria que podem não ser apropriadas, deixando áreas de problema que são mistérios inerentes para os humanos (uma propriedade geral de organismos). Ver Chomsky, 1975; McGinn, 1991.

limites da abordagem naturalística, alguns deles talvez além do discurso sensível.

Eles vão também além dos limites internalistas, o que é uma questão diferente. Uma abordagem naturalística não impõe limites internalistas e individualistas. Assim, se estudamos (algum complemento para) as pessoas como fases na história de células de germes idealmente imortais, ou como estágios na conversão de oxigênio a dióxido de carbono, nos afastamos desses limites. Mas, se estamos interessados em considerar o que as pessoas fazem, e por que, na medida em que isso é possível por meio da pesquisa naturalística, o argumento para se manter esses limites parece convincente.[14]

Iniciamos considerando a (hipotética) descoberta de que o cérebro de Peter produz a configuração G quando pensa sobre gatos. Depois disso partimos para o exemplo mais realista de ERPs, e para o caso ainda mais realista (de um ponto de vista científico) dos sistemas R-C; pode-se pensar sobre esses elementos como estando no mesmo nível de C, ainda que agora reais, não hipotéticos, e temos razão para acreditar nisso. O mesmo seria verdadeiro sobre uma abordagem naturalística que partisse desses limites internalistas, tomando o cérebro de Peter como parte de um sistema mais amplo de interações. A analogia não seria mais a configuração G produzida no cérebro de Peter quando pensasse em gatos, mas

---

14 Não está em questão, é claro, o fato de que o que as pessoas fazem depende de eventos em algum lugar no espaço e no tempo; a questão é se a pesquisa naturalística será "malkoviana" (ver Miller & Chomsky, 1963, p.422 et seq.), considerando apenas o estado resultante do organismo para entrar em desempenho corrente local. Assim, as memórias podem desaparecer ou ser reformuladas, mas para entender o que uma pessoa está fazendo aqui e agora perguntamos o que está internamente representado, não o que pode uma vez ter acontecido. De maneira semelhante, o crescimento de uma célula até chegar a ser um dedo ou um osso do antebraço depende de tempo decorrido, mas o estudo do processo mantém para tais indicadores como gradientes correntes de concentração química que informam a célula de tais fatos. Isso é procedimento-padrão e parece muito razoável.

alguma configuração física G' envolvendo G junto com alguma outra coisa, talvez algo como gatos. Estamos agora no domínio do hipotético – não conheço nada que possa se encaixar neste caso. Mas suponhamos que tal abordagem possa ser planejada e esclareça sobre questões do uso da linguagem. Se fosse o caso, isso poderia modificar as maneiras que estudamos a linguagem e a Psicologia, mas não estabeleceria uma ponte para preencher o vazio de uma teoria sobre as pessoas e sobre o que elas fazem.

Temos que distinguir um naturalismo internalista hipotético do tipo apenas esboçado de um externalismo não naturalista que tenta tratar a ação humana (referindo-se ao pensamento sobre gatos etc.) no contexto das comunidades, das coisas reais ou imaginadas no mundo, e assim por diante. Tais abordagens devem ser julgadas por seus méritos, como esforços para fazer sentido sobre as questões que estão fora da pesquisa naturalística – como questões sobre energia, pedras que caem, céus etc. – no sentido comum dos termos. Mencionei uma certa razão para ceticismo em relação ao recurso a comunidades e suas práticas, ou a linguagens públicas com significados públicos. Consideremos, além disso, a outra faceta do externalismo, uma suposta relação entre as palavras e as coisas.

Na semântica internalista, há teorias explicativas de considerável interesse desenvolvidas em termos de uma relação R (leia--se "referência") que, segundo se postula, é estabelecida entre expressões linguísticas e alguma outra coisa, entidades extraídas de algum domínio D (talvez valores semânticos).[15]

A relação R, por exemplo, é estabelecida entre a expressão *Londres* (*casa* etc.) e entidades de D assumidas como tendo alguma

---

15 Se as teorias devem ser desenvolvidas nestes termos é outra questão. Meu ponto é simplesmente observar que, se elas repousam em noções de referência tencionada, dependência referencial etc., mais como uma maneira de falar, então algo do tipo esquematizado aqui parece estar pressuposto – não referência a coisas no mundo (ou consideradas como estando nele).

relação com aquilo a que as pessoas se referem quando usam a palavra *Londres* (*casa* etc.), ainda que a relação presumida permaneça obscura. Como observado, acho que tais teorias deveriam ser consideradas uma variedade da Sintaxe. Quanto aos aspectos aqui relevantes, os elementos postulados por elas estão no mesmo nível das representações fonológicas ou da estrutura da frase, ou da hipotética configuração C do cérebro; poderíamos muito bem incluir D e R dentro do SD (a expressão linguística), como parte de um nível de interface.

A explicação para os fenômenos do exemplo (2) (na página 79) é em geral expressa em termos da relação R. As mesmas teorias de ligação e anáfora continuam sem uma mudança essencial se substituímos *young* (jovem) no exemplo (2) por *médio, típico* ou substituímos *the young* (o jovem) por *John Doe*, considerado o homem médio para os propósitos de um discurso particular.[16] As mesmas teorias também continuam em relação às propriedades anafóricas dos pronomes, nos exemplos (3) e (4):

(3) a *It brings good health's rewards.**
    b *Good health brings its rewards.***
    c *Its rewards are what make good health worth striving for.****

(4) a [*There is a flaw in the argument*], *but it was quickly found.*****
    b [*The argument is flawed*], *but it was quickly found.******

Em termos da relação R, estabelecida entre *o homem médio, John Doe*,****** *boa saúde, falho* e entidades extraídas de D, po-

---

16 Há diferenças em pronomização anterior; ver nota 12.
   * Isso traz recompensa de boa saúde. (N. T.)
  ** Boa saúde traz suas recompensas. (N. T.)
 *** Vale a pena lutar por uma boa saúde por causa de suas recompensas. (N. T.)
**** [Há uma falha no argumento], mas ela foi rapidamente encontrada. (N. T.)
***** [O argumento é falho], mas ele foi rapidamente encontrado. (N. T.)
****** "Fulano". (N. T.)

demos considerar o comportamento diferencial do pronome exatamente como consideraríamos *jovem, Peter, mosca* ("há uma mosca no café"). As relações de anáfora diferem (4a e 4b), ainda que não haja diferença relevante no significado entre as cláusulas entre colchetes. E poderia ocorrer que essas expressões, junto com outras, tais como *the argument has a flaw* ("o argumento tem uma falha") (com as opções anafóricas de (4a), compartilhem ainda propriedades estruturais mais profundas, talvez a mesma representação estrutural no nível relevante para a semântica interna das frases, possibilidade que há alguns anos vem sendo explorada (ver Tremblay, 1991).[17] O mesmo é verdadeiro em casos mais exóticos. Poderia parecer perverso procurar uma relação entre entidades em D e coisas no mundo – real, imaginário ou seja o que for –, pelo menos um mundo de qualquer generalidade. Pode-se imaginar que a relação de elementos de D com coisas de outras representações sintáticas, como a relação com as ondas sonoras, seja mais "transparente" para a fonética que para a representação fonológica; mas, mesmo assim, esses estudos não passam da sintaxe de representações mentais. A relação *R* e o construto D precisam ser justificados nas mesmas bases que se justificam outras noções sintáticas técnicas; isto é, as da fonologia ou da tipologia de categorias vazias em sintaxe. Uma semelhança ocasional entre *R* e o termo *referir* de linguagem comum não tem mais o significado que teria no caso de *momentum* ou *indecisão*.

De maneira específica, não temos intuições sobre R mais que sobre *momentum* ou *indecisão* no sentido técnico, ou sobre *comando-c* ou *autossegmental* em [outras partes] das teorias R-C da sintaxe;[18] os termos têm os significados designados para eles. Temos

---

17 O ponto básico sobre "expressões sistematicamente enganosas" no sentido de Ryle pode ser rastreado pelo menos até a teoria crítica das ideias, no século XVIII, expressa por du Marsais e, posteriormente, por Thomas Reid; ver Chomsky, 1965, p.199-200.

18 Ou sobre *conteúdo perceptual* no sentido técnico especial do discurso filosófico; ver nota 1 e texto. A distinção que Davies apresenta entre interpretações

um julgamento intuitivo sobre a noção usada em expressões tais como *Mary often refers to the young man as a friend* (Mary com frequência refere-se ao jovem como um amigo) *(ao homem médio como Fulano, à boa saúde como o mais sublime objetivo da vida)*. Mas não temos tais intuições sobre a relação R entre Mary (ou *o homem médio, Fulano, boa saúde, falho*) e elementos estabelecidos de D. Assim, R e D são o que especificamos que eles são, em um panorama de explicação teórica. Poderíamos comparar R e D a P e PF, onde P é uma relação entre uma expressão e suas representações PF (entre *took* e [tʰuk], talvez), ainda que no último caso os conceitos se encaixem numa teoria de relações de interface muito mais bem estabelecida e muito mais rica.

Suponhamos que o postulado em relação a R e D seja justificado pelo sucesso explicativo dentro da teoria R-C da Língua-I, junto com P e PF, *comando-c* e *autossegmental*. Esse resultado não oferece suporte para a crença de que alguma relação do tipo R, por exemplo, R', seja estabelecida entre palavras e coisas, ou coisas como são imaginadas ou também concebidas. O estabelecimento de tal relação teria de ser justificado na mesma base como no caso de qualquer outra noção técnica inventada. E se projetamos uma relação R' entre expressões linguísticas e "coisas", deduzida de alguma maneira, não temos intuições sobre ela – a questão torna-se apenas mais obscura se evocamos noções não explicadas de "comunidade" ou "linguagem pública", tomadas em sentido absoluto. Temos sim julgamentos intuitivos em relação a expressões linguísticas e perspectivas particulares e pontos de vista que eles fornecem para interpretação e pensamento. Além disso, poderíamos realizar um estudo de como essas expressões e perspectivas entram em várias ações humanas, tais como a de referir. A partir desse ponto, entramos no domínio do discurso técnico, privados de julgamento intuitivo.

"conservadoras" e "revisionárias" da noção técnica não é clara, nada mais acrescentando para que possamos distinguir interpretações conservadoras e revisionárias de *força eletromagnética*.

Tomemos o influente experimento do pensamento da Terra-Gêmea, de Putnam (Putnam, 1975). Podemos não ter intuições sobre se o termo *água* tem a mesma "referência" para Oscar e Oscar Gêmeo: isso é uma questão de decisão sobre o novo termo técnico "referência" (alguma escolha particular para *R'*). Temos julgamentos sobre a que Oscar e Oscar Gêmeo poderiam estar se referindo, julgamentos que parecem variar de maneira tão considerável quanto as circunstâncias variam. Sob algumas circunstâncias, as propostas de Putnam sobre "mesmo líquido", uma noção (talvez desconhecida) de continuidade ou similaridade retirada do senso comum parece mais apropriada, produzindo diferentes julgamentos. Não me parece muito claro que haja qualquer coisa geral para se dizer sobre essas questões ou que qualquer sentido geral ou útil possa ser dado a noções técnicas tais como "conteúdo amplo" (ou qualquer outra noção que fixe a "referência"), em qualquer uma das interpretações internalistas.

Caso isso seja verdade, levantam-se questões sobre o *status* do que Putnam, em suas Conferências Locke (Putnam, 1988a, cap.2), denomina a "cooperação social somada à contribuição da teoria do meio da *especificação* da referência", desenvolvida em seu artigo "O significado de 'significado'" (Putnam, 1975) e no de Saul Kripke ("Nomenclatura e necessidade") (Kripke, 1972), ambos agora referências no campo.

"Cooperação social" tem relação com "a divisão do trabalho linguístico": o papel dos especialistas em determinar a referência dos termos *olmo* e *faia*, já mencionados por mim, por exemplo. Putnam fornece uma explicação convincente para certas circunstâncias. Sob algumas condições, de fato, concordaria que aquilo a que estou me referindo quando uso o termo *olmo* é aquilo que um especialista quer dizer, talvez um jardineiro italiano com quem compartilho apenas os termos latinos (apesar de não haver sentido significativo no qual somos parte da mesma "comunidade linguística" ou falamos uma "língua comum"); sob outras condições, talvez não, mas é isso o que se espera numa pesquisa que abranja todas as "organizações funcionais humanas", virtualmente um estudo de tudo. Como mencionado antes, não está claro se as questões relacionam-se com a Língua-I ou com a Crença-I, assumindo como válida a construção teórica. Quanto à "teoria do meio", ela poderia contribuir para a especificação da referência apenas se houvesse alguma noção coerente de "referência" (R') entre expressões linguísticas e coisas, o que está longe de ser óbvio, ainda que as pessoas de fato usem essas expressões (de várias maneiras) para se referir a coisas, adotando as perspectivas que essas expressões oferecem. Há circunstâncias nas quais as conclusões particulares em geral parecem apropriadas, nas quais "mesmas espécies", "mesmo líquido" etc. ajudam a determinar a que estou me referindo; e há outras circunstâncias nas quais isso não acontece.[19]

Também não parece claro que questões metafísicas se levantem nesse contexto. Para tomar alguns exemplos de Kripke, sem dúvida há uma diferença intuitiva entre o julgamento de que Nixon seria *a mesma pessoa* se não tivesse sido eleito presidente dos Estados Unidos em 1968 e o de que não seria a mesma pessoa se não fosse de modo algum uma pessoa (isto é, se fosse uma réplica feita de silicone). Mas isso ocorre a partir do fato de que Nixon é o nome de uma pessoa, fato que possibilita uma maneira de nos referirmos a Nixon *como uma pessoa*; isso não tem significação metafísica. Se abstraímos da perspectiva fornecida pela linguagem natural, o que parece não ter nomes puros no sentido

---

19 Notem-se as observações de Stich (1983) a respeito da incapacidade que "a maioria dos ouvintes não contaminados pela teoria filosófica" teria em fornecer julgamentos em muitos destes casos. A observação não é necessariamente decisiva; talvez os fatos da psicologia popular possam apenas ser discernidos por uma intuição treinada e guiada com um contexto teórico mais rico, esta seria uma hipótese razoável. Mas não há contexto teórico, por isso quase não há razão para considerar julgamentos isolados como tendo muito significado.

lógico (o mesmo é verdadeiro em relação aos variáveis, pelo menos se os pronomes são considerados variáveis, e aos indexáveis, se consideramos suas reais condições de uso em referência), as intuições desabam: Nixon seria uma *entidade* diferente, suponho, se seu cabelo fosse penteado de maneira diferente. Da mesma maneira, o objeto à minha frente não é necessariamente uma escrivaninha ou uma mesa; esse mesmo objeto poderia ser um vasto número de diferentes coisas, como interesses, funções, intenções do inventor etc. Para citar um trabalho recente, o julgamento de Joseph Almog de que a montanha Nanga Parbat é *essencialmente* uma montanha poderia ser inteligível sob certas circunstâncias; entretanto, ao contrário do que ele assume, seu "teste de abstração coerente" parece permitir-nos, sob outras circunstâncias, privar Nanga Parbat dessa propriedade, deixando-a como a mesma entidade: digamos que, se o nível do mar subisse o suficiente para que seu cume se tornasse uma ilha, ela seria tanto uma montanha como a Grã-Bretanha é; ou se terra fosse amontoada em volta dela até seu pico, mas a um milímetro de distâ ncia, ela não seria uma montanha, mas parte de um platô cercado por uma fissura, ainda que continuasse a ser exatamente a mesma entidade (Almog, 1991).

Em suma, é questionável que conclusões padrão possam sobreviver diante de uma análise mais acurada das noções técnicas de "referência" (em algum sentido do tipo R') ou de "especificação de referência". Pode ser que haja justificativas para a noção R interna para as teorias R-C (basicamente uma noção sintática, a despeito das aparências). Mas parece haver pouca razão para supor que uma noção análoga R' possa ser apresentada como formulações coerentes e úteis como uma relação entre expressões e algum tipo de coisas, divorciadas de condições particulares e circunstâncias de referência. Se isso ocorrer, não haverá também nenhuma pesquisa razoável sobre uma noção de "sentido" ou "conteúdo" que "fixe a referência" (R'), pelo menos para a linguagem natural, ainda que haja uma promissora pesquisa (sintática) sobre as condições para o uso da linguagem (incluindo a referência).

Como discutido antes, a pesquisa naturalística talvez possa levar à criação de acréscimos de linguagens para a Língua-I; para eles, uma noção do tipo R' talvez seja apropriada, da mesma maneira que os termos são despojados das propriedades da Língua-I que fornecem perspectivas interpretativas e relações semânticas, estão dissociados da Crença-I e são propriedades designadas ausentes na linguagem natural. Esses sistemas construídos podem ser fontes da Língua-I (pronúncia, morfologia, estrutura da sentença etc.) ou podem transcendê-las (formalismos matemáticos introdutórios, por exemplo). A Língua-I é um produto da faculdade da linguagem, abstraído de outros componentes da mente; isso é uma idealização do curso, daí a ser justificada ou rejeitada com base em seu papel num panorama explicativo. A figura poderia ser expandida, isso parece plausível, distinguindo-se o sistema de crença do senso comum dos produtos da faculdade da formação da ciência. Os últimos não são nem Línguas-I nem sistemas de Crença-I, e talvez seja bem apropriado estabelecer uma relação R' para eles.

Algumas das abordagens de motivação externalista advêm da preocupação de dar sentido à história da ciência. Assim, Putnam concorda que deveríamos considerar que Niels Bohr estava se referindo aos elétrons no sentido da teoria quântica ou teríamos que "rejeitar todas as suas crenças de 1900 considerando-as totalmente erradas" (Putnam, 1988a), talvez de acordo com a crença de alguém em anjos, conclusão totalmente absurda. O mesmo é verdadeiro em relação aos químicos anteriores a Dalton falando de átomos. E, talvez, a partir da mesma base, devêssemos dizer que os químicos anteriores a Avogadro estivessem se referindo àquilo que chamamos de átomos e moléculas, ainda que para eles os termos fossem aparentemente intercambiáveis.

A discussão assume que termos como *elétron* pertencem ao mesmo sistema que *casa*, *água* e anáfora pronominal, de maneira que conclusões sobre *elétron* conduzam a noções na última categoria. Essas assunções parecem estar implícitas nas propostas de Putnam de que "determinar a complexidade intrínseca de uma tarefa é perguntar: *O quanto ela é difícil, no caso mais extremo?*", o "caso mais extremo" para "mesma referência" ou "mesmo significado" sendo colocado por conceitos tais como *momentum* ou *elétron* em Física. Mas a assunção é duvidosa. O estudo da linguagem deveria buscar uma estrutura mais diferenciada do que esta, e o que é verdadeiro para construções técnicas da faculdade da formação da ciência pode não ser para o léxico da linguagem natural. Suponhamos, entretanto, que admitamos o fato. Concordando depois que um interesse em inteligibilidade em discurso científico ao longo do tempo seja uma preocupação suficientemente justa, mesmo assim ela não pode servir como base para uma teoria geral de significado; afinal, ela é apenas uma preocupação entre muitas e não uma preocupação central para o estudo da psicologia humana. Além disso, há paráfrases internalistas. Assim, poderíamos dizer que, no uso inicial de Bohr, ele expressou crenças literalmente falsas, porque não havia nada do tipo que tinha em mente quando se referia a elétrons; mas sua imagem do mundo e sua articulação eram estruturalmente similares o suficiente para concepções posteriores, de maneira que podemos distinguir suas crenças sobre elétrons das crenças sobre anjos. Isso parece um procedimento razoável.

Tomando um exemplo muito mais simples do estudo da linguagem, consideremos um debate de cerca de trinta anos atrás sobre a natureza das unidades fonológicas. Os fonologistas estruturais postulavam segmentos (fonemas) e características fonéticas, com um certo rol de propriedades. Os fonologistas gerativistas argumentavam que nenhuma dessas entidades existia e que os elementos reais tinham propriedades diferentes. Suponhamos que uma dessas abordagens pareça correta (digamos, a última). Os fonologistas estruturais estavam, portanto, se referindo todo o tempo a segmentos e características no sentido da fonologia gerativa? Certamente não. Eles, de forma categórica, negavam-na e estavam certos em fazer isso. Estavam dizendo coisas incoerentes? Mais uma vez, certamente não. A fonologia estruturalista é inteligível; sem nenhuma assunção de que haja entidades do tipo postulado por ela, muito da teoria pode ser reinterpretado no quadro da fonologia gerativa, com resultados essencialmente permanentes. Em princípio, não há meios de determinar como isso acontece, ou de determinar a "similaridade da crença" entre as duas escolas de pensamento ou que pensamentos e crenças elas compartilham. Algumas vezes é útil observar semelhanças e reformular ideias, outras vezes não. O mesmo é verdadeiro em relação aos pensamentos iniciais e posteriores de Bohr. Nada mais definido é exigido para manter a integridade da empresa científica ou de uma noção respeitável de progresso em direção à verdade sobre o mundo, na medida em que ela está inserida na capacidade cognitiva humana.

Vale a pena observar que uma análise nestes termos, que evite assunções externalistas sobre fixação da referência, é consistente com as intuições de figuras relacionadas. A discussão do significado de *elétron*, *água* etc. nos leva de volta ao passado, mas podemos nos projetar adiante também. Consideremos a questão sobre se as máquinas podem pensar (entender, planejar, resolver problemas etc.). Por meio de argumentos externalistas padrão, a questão deveria ser estabelecida pela verdade sobre o pensamento: qual a essência do pensamento de Peter sobre seus filhos ou de sua maneira de resolver uma equação quadrática ou jogar xadrez ou interpretar a sentença ou decidir se veste uma capa de chuva? Mas não é isso que pensavam Ludwig Wittgenstein e Alan Turing, para citar dois exemplos notáveis. Para Wittgenstein, a questão sobre se as máquinas pensavam não podia ser posta de uma maneira séria: "Podemos falar apenas sobre um ser humano e sobre aquilo que ele pensa" (Wittgenstein, 1958, p.113), talvez bonecas e espíritos; essa é a maneira como a ferramenta é usada. Turing, em seu clássico artigo de 1950, escreveu que a questão sobre se as máquinas podem pensar

pode ser sem sentido demais para merecer discussão. Entretanto, creio que no fim do século o uso das palavras e a opinião educada em geral terão se alterado tanto que será possível falar sobre máquinas que pensam sem esperar uma reação negativa. (Turing, 1950, p.442)

Wittgenstein e Turing não adotam o padrão da explicação externalista. Para Wittgenstein, essas questões são tolas: as máquinas são usadas como elas são; e se o uso muda a linguagem muda, sendo a linguagem nada mais que a maneira de usar as máquinas. Turing também fala da linguagem da "opinião educada em geral" mudando à medida que mudam interesses e preocupações. Em nossas palavras, haverá uma mudança das Línguas-I que Wittgenstein descreve como novas, nas quais uma palavra velha *pensa* que será eliminada em favor de uma palavra nova que se aplica tanto a máquinas como a pessoas. Perguntar, em 1950, se máquinas pensam é tão significativo quanto questionar se aviões e pessoas (digamos, saltadores de provas de altura) realmente voam; em inglês, aviões voam e saltadores de provas de altura não (exceto metaforicamente), em hebraico também não e, em japonês, ambos voam. Tais fatos não nos dizem nada sobre a questão (sem significado) posta, mas apenas sobre variações marginais e arbitrárias de Língua-I. A questão sobre qual o significado de *átomo* anterior a Dalton, ou de *elétron* para Bohr em 1900, parece comparável, em aspectos relevantes, à questão de o que *pensar* significava para Wittgenstein e Turing; não inteiramente comparável, porque *pensar*, *átomo* e *elétron* talvez não fossem considerados pertencentes à Língua-I homogênea. Em todos esses casos a perspectiva internalista parece adequada, não apenas para as intuições de Wittgenstein e Turing, mas também para uma explicação sobre o que está em pauta; ou sobre o que poderia acontecer, à medida que circunstâncias e interesses variassem.

Talvez se possa argumentar que recentes teorias semânticas superam as intuições de Wittgenstein e Turing por causa do sucesso explicativo que alcançaram. Entretanto, isso não parece uma ideia promissora; o sucesso explicativo dificilmente irá suportar esse peso. Em geral, temos pouca razão agora para acreditar que mais que um conjunto de particularidades de Wittgenstein esteja além do domínio da pesquisa internalista, o que é, entretanto, muito mais rico e informativo que Wittgenstein, John Austin (1962) e outros supostos.

A pesquisa naturalística será sempre insuficiente em relação à intencionalidade. Pelo menos nestes termos, a "intencionalidade não será reduzida e não acabará", como está expresso no dizer de Putnam, e "falar línguas" continuará "teoricamente inexplicável" (Putnam, 1988a, p.1). O estudo dos sistemas R-C, incluindo a "semântica internalista", parece ser, por ora, a mais promissora forma de pesquisa naturalística, com um programa de pesquisa razoavelmente bem-sucedido; a compreensão de sistemas de desempenho é mais rudimentar, mas está dentro da linha de pesquisa, em alguns aspectos pelo menos. Essas abordagens causam problemas do tipo conhecido no curso das ciências naturais, mas nenhum que pareça qualitativamente diferente. Ao tentar identificá-las, podemos esperar aprender muito sobre os mecanismos usados para articular pensamentos, interpretar e assim por diante. Muitas outras questões ficam sem tratamento, mas isso demonstra que são questões reais, não pseudoquestões que indicam tópicos de pesquisa que alguém poderia desejar explorar – mas pouco mais que isso.

3
Linguagem e interpretação: reflexões filosóficas e pesquisa empírica

Na literatura filosófica dos últimos quarenta anos, têm surgido várias correntes de influência que me parecem problemáticas em aspectos importantes e até mesmo essenciais. Tenho em mente, em primeiro lugar, abordagens que tomam como ponto de partida certas concepções de como a linguagem é ou deveria ser estudada pelo cientista empírico – ou pelo "campo linguístico", para usar os termos do conhecido paradigma de Quine. Podem-se incluir aqui Quine, Donald Davidson e outros que têm se orientado para uma forma de pragmatismo e "epistemologia naturalizada", incorporando questões consideradas de significação filosófica a suas concepções de ciência empírica, mas também outros que adotam um ponto de partida diferente: Michael Dummett e muitos dos que foram influenciados por Wittgenstein e pela filosofia da linguagem comum, por exemplo.

Para ilustrar o teor dessas ideias, tomemos alguns comentários de Richard Rorty em Lepore (1986) sobre Davidson. Ele diz que

> Davidson está convictamente certo de que Quine 'salvou a filosofia da linguagem conferindo a ela um *status* de seriedade' ao

se livrar da distinção analítico-sintética. O melhor argumento de Quine para isso foi que essa distinção não tinha nenhuma utilidade para o linguista de campo. (Rorty, 1986, p.339)

Quanto ao "linguista de campo", tudo o que tem a fazer é "continuar em sua observação da maneira pela qual a Linguística está alinhada com o comportamento não linguístico no curso da interação do nativo com seu meio, uma interação que [o linguista] considera guiada por regras de ação...", especificidade, o "princípio regulador" segundo o qual "a maioria das regras dos nativos são as mesmas que as nossas, o que equivale a dizer que a maioria delas são verdadeiras" (p.340; "regras" aqui referindo-se aparentemente a crenças). Não precisamos ficar preocupados com "um esquema conceptual, uma maneira de ver as coisas, uma perspectiva (ou ... uma linguagem, ou uma tradição cultural), [porque] o linguista de campo não necessita disso; portanto, a Filosofia também não precisa disso" (p.334). Quine e Davidson concordam que "uma teoria de significado para a linguagem é aquilo que surge da pesquisa empírica em comportamento linguístico", quando isso é propriamente buscado, de acordo com as doutrinas do "holismo e do behaviorismo" (p.352).

Essa linha de pensamento, continua Rorty, conduz a uma forma de pragmatismo que ele abraça e atribui a James e Dewey, incluindo de maneira determinante a negação de quaisquer relações de "'ser feito verdadeiro', que se estabelecem entre as crenças e o mundo". Em vez disso, "entendemos tudo que temos a saber sobre a relação de crenças e o mundo quando entendemos suas relações causais com o mundo" (p.335).

Deixando de lado as conclusões a que chega Rorty,[1] consideremos suas assunções. Se o argumento mais forte para rejeitar a

---

[1] Assim, a partir da última declaração citada, segue-se que se acredito que está chovendo porque ouvi no rádio, de maneira que a explicação completa da relação causal da minha crença com o mundo é sua interação, então não há nada mais a saber sobre a relação de minha crença de que está chovendo

distinção analítico-sintética é que ela é inútil para o linguista de campo, então, virtualmente, todos os que de fato trabalham ou já trabalharam com semântica descritiva devem ter cometido um sério erro, já que tal trabalho é projetado com assunções sobre conexões de significado, o que irá (em particular) levar a exemplos da distinção analítico-sintética. É difícil encontrar estudos de linguagem que não designem estruturas e descrevam o significado de *matar*, *então* etc., de tal maneira que haja uma distinção qualitativa – determinada pela própria linguagem – entre as sentenças *John killed Bill so Bill is dead* (John matou Bill, então Bill está morto) e *John killed Bill so John is dead* (John matou Bill, então John está morto). Ou, para tomar outro caso, é difícil encontrar um estudo de dependência referencial em linguagem natural que não conclua que a própria linguagem determina que a relação é estabelecida entre *Mary* e *herself* em (1), mas não quando a mesma expressão está inserida no contexto *I wonder who* – produzindo (2).

(1) *Mary expects to feed herself.**
(2) *I wonder who Mary expects to feed herself.***

Tais propriedades sintático-semânticas levarão a casos de distinção analítico-sintética; assim, produzirão uma distinção entre "*Mary expects to feed herself*, então Mary espera alimentar *Mary*" (analítica, com as três ocorrências de *Mary* consideradas correferenciais), e "*I wonder who Mary expects to feed herself*, então eu fico imaginando quem Mary espera alimentar *Mary*" (não analítica, sob a mesma interpretação). Mas o que se alega que Quine demonstrou vai além da questão do ser analítica, chegando-se à conclusão de que não há conexões semânticas que podem ser

---

com o fato de que está ou não chovendo; não há questão posterior como para a relação entre minhas crenças e o mundo.
* Mary espera alimentar-se. (N. T.)
** Eu imagino quem Mary espera alimentar. (N. T.)

atribuídas à própria faculdade da linguagem como distintas de nossos sistemas gerais de crença; em algum momento, Rorty considera isso uma das duas descobertas fundamentais que abalam a imagem tradicional do mundo.

Como se sabe, Quine e outros ofereceram sua própria explicação sobre essas distinções. Retorno a essas proposições e à maneira como poderiam ser avaliadas, de acordo com os cânones de pesquisa das ciências naturais, e apenas observo aqui que a referência ao "linguista de campo" pode, com certeza, não ser entendida como referência àqueles que de fato fazem o trabalho linguístico. Em vez disso, ela tem um caráter normativo, referindo-se à maneira como esse trabalho deve ser feito, mantendo as condições de "holismo e behaviorismo", legisladas pelo filósofo, mas não seguidas na prática pelo cientista errante. Se isso pudesse tornar-se uma investigação justificável, aqueles que estivessem imbuídos de uma apreciação da história da disciplina poderiam ser perdoados de algum ceticismo inicial.

Para ilustrar o teor dessas discussões, consideremos o exemplo do argumento de Dummett (1986) de que o "caso fundamental", a partir do qual devemos entender o conceito de linguagem, é que holandês e alemão são línguas diferentes (ele dá um exemplo diferente, mas a questão é a mesma), e cada uma delas uma prática social particular, "na qual as pessoas se engajam", prática "aprendida de outros e constituída por regras que são parte do costume social a ser seguido" (p.473). Assim, holandês e alemão existem neste "caso fundamental", "independentemente de quaisquer falantes particulares"; cada falante individual "tem" tal língua, mas, de modo típico, tem apenas um "entendimento parcial, e parcialmente errôneo, da língua". O significado almejado pela proposição de Dummett é muito mais abrangente. Ele está nos falando sobre qual noção de "linguagem" é essencial para os propósitos filosóficos, para a teoria do significado em particular; e também, como deixa claro, é este conceito de linguagem que está em perspectiva, requerido para explicar o uso da linguagem e para entender "qual teoria de longo alcance alguém traz para um primeiro encontro linguístico com outra pessoa". Portanto, é uma proposta que repousa sobre um estudo empírico da linguagem, de pessoas, sobre o que sabem e o que fazem. Talvez ele tenha querido dizer que se deva permitir que os linguistas sigam algum curso diferente em relação a suas preocupações especiais, mas, de modo claro, essas proposições baseiam-se na própria prática da pesquisa empírica em linguagem e seu uso. Aqui, o teor paradoxal é de uma ordem um pouco diferente.

Ele repousa no conflito entre a proposta de Dummett e a assunção lugar-comum na prática empírica de que não há sentido geral útil no qual possamos caracterizar "línguas", de maneira que holandês e alemão sejam duas "línguas" distintas, que pessoas sabem apenas "parcial" e "erroneamente". Isso ocorre se estamos estudando estrutura da língua, psicolinguística, mudança da língua, tipologia, problemas de comunicação ou algo relacionado a isso. Pessoas que vivem perto da fronteira holandesa podem comunicar-se muito bem com as que vivem do lado alemão, mas falam diferentes línguas, de acordo com o sentido do termo que Dummett argumenta ser "fundamental"; e aquelas pessoas que estão do lado alemão, com seu "conhecimento parcial" da "língua alemã", podem não entender nada do que é falado pelas pessoas que moram em alguma outra região, que "têm" um "conhecimento parcial" diferente da "língua alemã", no sentido de Dummett. Por essas razões, nenhum conceito como este desempenha qualquer papel na pesquisa empírica em linguagem ou Psicologia. Termos como "inglês" e "japonês" são usados para o discurso expositivo geral, mas com a compreensão de que o uso do senso comum deles, que Dummett adota de maneira acrítica, deve ser abandonado quando nos voltamos para o estudo real da língua, do comportamento e da comunicação.[2] Se o conceito de

---

2 Ainda que se possa, obviamente, escolher ignorar uma ou outra distinção para os propósitos de alguma pesquisa particular. O ponto é que não há in-

Dummett é, de fato, fundamental para a pesquisa empírica e para os propósitos filosóficos, então tanto a Filosofia como o estudo empírico da linguagem e do comportamento, ou ambos, têm um sério problema, por razões que devem ser conhecidas. O conceito de linguagem que Dummett considera essencial envolve elementos sociopolíticos, históricos, culturais e normativo-teleológicos complexos e obscuros. Tais elementos podem ser de algum interesse para a sociologia da identificação em várias comunidades sociais e políticas e para o estudo da estrutura da autoridade, mas estão fora de qualquer pesquisa útil sobre a natureza da linguagem ou sobre a psicologia dos usuários da linguagem.

Para dar um exemplo, consideremos o estudo da aquisição da linguagem. No uso comum, dizemos que uma criança de cinco anos e um estrangeiro adulto estão tentando a aquisição do inglês, mas não temos como designar exatamente o que eles "têm". A criança, no curso normal dos eventos, "terá" o inglês (pelo menos parcial e erroneamente), e o estrangeiro provavelmente não. Mas, se todos os adultos estivessem repentinamente para morrer e as crianças, de alguma maneira, fossem sobreviver, então qualquer coisa que estivessem falando seria uma língua humana, mesmo uma língua que não exista agora. O uso comum não fornece nenhuma maneira útil para descrever essa suposição, já que isso envolve muitas preocupações e interesses disparatados e obscuros, o que constitui uma razão pela qual o conceito de linguagem que Dummett adota é inútil para a pesquisa real. Essa questão tem alguma importância quando consideramos a confiança em noções de "mau uso da linguagem", "normas da comu-

---

terpretação geral do "sentido fundamental" de Dummett (nenhuma interpretação mais estreita, por exemplo) que supere problemas do tipo observado ou nenhuma maneira conhecida de construir tal conceito geral como uma idealização útil, ou nenhuma razão para tentar fazê-lo. Observemos que não vale a pena construir todas as idealizações. Essa, qualquer que seja a intenção, aparentemente não vale.

nidade", "prática social" e "seguir regras" com frequência adotadas como se fossem claras o suficiente; elas não são.³ Nessa linha, talvez valha a pena relembrar alguns truísmos mais abrangentes; em pesquisa racional, nas ciências naturais ou em qualquer outra, não há um tema como "o estudo de todas as coisas". Assim, não faz parte da Física determinar de modo exato como um corpo se move sob a influência de cada partícula ou força no universo, com possível intervenção humana etc. Isso não constitui um tópico. Em vez disso, em pesquisa racional, idealizamos selecionar domínios de tal maneira (esperamos) que nos permita descobrir características do mundo. Nas ciências, dados e observações têm um caráter instrumental. Não despertam nenhum interesse por si mesmos, mas apenas à medida que constituem uma evidência que permite a alguém determinar as características fundamentais do mundo real, no curso de uma pesquisa que esteja invariavelmente sendo conduzida sob acuradas idealizações, entendimento implícito e comum, mas sempre presente. O estudo da linguagem, no sentido que Dummett lhe confere, toca "no estudo de todas coisas" e não é, portanto, um tópico útil de pesquisa, ainda que talvez se possa desejar construir um estudo de aspectos de tais questões, em termos de o que vem a ser entendido sobre componentes particulares desse amálgama inútil.

Essa concepção de linguagem como uma "prática social" que Dummett e outros propõem suscita questões posteriores conforme começa a ficar mais clara ao ser aplicada a exemplos concretos. Consideremos mais uma vez os exemplos (1) e (2) da página 99.

---

3 Conheço apenas uma tentativa de resolver esses problemas (Pateman, 1987). Pateman desenvolve uma noção de linguagem como um "fato social" de uma maneira aparentemente plausível, mas irrelevante para as questões que estou discutindo aqui. Nesse sentido, uma pessoa consciente de alguns dos fatos elementares sobre língua e sociedade irá falar muitas línguas, mudando de um momento para outro, dependendo de como escolhe se identificar com uma ou outra comunidade. Uma pessoa inconsciente de tais fatos terá uma gama considerável de crenças (e, tipicamente, ilusões) sobre o que está fazendo; crenças que podem desempenhar algum papel social em certas comunidades.

No exemplo (1) *feed herself* é considerado predicado de Mary, mas no exemplo (2) é predicado de alguma pessoa distinta (do sexo feminino) de Mary; assim, a partir do exemplo (2) segue-se que passo a imaginar qual pessoa do sexo feminino Mary espera alimentar, mas não a imaginar qual pessoa Mary espera alimentar a própria Mary. O exemplo suscita muitas questões pertinentes, entre as quais "como ficamos sabendo desses fatos?". A resposta parece ser que o estado inicial da faculdade da linguagem compartilhada incorpora certos princípios concernentes à dependência referencial (Teoria da Ligação); e quando certas opções deixadas sem determinação no estado inicial são fixadas por experiência elementar, então não temos mais escolhas do tipo como interpretar os exemplos (1) e (2) que as que temos sobre perceber alguma coisa como um triângulo vermelho ou uma pessoa. Os costumes sociais parecem não ter nenhuma relação com o problema em tais casos, ainda que, em todos eles, experiências iniciais ajudem a estabelecer certos detalhes da invariante, mecanismos da mente/ cérebro biologicamente determinados. O mesmo parece ser verdadeiro de maneira geral. Pelo menos, se tomadas de modo literal, as propostas de Dummett e outras relacionadas com a "prática social" parecem ser falsas, como uma questão do fato empírico. No mínimo, algum argumento seria requerido para demonstrar por que elas deveriam ser consideradas de maneira séria.

Se a linguagem é considerada uma prática social na linha dessas discussões, então se está tentando entender o conhecimento da linguagem como uma habilidade aprendida para se engajar em tais práticas, como Dummett sugere, ou – mais genericamente – como uma habilidade que pode ser exercida ao se falar, entender, ler, conversar consigo mesmo etc.: "saber uma língua é apenas ter a habilidade de fazer essas coisas e outras similares" (Kenny, 1984, p.138).[4] A tentação é reforçada por um constructo de conhe-

---

[4] Sobre o mau entendimento de Kenny de minha rejeição desses pontos de vista e sua consequente irrelevância para sua resposta, ver Chomsky, 1988b.

cimento mais geral como um tipo de habilidade. Esse ponto de vista contrasta com a concepção de uma língua como um procedimento gerativo que designa descrições estruturais para expressões linguísticas, sendo o conhecimento da língua a representação interna de tal procedimento no cérebro (na mente, como podemos dizer quando estamos falando sobre o cérebro num certo nível de abstração). A partir desse ponto de vista, a habilidade de alguém de usar a língua (para colocar o conhecimento de alguém em uso) é distinguida de forma acurada de ter tal conhecimento. A última concepção tem duas virtudes primárias:

1. Parece ser a maneira correta de abordar o estudo do conhecimento humano – conhecimento da linguagem em particular – na estrutura geral das ciências naturais, e tem-se confirmado uma abordagem altamente produtiva.

2. Está em pleno acordo com o uso pré-analítico normal, que é uma questão secundária, mas não inteiramente insignificante.

Em contraste com isso, a abordagem que considere a habilidade prática tem se mostrado inteiramente improdutiva e pode ser sustentada apenas se se entender "habilidade" de uma maneira que fuja radicalmente do uso comum.

Para perceber a razão pela qual isso constitui um fato, suponhamos que Jones, um falante de uma variante do que, no uso informal, chamamos de "inglês", aprimore sua habilidade de falar sua língua ao fazer um curso sobre como falar em público, ou perca sua habilidade por causa de um acidente ou de uma doença (e então recupere essa habilidade, digamos, com uma medicação). Observemos que um falante de "japonês", sob as mesmas circunstâncias, iria recuperar o *japonês*, não o inglês, com a mesma medicação, sendo que a recuperação plena em tais casos difere radicalmente da aquisição; uma criança poderia não adquirir o inglês ou o japonês sem qualquer evidência. Em todos esses casos, algo se mantém constante, alguma propriedade K, enquanto a habilidade para falar, entender etc. varia. No uso comum, dizemos que K é o conhecimento da língua; assim o conhecimento de Jones permaneceu constante enquanto sua habilidade de colocar seu conhecimento em uso aumentou, declinou, foi recuperada etc. Neste caso, a explicação que fala em representação interna de um procedimento gerativo está de acordo com o uso informal. Observemos posteriormente que outra evidência (digamos, a partir da autópsia, foi conhecida de modo suficiente pelas ciências do cérebro) pudesse levar-nos a concluir que Smith, que nunca recuperou o inglês, e não tomou a droga, manteve, contudo, seu conhecimento de inglês intacto, depois de ter perdido completamente sua habilidade de falar e entender. (Para uma discussão mais extensiva dessas questões, e de possíveis explicações alternativas, ver Chomsky, 1980; 1986.)

Se conhecimento é habilidade, então a propriedade K deve ser um tipo de habilidade, ainda que não a habilidade no sentido útil e normal da palavra, já que ela variou enquanto K permaneceu constante. Portanto, precisamos inventar um novo sentido técnico para o termo "habilidade", o que será chamado de *K-habilidade*. Assim, a K-habilidade permaneceu constante enquanto a habilidade variou.[5] A K-habilidade está completamente divorciada da habilidade e tem as propriedades do antigo conceito de conhecimento; ela poderia também ser chamada de "conhecimento", deixando-se de lado a questão doutrinária.

O irônico é que esses movimentos deveriam ser apresentados no espírito do Wittgenstein da última fase, que sempre argumentou contra a prática de elaborar conceitos artificiais, divorciados do uso ordinário, em defesa de certas doutrinas filosóficas. Na verdade, o constructo de Wittgenstein do conhecimento como uma espécie de habilidade parece ser um exemplo paradigmático da prática que defendeu como uma fonte fundamental de erro filosófico.

---

5 Isso é, de fato, apenas o novo programa assumido por Kenny (1984) diante das considerações conceituais deste tipo, ainda que ele não reconheça que uma mudança substantiva no entendimento de "habilidade" ou "capacidade" tenha sido introduzida. Ver Chomsky, 1988b.

Observemos que considerações similares mostram que *saber como* – por exemplo, saber como andar de bicicleta – não pode ser analisado com base em habilidades, disposições etc.; em vez disso, parece ser um elemento cognitivo irredutível. Notemos por fim que uma explicação do conhecimento baseada em habilidade, tomada em alguma coisa como seu sentido normal, tem se mostrado em última análise improdutiva. Pode-se tentar explicar os exemplos (1) e (2) a partir da habilidade de Jones, por exemplo. Esse tipo de esforço nunca foi feito, e um olhar mais detido em relação a esses problemas torna as coisas razoavelmente claras porque não teriam nenhuma esperança de sucesso.

O tom paradoxal das ideias na linha que tenho exemplificado até aqui se torna mais claro quando olhamos com cuidado para algumas injunções específicas. Tomemos uma vez mais a observação de Rorty, considerada óbvia e indiscutível, de que "todo linguista tem que continuar sua observação da mesma maneira que a Linguística está alinhada com o comportamento não linguístico, no curso da interação do nativo com o meio" (Rorty, 1986, p.339), além do princípio regulador de que o informante nativo está geralmente falando a verdade. Essa concepção, ele observa, é extraída de Quine e Davidson. Assim, no conhecido paradigma de Quine da "tradução radical" (Quine, 1960; 1987), "linguistas de campo", observando Jones, devem apoiar totalmente a hipótese deles na observação do comportamento de Jones (ou de membros da "comunidade-jungle", considerada homogênea; se não for homogênea, nenhum dos argumentos irá resistir e, se for homogênea, poderemos rejeitar a comunidade em favor de Jones, sem prejuízo para esses propósitos, como faremos). Deveria observar que, ao me referir a Quine, surgem questões textuais, já que – em resposta a dúvidas e críticas – ele deu muitas versões diferentes para seu paradigma, as quais não são consistentes (ver Chomsky, 1975, p.187, 198). Entretanto, apenas aquele citado, o qual Davidson e Rorty adotam, será necessário, se formos capazes de extrair do paradigma de Quine qualquer uma das conclusões consideradas importantes.

Antes de fazer isso, permitam-nos observar mais uma vez que essas prescrições são muito diferentes da prática real do "linguista de campo". São também completamente estranhas aos métodos-padrão das ciências naturais. Na literatura filosófica, as questões são em geral discutidas em relação à teoria do significado e, em particular, em relação a aspectos da teoria do significado dos quais pouco é conhecido (não, digamos, em conexão com tais questões como dependência referencial, sobre o que muita coisa é entendida). Essa é uma prática dúbia porque significa que os controles sobre especulação do conhecimento empírico e sobre o entendimento teórico são muito frágeis. Mas, se essa doutrina tem algum valor, deve ser estabelecida em relação a todas as nossas atribuições de competência linguística, e Quine, pelo menos, foi claro ao demonstrar que as coisas são assim de fato. Desse modo, argumenta de modo explícito que as mesmas considerações estabelecidas quando seu "linguista de campo" alega que na sentença *John contemplated the problem* (João contemplou o problema) há duas frases: a frase nominal *John* e a frase verbal *contemplated the problem*, e não, digamos, as duas frases *John contemplated* e *the problem* ou *John contemp* e *lated the problem*. De acordo com Quine, pelo menos quando mantém as mesmas assunções requeridas para suas bem conhecidas conclusões, essa atribuição de alguma propriedade (conhecimento, ou qualquer outro nome que escolhamos dar) para o informante Jones precisa estar baseada exclusivamente em evidência sobre o *comportamento de Jones*; na verdade, a evidência usada de acordo com os cânones muito restritivos que ele esboça. O mesmo também seria verdadeiro no estudo da estrutura do som, das relações de anáfora e antecedentes ou de qualquer outra coisa.[6]

---

6 Retorno diretamente a algumas qualificações de Quine, em relação a essas curiosas doutrinas.

Vale a pena observar que nenhum linguista ou cientista empírico, em geral, jamais concordaria em ser limitado por tais restrições. Uma assunção comparável em Biologia seria que, no teste de hipóteses sobre o desenvolvimento do embrião de humanos, não pudéssemos considerar a evidência obtida do estudo da *E. coli*, ou das moscas das frutas, ou dos macacos, ou da Física. Para mencionar um caso decisivo na prática real, todo linguista aborda o estudo de uma língua particular com base em assunções extraídas do estudo de outras línguas. Assim, qualquer linguista operando segundo as normas das ciências iria, de pronto, usar alguma evidência derivada do estudo do japonês para auxiliar assunções de base sobre o conhecimento de Jones do inglês. A lógica é direta e bem correta. Há evidência empírica inquestionável de que as pessoas não estão geneticamente "sintonizadas" para adquirir uma língua em vez de outra; em vez disso, o "estado inicial" de sua faculdade de linguagem pode ser tomado como uniforme a uma abordagem muito boa. Apresentada a um conjunto de evidências, a criança adquire uma língua específica com o uso de recursos do estado inicial que determinam uma parte substancial do conhecimento (competência) adquirido; o estado inicial pode ser considerado uma função fixa, biologicamente determinada, que mapeia evidências disponíveis ao se adquirir conhecimento, de maneira uniforme para todas as línguas.[7] O estudo do japonês pode, é óbvio, fornecer-nos uma evidência, talvez uma evidência convincente, sobre o estado inicial, por meio de uma comparação mediada pelos recursos do estado inicial. Se os falantes de japonês empregam alguma propriedade formal de estrutura da língua (digamos, *comando-c*) na interpretação de dependência referencial, e a evidência disponível à criança japonesa de

---

7 Para focalizar a discussão, deixei de lado complexidades posteriores; por exemplo, o fato de que os recursos do estado inicial também desempenham um papel na determinação do que conta como evidência e de como isso é usado (ou desconsiderado). A introdução de tais fatores simplesmente fortaleceria as conclusões.

alguma forma não impele ou nem mesmo é proveitosa para este resultado uniforme, estamos no direito de atribuir ao estado inicial uma versão da Teoria da Ligação, incorporando essa propriedade e princípios relevantes envolvendo-a e, assim, explicar os fatos observados. Mas o estado inicial é compartilhado pelo falante de inglês Jones, e as hipóteses sobre seu estado inicial terão, é claro, consequências em relação à própria descrição do estado cognitivo que ele atinge. As conclusões derivadas do japonês em relação ao conhecimento de Jones do inglês poderiam ser muito mais abrangentes. Assim, a evidência sobre a dependência referencial em japonês poderia ser relevante para determinar a posição dos limites da frase em inglês.[8]

Tudo isso é apenas prática científica usual, nunca questionada – ou mesmo discutida, porque é muito controvertida – nas ciências naturais. Entretanto, Quine e aqueles que são influenciados por seu paradigma estão satisfeitos com o fato de o "linguista de campo" deixar de forma radical os procedimentos das ciências, limitando-os a uma pequena parte da evidência relevante, selecionada de acordo com os dogmas behavioristas; e também rejeitar os procedimentos-padrão usados na construção da teoria nas ciências. A questão não é acadêmica: a prática normal dos linguistas descritivos explora de modo decisivo essas assunções, as quais uma vez mais devem ser os truísmos mais simples.

Talvez possamos apresentar a questão de uma maneira diferente. O linguista e a criança enfrentam tarefas radicalmente diferentes. A criança, equipada com capacidades inatas, adquire conhecimento de uma língua – automaticamente e com pouca escolha na questão, se é que, de fato, há alguma possibilidade de escolha. O linguista está tentando descobrir qual conhecimento a criança adquire e quais propriedades inatas da mente/cérebro são responsáveis por esse processo de aumento do conhecimento (tentando descobrir o que a criança sabe antes da experiência,

---

[8] O exemplo é, de fato, real. Ver Chomsky, 1986, p.61.

para usar uma locução que parece bem adequada). O linguista irá, de forma muito apropriada, usar conclusões sobre propriedades inatas, derivadas, entretanto, para a descrição do conhecimento alcançado; em particular, para o estudo do significado, domínio que possui o mesmo *status* que qualquer outro.

Na verdade, as injunções de Quine, aplicadas de modo consistente, seriam ainda mais extremadas do que esse exemplo indica. Assim, as evidências com base em patologia da língua, ou da variação genética, ou da estrutura neural, ou da Bioquímica ou, de fato, as evidências a partir de qualquer fonte seriam, em princípio, consideradas por qualquer cientista potencialmente relevantes para determinar a natureza do estado inicial do conhecimento atingido, já que constituem apenas elementos do mundo biológico natural. Quine também insiste neste ponto em relação ao estudo do mundo natural, além do estudo dos seres humanos acima do pescoço, quando desenvolvido por "linguistas", no sentido que ele empresta a esse termo. Se pudesse ser demonstrado que alguns fatos sobre a estrutura neural do cérebro fornecem uma percepção natural de sistemas de regras de um tipo (digamos, com a quebra de *John contemplated the problem* [João contemplou o problema] em duas frases *John* e *contemplated the problem*), mas não de outros tipos, então essa linha de argumento seria aceitável nas ciências para auxiliar a estabelecer qual a descrição correta do conhecimento de Jones – o estado cognitivo atingido por Jones (a questão da escolha da estrutura constitutiva no caso em questão). O mesmo é verdadeiro em relação à teoria do significado ou a qualquer pesquisa empírica. Mas todos esses caminhos, conhecidos nas ciências naturais, são excluídos de maneira automática sob as condições de Quine sobre o trabalho do "linguista", de acordo com o paradigma tão adotado na literatura filosófica.

Quine qualificou essas doutrinas de maneiras interessantes. Um olhar mais cuidadoso sobre essas qualificações revela de maneira mais clara o caráter arbitrário das estipulações impostas e o persistente mau entendimento das questões empíricas.

Como um exemplo de preceito arbitrário, consideremos a discussão de Quine sobre a evidência que poderia levar-nos a designar um ou outro constituinte da estrutura para as sentenças do inglês de Jones (Quine, 1986). Se essa evidência deriva de experimentos psicolinguísticos sobre deslocamento percebido de cliques,[9] então isso merece consideração; se a evidência deriva de construções causativas em várias línguas, então isso não merece consideração – embora essa seja a evidência interpretada na maneira normal das ciências naturais, junto com as linhas discutidas momentos atrás. Talvez Quine pudesse ser interpretado como sustentando que a evidência do primeiro tipo (conhecida como "evidência psicológica") é de fato mais poderosa e mais persuasiva do que a chamada "evidência linguística"; sendo assim, isso apenas constituiria outro erro, já que o oposto é o caso, pelo menos na atualidade. Na verdade, Quine parece defender que a evidência difere em seu caráter epistemológico, noção totalmente insustentável. A evidência não se apresenta com o rótulo "para confirmar teorias" ("evidência psicológica") ou "para propósitos de 'simplicidade ou traduzibilidade geral'" ("evidência linguística"). Trata-se apenas de evidência, boa ou má, que convence ou não convence, dada na estrutura teórica na qual pode ser interpretada para os propósitos de incrementar ou confirmar hipóteses.

Como um exemplo do mau entendimento de questões empíricas, consideremos a discussão de Quine da chamada "restrição da estrutura coordenada", uma generalização descritiva que abarca, por exemplo, a diferença radical em *status* entre as expressões interrogativas derivadas, ao se questionar Mary nas sentenças *John saw Bill and Mary* (John viu Bill e Mary) e *John saw Bill with Mary* (John viu Bill com Mary): isto é, a diferença entre *who did John see Bill and?* (John viu Bill e quem?) e *who did John see Bill with?*

---

9 Ele também sugere estudos de uniformidades em aquisição de linguagem; as mesmas considerações aplicam-se neste caso.

(John viu Bill com quem?). Quine conclui que a uniformidade fatal exibida nesta restrição não é "uma sugestão de um tratamento de toda língua", mas "uma sugestão de afinidade das línguas que parecem mais prontamente gramaticalizadas nestes termos".[10] Essa conclusão, entretanto, está baseada em um mau entendimento sério sobre as questões empíricas em jogo. O problema é explicar como toda criança sabe das diferenças relevantes entre *who did John see Bill and?* e *who did John see Bill with?*. Não se pode admitir que a criança confie na evidência com base em história da língua, uma vez que a criança não tem experiência relevante para determinar (por "indução" ou por qualquer outra coisa) que a simples regra "frase com *wh* frontal" é de alguma forma bloqueada na expressão *John saw Bill and who* (João viu Bill e quem) mas não é em *John saw Bill with who* [João viu Bill com quem (em inglês coloquial)]. As crianças não falam, por exemplo, *who did John see Bill and?* (quem João viu Bill e?), para então ser informadas por seus pais de que essa não é a maneira de construir a frase; e as línguas não se "sedimentaram" para incorporar essa "simplificação" da regra de formação de questões ao longo de muitos milênios.[11] O problema, em resumo, é de pobreza de

---

10 Devemos observar eventualmente que a primeira frase é apropriada apenas na medida em que se pode recusar a falar de teorias como algo verdadeiro em Física, mas apenas como útil para alguns propósitos sobre algum domínio dos fenômenos; Quine poderia rejeitar essa conclusão com base em suas estipulações em relação ao estudo da mente/cérebro pelo "linguista", no qual os cânones normais da ciência natural são (implicitamente) considerados inaceitáveis, como discutido no texto.

11 Coloco "simplificação" entre aspas, já que o conceito é altamente enganoso. A regra "frases de *wh* frontais", não sujeitas à restrição da estrutura coordenativa e outras condições de localidade, de fato seria mais simples que a regra real, a qual é sujeita a essas condições, para um organismo que não tem as condições (ou, mais propriamente, os princípios dos quais ele deriva) como parte de sua estrutura inata; para os humanos, o oposto é verdadeiro. Não importa o sentido que possa haver para o conceito "simplicidade absoluta", independente da estrutura do sistema sob investigação, é irrelevante aqui. Para discussão dessas questões, ver Chomsky, 1975 [1955].

estímulo; e especulações sobre afinidade genética de línguas não têm absolutamente nada a ver com isso, neste e em muitos outros casos.[12] Uma recusa semelhante em permitir que o estudo da língua seja desenvolvido nos moldes das ciências naturais é ilustrada em outras conexões. Consideremos o artigo de Davidson "A Nice Derangement of Epitaphs" (Uma bela desordem dos epitáfios), no volume já citado (Lepore, 1986). Davidson considera a tese de que o objetivo do estudo descritivo do significado é construir "uma teoria explícita" que "seja um modelo da competência linguística do intérprete", uma "teoria recursiva de um determinado tipo", e que possamos "descrever o que um intérprete pode fazer" apenas apelando para tal teoria. O autor então continua: "Não acrescenta nada a essa tese dizer que, se a teoria descreve de forma correta a competência de um intérprete, alguns mecanismos no intérprete precisam corresponder à teoria" (Davidson, 1986b, p.438). Pontos semelhantes foram indicados por Dummett e outros.[13]

Para qualquer pessoa que aborde esses problemas do ponto de vista das ciências naturais, este comentário final está com-

---

12 Quine supõe que a restrição da estrutura coordenada está ligada à traduzibilidade, assumindo que para determinar se está estabelecida em alguma língua precisamos determinar quais expressões contam como contrapartes semânticas das construções coordenadas em inglês. A restrição, entretanto, tem a ver com estruturas, independentemente de sua relação semântica com as construções coordenadas em algumas outras línguas, e podem muito bem ser derivadas, pelo menos numa parte significativa, de condições muito mais gerais em localidade de operações gramaticais que são construções independentes conjuntas; certamente, muitos exemplos de restrições que suscitam a mesma questão são desta natureza, talvez todos.

13 Para discussão da versão de Dummett, ver Chomsky, 1986. Observemos que Davidson está aparentemente limitando sua atenção aqui ao que é chamado de "adequação observacional", não "adequação descritiva", na literatura linguística; se a teoria da competência linguística fosse entendida no último sentido, então atribuiria mecanismos específicos (num nível abstrato, com certeza).

pletamente equivocado. Se tivesse alguma validade, o comentário análogo se aplicaria ao estudo da percepção visual ou à Química. Como em todo lugar, acrescenta muito à tese dizer que "alguns mecanismos no intérprete ... correspondem à teoria". Isto é, os cientistas naturais que constroem uma teoria que "descreve o que um intérprete pode fazer" continuarão a atribuir ao assunto certos mecanismos fixos e explícitos, que teriam as propriedades assumidas nessa explicação descritiva, não outras. A atribuição poderia estar em um nível abstrato, referidas a sistemas de regras mentalmente representados ou a outras entidades abstratas, tais como as redes neurais, ou à estrutura celular ou a qualquer outra coisa; tudo isso é ciência natural usual. Como continuou a atribuir estrutura e mecanismos à mente/cérebro de pessoas – com frequência em algum espaço de mecanismos físicos "mais elementares" desconhecidos –, o cientista natural está então numa posição que lhe permite testar a teoria em relação a uma ampla linha de evidência, por exemplo, a evidência extraída de outras línguas, nos moldes há pouco ilustrados, ou a evidência com base em patologia, ou das ciências do cérebro, ou da Bioquímica. A injunção de Davidson bloqueia esses esforços de empregar os métodos de pesquisa racional nas ciências, para determinar se a explicação postulada do intérprete é de fato verdadeira e para modificá-la (como é provável), se ela não for.

O mesmo problema aparece quando Quine, David Lewis (1983), Dummett e muitos outros objetam que um problema filosófico é suscitado quando os linguistas atribuem a um ouvinte-falante um sistema de regras internalizado específico e, então, procuram determinar se esta teoria da pessoa é verdadeira pelos métodos-padrão das ciências. Talvez isso seja pura "tolice", como Quine argumentou (1972, p.447), a ser superada pela própria reflexão em metodologia. O problema constatado é que para uma gama fixa de comportamento observado, ou para um conjunto infinito fixo de declarações selecionadas a partir de alguma base obscura, e tomado pelo filósofo como "a língua", é possível construir muitas teorias muito diferentes que sejam consistentes com essa evidência ("gramáticas", como são algumas vezes chamadas); considera-se isso, portanto, um movimento não garantido para supor que uma delas seja "verdadeira" e as outras "falsas" – a menos que, Quine algumas vezes defende, haja "evidência psicológica" (com suas misteriosas propriedades que não apresentam "evidência linguística") para apoiar uma ou outra hipótese. O argumento é com frequência reforçado por uma analogia com o estudo das línguas formais, as quais são completamente irrelevantes e muito equivocadas neste contexto. Se fosse válido, o argumento se sustentaria em outras ciências; de fato, não passa de uma forma de ceticismo que ninguém leva a sério no estudo do mundo natural, por razões claras já no século XVII, como Richard Popkin observa (Popkin, 1979).[14] O cientista natural irá

---

14 Ver Chomsky, 1986, p.240, para uma discussão sobre o assunto. Roger Gibson atribui a mim a crença de que "nem a Física nem a Linguística têm um fato sobre a questão" (Gibson, 1986, p.141), uma conclusão que não aceito e não é sugerida pelo argumento ao qual ele se refere, que o estudo da linguagem não enfrenta nenhum problema de indeterminação que não apareça ao longo das ciências naturais. Seu esforço posterior de estabelecer uma diferença em termos ontológicos, endossada por Quine em resposta a isso, é falho pelas razões apresentadas nas referências que ele cita. Certamente podemos insistir, em alto e bom som se quisermos, que *há* apenas elementos químicos e configurações físicas (desconhecidas) que determinam o curso da maturação sexual, e que *não há* apenas significados lexicais, conexões de dependência referencial e frases, e talvez essa conclusão algum dia prove que tem mérito; mas o que é requerido é um argumento. Dizer que "dois manuais conflitantes de tradução podem ambos fazer justiça a todas as disposições ao comportamento" e que são "compatíveis com todas as mesmas distribuições de estados e relações sobre partículas elementares" (Quine, 1981, p.23) faz tanto sentido quanto dizer essencialmente a mesma coisa sobre duas teorias de Química ou maturação física; e no século XIX, poder-se-ia ter acrescentado, com igual irrelevância, que nem a teoria química poderia ter sido acomodada dentro de "uma teoria físico-naturalística já aceita" (Gibson, 1986, p.143), se pela última entendemos "física fundamental", que tem que ser substancialmente modificada para incorporar as descobertas da Química. A partir dessas considerações, epistemológicas ou ontológicas, nada segue em relação à linguagem ou qualquer outra coisa.

atribuir ao assunto um sistema específico, não algum outro (uma "gramática", para usar um termo enganoso), e então continuará a determinar se essa assunção está correta ao procurar evidência de uma variedade tão ampla quanto possível, incluindo de modo decisivo a evidência de outras línguas, junto com as linhas que acabamos de discutir. É claro que sempre haverá indeterminação empírica, já que esta é uma ciência empírica, não matemática, mas isso é tudo o que há a dizer sobre o assunto. Existe uma literatura considerável que argumenta o contrário, mas está baseada em falácias fundamentais de raciocínio.[15] Entre essas falácias estão as assunções equivocadas que acabamos de discutir: que a evidência sobre a competência de Jones pode ser extraída apenas de seu comportamento (interpretado em relação ao princípio regulador sobre verdade) e que ela não acrescenta nada à descrição do comportamento de Jones para atribuir a ele um mecanismo interno específico, talvez um sistema particular de regras ou alguma forma de organização neural que as percebe.

Mais uma vez, esse ponto pode ser ilustrado com a questão dos limites da estrutura frasal. Suponhamos que temos dois tipos de evidência para o estabelecimento do principal limite depois do sujeito em *John – contemplated the problem*, evidência da dependência referencial em japonês ("evidência linguística") e evidência do deslocamento perceptual de cliques ("evidência psicológica"). O primeiro tipo de evidência está sujeito ao exemplo conhecido de indeterminação. O mesmo ocorre com o segundo. Suponhamos que, sob condições experimentais estabelecidas para produzir os resultados corretos (de maneira típica, depois de muitas tentativas que não dão certo), os cliques serão perceptualmente deslocados ao limite de sujeito-predicado, não ao limite verbo-objeto. Esses resultados podem ser interpretados como dando suporte à conclusão de que a estrutura é [NP – V NP], não [NP V – NP]

---

[15] Para discussão, ver Chomsky, 1987, de onde algumas dessas observações são extraídas, e fontes citadas lá.

ou [NP – V – NP]. Mas é fácil usar o argumento de Quine para mostrar que não há "nenhuma importância" neste caso (Quine, 1960, p.303; ver Chomsky, 1980, p.15). Com certeza, há muitas outras interpretações dos resultados experimentais. Talvez os cliques sejam perceptualmente deslocados para o meio de um constituinte, não para os seus limites ou, talvez, o sujeito esteja identificando o limite da estrutura frasal diretamente abaixo da principal. Todos os outros experimentos relevantes poderiam ser reinterpretados junto com linhas semelhantes, na medida em que podem, com certeza, ser transformados em princípio – ainda que isso não seja tão simples na prática, no caso da evidência "psicológica" ou "linguística". Os problemas são os mesmos ao longo do processo; ou, em vez disso, não há problema relevante aqui, já que eles estabelecem pesquisa empírica de maneira geral.

Quando se extraem conclusões sobre limites da frase ou outros aspectos da linguagem com base em "evidência linguística", Quine é relutante em aceitá-las "sem uma luz posterior sobre a natureza do equipamento suposto",[16] mas, quando as mesmas conclusões são baseadas em "evidência psicológica", esses receios não aparecem. De qualquer maneira, esse dualismo epistemológico não faz sentido; é um longo passo para trás, com base em dualismo metafísico, que foi uma reação racional, sobre assunções agora consideradas falhas,[17] para perceber problemas empíricos. Os receios, da maneira como estão, são em princípio os

---

16 Quine (1986, p.186) descreve o "equipamento suposto" como "gramática esquelética inata", aparentemente confundindo a estrutura do estado inicial da faculdade da linguagem com a dos estados maduros atingidos.

17 A assunção básica foi que a teoria do corpo poderia ter limites plenamente claros, essencialmente os da mecânica cartesiana de contato. Isso foi atacado por Isaac Newton e desde aquele tempo não tem sido possível formular um problema coerente sobre mente-corpo em nada como termos cartesianos, ou quaisquer outros; que eu saiba, não tem havido nenhum conceito fixo de corpo.

mesmos, qualquer que seja a evidência sobre a qual as conclusões estejam baseadas, e são apenas características de pesquisa empírica. Quanto ao "equipamento suposto", isso não suscita nenhum problema de princípio que difira das características de toda construção de teoria nas ciências empíricas.

Temos ainda outro paradoxo nessa estrutura. Argumenta-se que não se permite que os linguistas atribuam um sistema de língua particular em vez de outros ao indivíduo ou à comunidade idealizada que estejam estudando;[18] não se permite que explorem o que é verdade em relação ao cérebro, descrita ao nível no qual construímos sistemas de regras e outros semelhantes. Mas alguma coisa é verdadeira em relação ao cérebro; há alguma coisa sobre meu cérebro que é mais ou menos como o do leitor de língua inglesa e decisivamente diferente do cérebro de um falante de suaíli; portanto, deve-se permitir que alguém estude esses aspectos do mundo real, mas não linguistas, que estão limitados a pesquisar o comportamento de Jones e, talvez, não continuem a atribuir mecanismos específicos à mente/cérebro de Jones e a

---

18 Para Quine, as gramáticas diferem "extensivamente" se "elas divergem na rede *output*" (Quine, 1986). Esse uso familiar é muito enganoso porque está combinado com estipulações quanto ao que constitui "a rede *output*" para uma gramática. Relembremos ainda que Quine não está considerando o conceito empiricamente significativo da "geração forte" das descrições estruturais, mas, em vez disso, a "geração fraca" de certa classe K de expressões selecionadas na base que parece muito arbitrária. É K que constitui a "rede *output*"; mas, embora K possa ser selecionada, suas propriedades não parecem ter nenhum significado empírico. Sobre essas questões, ver Chomsky, 1975 [1955]; 1965. Quine sempre concebeu a questão da "gramaticalidade" como essencialmente a que "tem significado"; e acredita que esse conceito, "por todas as suas falhas, está numa ordem muito melhor que" o conceito "semelhante em significado" (Quine, 1986). Mas na medida em que temos qualquer entendimento de "gramaticalidade" isso tem pouco a ver com "ter significado" e, de modo semelhante às várias noções semânticas que Quine acha problemáticas, seus conceitos de gramaticalidade e "ter significado" parecem não apresentar nenhum sentido claro moderadamente, ou qualquer *status* no estudo da linguagem.

usar evidência de outras línguas (de qualquer domínio, em princípio) para verificar a acuidade de suas conclusões sobre esses mecanismos. Aceitando essas críticas terminológicas sobre o que os linguistas devem fazer, o passo racional é abandonar os linguistas (incluindo o estudo do significado de acordo com as condições estipuladas no paradigma de Quine). Abandonadas essas atividades inúteis, talvez possamos agora nos voltar para este outro assunto, em que nos é permitido atribuir mecanismos específicos à mente/cérebro de Jones e investigar essas hipóteses pelos métodos das ciências, usando qualquer evidência disponível: na verdade, a prática real dos linguistas, que é condenada nessa curiosa, mas muitíssimo influente tradição em filosofia moderna, que, numa ironia final, se orgulha de seu "naturalismo" e da adesão aos métodos das ciências.

Em seus esforços mais recentes para justificar as restrições que impõe, Quine (1987) oferece o seguinte argumento. Para os linguistas, afirma, "a abordagem behaviorista é obrigatória". A razão é que, ao adquirirmos a linguagem, "dependemos estritamente de comportamento público em situações observáveis ... Não há nada em significado linguístico, então, além daquilo que se deve compilar a partir de comportamento público em circunstâncias observáveis" (Quine, 1987, p.5), e o mesmo é verdadeiro, por igualdade de argumento, para o estudo da pronúncia, da estrutura da frase, ou de qualquer outro aspecto da linguagem que possamos escolher. Além disso, como ele deixa claro uma vez mais, o comportamento relevante para o linguista é o dos nativos a quem está atribuindo conhecimento de língua: "Se os tradutores discordam na tradução de uma sentença *jungle*, mas nenhum comportamento da parte do povo *jungle* [tacitamente assumido como homogêneo] poderia relacionar-se com a discordância, então simplesmente isso não tem importância" (Quine, 1990, p.38), e o linguista que defende que há fatos a ser descobertos e que algumas teorias (gramáticas) estão corretas e outras não é culpado de sério erro metodológico ou de pura "tolice" (lembremos que o "tradutor" defende o aprendiz da língua também[19] e que o mesmo argumento se aplica à pronúncia, à estrutura da frase etc.). Consideremos agora o seguinte argumento análogo. Ao alcançar sua estrutura física final na passagem de embrião ao estado maduro, o organismo depende estritamente da nutrição vinda de fora (incluindo o oxigênio etc.). Não há, então, nada na estrutura física do organismo maduro além do que é extraído das entradas nutricionais. O estudante do desenvolvimento humano e de seus resultados precisa limitar sua atenção a essas entradas; para o biólogo, "a abordagem nutricionista é obrigatória". O argumento é o mesmo que o de Quine e logo percebemos por que é indefensável. É verdade que o embrião "depende" do ambiente nutricional da mesma forma que o aprendiz de uma língua "depende" do comportamento público. Mas o que o termo "depende" inclui? Aqui nos voltamos para a estrutura do organismo, a qual talvez consideremos de forma abstrata como um plano M das entradas externas no estado maduro. Na ausência dessa estrutura, o comportamento observado não levará a nenhum conhecimento da língua e a nutrição não irá levar a nenhum crescimento. É claro que Quine reconhece isso. Assim, o linguista de campo de Quine, seguindo o caminho do aprendiz de língua, "associa de maneira experimental a declaração do nativo com a situação concorrente observada" e é liberado para fazer uso de outras hipóteses que correspondam às capacidades com as quais o aprendiz da língua é dotado. Se tornadas claras, essas hipóteses irão constituir uma teoria da estrutura inata do organismo e do plano M.

Como é ponto pacífico para todos, sem estrutura inata não há efeito do ambiente externo no processo de incrementação da língua (ou outro); em especial, sem estrutura inata Jones não poderia ter se desenvolvido de uma forma específica de um embrião até se tornar uma pessoa, e sua faculdade de linguagem não

---

19 Uma assunção equivocada, pois, como já observado, as tarefas da criança e do linguista são radicalmente diferentes.

poderia ter assumido o estado de competência madura que endossa e explica seu comportamento. A criança é dotada de sua estrutura inata e, portanto, cresce até a maturidade, num curso fortemente dirigido internamente; a tarefa do cientista é descobrir qual é a capacitação inata e qual a natureza do estado atingido. Na atualidade, a melhor teoria é que o estado inicial da faculdade da linguagem incorpora certos princípios gerais de estrutura de linguagem, incluindo princípios fonéticos e semânticos, e que o estado maduro de competência é um procedimento gerativo que designa descrições estruturais para expressões e interage com o sistema motor e perceptivo e outros sistemas cognitivos da mente/cérebro, para produzir interpretações semânticas e fonéticas de declarações. Uma vasta linha de evidência empírica é, em princípio, relevante para determinar apenas como essa proposta deve ser explicada em detalhes. Uma vez mais, tudo isso é ciência normal, produzindo teorias verdadeiras ou falsas[20] em relação à competência de Jones e seu estado inicial, parte da dotação biológica humana. Talvez essa abordagem devesse ser abandonada em favor de alguma outra concepção, não disponível agora; entretanto, estabelecer essa conclusão não é suficiente para exigir que o linguista abandone os métodos das ciências.

Como em suas últimas formulações dessas ideias, os preceitos específicos de Quine sobre a estrutura inata (daí o plano M) são completamente arbitrários e, fora seus antecedentes históricos, irrelevantes aqui. Não há razão para aceitá-los no caso da língua, da mesma maneira que o dogmatismo comparável sobre "depen-

---

20 Na medida em que quaisquer teorias científicas merecem designação. Podemos deixar de lado aqui quaisquer questões que se aplicam à pesquisa científica genericamente. Faz pouco sentido formular tais questões em relação às "ciências *soft*". Se estamos interessados em encontrar respostas a questões, em vez de apenas ameaçar disciplinas emergentes, voltemo-nos para domínios nos quais as respostas provavelmente estarão disponíveis; neste caso, domínios nos quais há suficiente profundidade de conhecimento e entendimento para guiar a pesquisa de uma maneira séria.

dência" seria rejeitado como fora de alcance no estudo de outros aspectos do crescimento de organismos. Além disso, há forte evidência de que são falsos, na medida em que são explícitos. Como no estudo do desenvolvimento físico em geral, o investigador racional rejeitará essas assunções dogmáticas sobre a natureza de "dependência" (isto é, sobre a estrutura inata) junto com outras doutrinas, tais como aquelas já esboçadas, e usará qualquer evidência que possa ser encontrada em relação à estrutura do organismo, ao plano M e à natureza dos estados atingidos em casos particulares. As conclusões a que Quine, Davidson, Rorty e muitos outros chegaram permanecem sem argumentação. Nada pode ser ressuscitado da estrutura de Quine, em relação a essas questões, até onde posso entender, ainda que algumas de suas conclusões – em particular com relação ao "holismo do significado" – possam muito bem se tornar verdadeiras, pelo menos em grande parte.

Voltemos agora à distinção "analítico-sintética" e ao argumento de Davidson (Davidson, 1986a, p.313) de que, por "esquivar-se dela", Quine "salvou a filosofia da linguagem conferindo a ela um *status* de seriedade". Relembremos que o que está em jogo aqui não é apenas a distinção, mas a questão das conexões semânticas determinadas de modo geral pela linguagem. Como mencionei, não podemos apelar para o argumento de Rorty, atribuído a Quine, de que o "linguista de campo" acha as distinções "inúteis". Na prática, a estrutura semântica é regularmente atribuída a itens lexicais em trabalho descritivo e estudos teóricos sobre semântica da linguagem natural, e dessas e outras propriedades estruturais, conexões semânticas de vários tipos e deriváveis, incluindo conexões analíticas. Há boas razões para essas assunções-padrão sobre estrutura lexical. A aquisição de itens lexicais propõe o que algumas vezes é chamado, de uma maneira muito acurada, de "problema de Platão". Como sabe qualquer um que tenha tentado organizar um dicionário ou trabalhar com semântica descritiva, é muito difícil descrever o significado de uma palavra, e tais significados têm grande complexidade e envolvem as mais extraordinárias assunções, mesmo no caso de conceitos muito simples, tais como o que se deve considerar algo nomeável. Em períodos de pico de aquisição de linguagem, as crianças adquirem ("aprendem") muitas palavras por dia, talvez uma dúzia ou mais, o que significa que adquirem palavras em muito poucas exposições, até mesmo em apenas uma. Isso pareceria indicar que os conceitos já estão disponíveis, com muita ou com toda a sua complexidade e sua estrutura predeterminada, e que a tarefa da criança é atribuir rótulos a conceitos, como poderia ser feito com evidência limitada, dada a estrutura inata suficientemente rica. E essas estruturas conceituais parecem produzir conexões semânticas de um tipo que, em particular, irá induzir a uma distinção sintético-analítica, como uma questão de fato empírico.

Na medida em que nada é entendido sobre itens lexicais e sua natureza, parece que eles estão baseados em estruturas conceituais de um tipo específico e intimamente integrado. Tem-se argumentado de maneira plausível que conceitos de natureza posicional – incluindo objetivo e fonte de ação, objeto movido etc. – entram muito em estrutura lexical, de modo frequente de maneiras muito abstratas. Além disso, noções como agente, paciente da ação, instrumento, evento, intenção, causa e outros são elementos difusos de estrutura lexical, com suas propriedades e inter-relações específicas. Consideremos, digamos, as palavras *chase* (perseguir) ou *persuade* (persuadir). Elas, não há dúvida, envolvem uma referência à intenção humana. Perseguir Jones não é apenas segui-lo, mas segui-lo com a intenção de ficar no seu caminho, talvez para pegá-lo. Persuadir Samuel a fazer alguma coisa é levá-lo a decidir ou a ter a intenção de fazer algo; se ele nunca se decide ou não passa a ter intenção de fazer alguma coisa, não fomos bem-sucedidos em persuadi-lo. Além disso, ele precisa decidir ou ter a intenção por sua própria vontade, não sob coação; se dizemos que a polícia persuadiu Samuel a confessar sob tortura, estamos usando o termo de forma irônica. Já que esses fatos são conhecidos em sua essência, sem nenhuma evidência, deve ocorrer que uma criança aborda a linguagem com um entendimento intuitivo de conceitos que envolvem intenção, causa, objetivo da ação, evento, e assim por diante; além disso, deve ocorrer que a criança coloca as palavras que são ouvidas em um nexo que é permitido pelos princípios da gramática universal, a qual provê a estrutura para o pensamento e para a linguagem, e que são comuns às linguagens humanas como sistemas que entram em vários aspectos da vida humana. Esses elementos também parecem entrar num "esquema conceptual" integrado, um componente do estado inicial da faculdade da linguagem que é enriquecido de maneiras específicas, com objetivo e limites predeterminados, no curso do crescimento da linguagem, um aspecto do desenvolvimento cognitivo. Talvez haja uma revisão e uma reestruturação de tais esquemas conceptuais (ver Carey, 1985), mas deve-se tomar cuidado ao separar os vários fatores que entram no curso do desenvolvimento, incluindo, muito possivelmente, a maturação geneticamente determinada que produz efeitos percebidos apenas em estágios posteriores do crescimento cognitivo.

Observemos uma vez mais que parece haver conexões de significado em casos como esses; temos uma distinção clara entre verdades de significados e verdades de fato. Assim, se John persuadiu Bill a ir para a faculdade, então Bill até certo ponto decidiu ou teve a intenção de ir para a faculdade, e fez isso sem coação; do contrário, John não persuadiu Bill. De maneira similar, se John matou Bill, então Bill está morto (ainda que John possa estar ou não, dependendo dos fatos). Essas são verdades de significado, não de fato. A estrutura *a priori* do pensamento humano, na qual a linguagem é adquirida, fornece conexões necessárias entre conceitos, refletidas em conexões de significados entre palavras e, mais amplamente, entre expressões envolvendo essas palavras, como no exemplo mencionado. As relações sintáticas fornecem um rico espectro de casos adicionais. Por exemplo, parece haver uma clara distinção entre as sentenças "todos os que moram no andar superior moram no andar superior" e "todos os que moram no andar superior são felizes". Parece que Quine acredita que essa distinção é mais problemática e obscura que sua distinção entre "gramatical" e "não gramatical", o que considera de alguma forma decisivo para as investigações dos linguistas.[21] O oposto é o caso. Na verdade, a distinção absoluta entre "gramatical" e "não gramatical" parece ter pouca ou nenhuma significação. Ela pode ser estabelecida de uma ou de outra maneira ou, talvez melhor, de maneira nenhuma, já que é duvidoso que o conceito, no sentido de Quine, desempenhe algum papel na teoria da linguagem. As razões foram discutidas no trabalho anterior em gramática gerativa; esse trabalho é, de fato, o único em que foi feito um esforço para desenvolver tal conceito de alguma maneira que possa ser relevante para a teoria linguística, mas em termos que foram há muito tempo entendidos como não apropriados.[22]

Parece, então, que uma das conclusões centrais da filosofia moderna é muito duvidosa: de maneira específica, a disputa – com frequência apresentada como tendo sido estabelecida pelo trabalho de Quine e outros – que podemos estabelecer sem distinção baseada em princípios entre questões de fato e questões de significado, que é um problema de crença de maior ou menor profundidade. Essa conclusão tem sido apoiada pela reflexão em um grupo de exemplos limitado de modo artificial; entre eles,

---

21 Para recente reiteração dessa ideia, ver Quine, 1986, onde descreve uma "ideia brilhante" de W. Haas em relação a um critério para estabelecer a distinção que parece ter em mente; o critério, tal como ele é, provê a distinção de significado não conhecido para a pesquisa no estudo da linguagem. A crença disseminada no contrário é baseada em parte em uma analogia equivocada para linguagens formais, em que as questões são inteiramente diferentes, e possivelmente foram adotadas por passagens expositivas em trabalhos anteriores sobre gramática gerativa evidentemente enganosas, ainda que qualificações apropriadas estivessem de fato expressas.
22 Ver Chomsky, 1975 [1955], onde as questões foram discutidas em termos que me parecem ainda acurados e houve uma tentativa para definir tais conceitos em termos de designação de estrutura constituinte derivada.

conceitos que têm pouca ou nenhuma estrutura relacional. No caso de sentenças tais como "gatos são animais", por exemplo, não é fácil encontrar uma evidência para decidir se a sentença é verdadeira como uma questão de significado ou de fato, ou se há uma resposta a ela neste caso, havendo muita controvérsia não resolvida sobre a questão. Quando nos voltamos para conceitos com uma estrutura relacional inerente como *persuadir* ou *perseguir*, ou para construções sintáticas mais complexas, tais como as que exibem dependência referencial, ou para construções relativas e causativas, então parece que as conexões semânticas são de pronto discernidas. Contra o que Rorty e outros afirmaram, essa é a assunção comum do trabalho empírico no estudo do significado linguístico – além disso, parece ser uma assunção razoável.

O prestígio de uma declaração como uma verdade de significado ou de fato empírico pode ser apenas estabelecido pela pesquisa empírica, e considerações de muitos tipos podem muito bem ser relevantes; por exemplo, a pesquisa sobre a aquisição de linguagem e sobre a variação entre muitas linguagens. A questão da existência de verdades analíticas e conexões semânticas mais gerais é empírica, a ser estabelecida pela pesquisa que vai bem além da gama de evidências em geral trazidas para sustentar os argumentos na literatura sobre esses tópicos. Suponhamos que duas pessoas divirjam em seu julgamento intuitivo quanto a se posso persuadir John a ir para a faculdade, sem que ele decida ou tenha a intenção de fazê-lo (ver Harman, 1980). Não estamos de forma nenhuma diante de um impasse. Em vez disso, podemos construir teorias conflitantes e continuar a testá-las. Aquele que defende que a conexão entre *persuadir* e *decidir* ou *ter a intenção* é conceptual continuará a elaborar a estrutura dos conceitos, seus elementos primitivos, os princípios pelos quais estão integrados e relacionados a outros sistemas cognitivos, e assim por diante; e procurará mostrar que outras propriedades de linguagem e outros aspectos de aquisição e uso da linguagem podem ser explicados exatamente com base nas mesmas assunções sobre a estrutura inata da faculdade da linguagem, na mesma linguagem e outras, e que os mesmos conceitos desempenham um papel em outros aspectos de pensamento e entendimento. Aquele que defende que a conexão é de crença, e não uma conexão de significado, tem a tarefa de desenvolver uma teoria geral de fixação de crença que irá produzir as conclusões corretas nestes e em vários outros casos. Suponhamos que alguém defenda, com Paul Churchland, por exemplo, que a conexão é baseada na "importância semântica" de sentenças que relacionam *persuadir* e *decidir* ou *ter a intenção* (isto é, que essas sentenças desempenham um papel proeminente em inferência, ou servem para apresentar o termo *persuadir* ao vocabulário da criança, e assim são mais importantes que outras para a comunicação [Paul Churchland, 1979, p.51 et seq.]). Essa pessoa irá enfrentar então a tarefa de mostrar que essas proposições empíricas são de fato verdadeiras. A primeira ação – em termos de estrutura conceptual inata – me parece muito mais promissora, e é a única abordagem que apresenta algum resultado ou até mesmo propostas a seu favor; entretanto, é uma questão de pesquisa empírica, não pronunciamentos sem base em nenhuma evidência. De modo específico, os argumentos contra a primeira abordagem (conceptual) que falam de indeterminação, falta de clareza, questões abertas etc. não estabelecem nada a não ser mostrar que abordagens alternativas baseadas em algumas teorias (não disponíveis agora) de fixação de crença ou importância semântica não estão sujeitas a esses problemas.

Toda a questão requer uma reavaliação extensiva, e muito do que tem sido genericamente assumido por muitas décadas sobre essas questões parece, na melhor das hipóteses, ser duvidoso. Parece haver uma rica estrutura conceptual (talvez extraída das fontes de outras faculdades mentais geneticamente determinadas) à espera de ser despertada pela experiência. Tudo isso está em pleno acordo com as concepções racionalistas tradicionais e até mesmo, em alguns aspectos, com o chamado pensamento "empiricista" de James Harris, David Hume e outros.

Muitos têm considerado tais conclusões completamente inaceitáveis e até mesmo absurdas; a ideia de que exista algo como uma gama de conceitos inatos e de que sejam, num grau acentuado, apenas "rotulados" na aquisição da linguagem – como a evidência empírica sugere – com certeza se afasta de maneira radical de muitas assunções comuns. Alguns argumentam – por exemplo, Hilary Putnam – que é inconcebível supor que temos "um estoque inato de noções", incluindo *carbureto* e *burocrata* (Putnam, 1988a, p.15). Se estivermos corretos em relação a isso, este não será o ponto central, pois o problema aparece de uma maneira muito séria em conexão com palavras simples como *mesa, pessoa, perseguir, persuadir, matar* etc. Entretanto, para os exemplos que cita o argumento não é forte. Trata-se de que, se a evolução nos tivesse dado esse estoque inato de noções, "ela não teria sido capaz de antecipar todas as contingências dos ambientes físicos e culturais futuros. É óbvio que ela não fez isso e que não teria sido capaz de fazê-lo" (ibidem, p.15).

Observemos que o argumento é inválido desde o início. Supor que, no curso da evolução, os seres humanos passaram a ter um estoque inato de noções, incluindo *carbureto* e *burocrata*, não quer dizer que a evolução foi capaz de antecipar *toda* contingência física e cultural – apenas essas contingências. Além disso, observemos que um argumento muito semelhante há muito foi aceito em imunologia: de maneira específica, o número de antígenos é tão grande, incluindo até mesmo as substâncias sintetizadas de forma artificial que nunca haviam existido no mundo, que foi considerado absurdo supor que a evolução havia provido "um estoque inato de anticorpos"; em vez disso, a formação de anticorpos deve ser um tipo de "processo de aprendizagem" no qual os antígenos desempenham um "papel instrutivo". Mas essa assunção pode muito bem ser falsa. Niels Kaj Jerne ganhou o Nobel pelo trabalho em que desafiava essa ideia e defendia sua própria concepção de que um animal "não pode ser estimulado a produzir anticorpos específicos, a menos que tivesse produzido anticorpos dessa especificidade antes que os antígenos chegassem" (Jerne, 1985, p.1059), de maneira que a formação de anticorpos é um processo seletivo no qual o antígeno desempenha um papel seletivo e amplificador.[23] Jerne poderia ou não estar correto a esse respeito, e com certeza poderia estar, e o mesmo poderia ser verdadeiro no caso do significado das palavras, uma vez que o argumento é muito semelhante.

Além disso, há uma boa razão para supor que o argumento é, pelo menos em substancial medida, correto, mesmo para palavras tais como *carbureto* e *burocrata*, as quais, de fato, apresentam o conhecido problema de pobreza de estímulo, se observamos com cuidado o espaço entre o que sabemos e a evidência na base do que sabemos. O mesmo é com frequência verdadeiro em relação a termos técnicos da ciência e da Matemática e, com certeza, parece ser o caso para os termos do discurso comum. Entretanto, a conclusão de que a natureza proveu-nos com um estoque inato de conceitos pode ser surpreendente, e os fatos empíricos parecem deixar abertas outras poucas possibilidades de que a tarefa da criança seja descobrir seus rótulos. Outras possibilidades (digamos, em termos de "mecanismos de aprendizado generalizado") precisam ainda ser formuladas de maneira coerente e, se algum dia o forem, pode muito bem ser que o problema aparente seja resolvido.

De fato, não está claro qual tese está sendo proposta por Putnam e outros que rejeitam o que eles chamam de "a hipótese do inato"; devo acrescentar que, ainda que eu seja apontado como um dos expoentes dessa hipótese, talvez até mesmo o arquicriminoso, nunca a defendi e não tenho ideia do que ela é de fato. Qualquer que seja a verdade sobre a formação dos anticorpos, está baseada em fontes inatas do corpo e de seu sistema de imunidade, e a tarefa dos cientistas é descobrir quais são essas fontes.

---

23 Para uma discussão no contexto linguístico-cognitivo, ver Jerne, 1985; e, para uma discussão mais extensiva, ver Piattelli-Palmarini, 1986.

O mesmo é verdadeiro em relação à formação de conceitos e à aquisição de linguagem. Por essa razão, as pessoas que são consideradas defensoras da "hipótese do inato" não defendem a hipótese ou mesmo o uso da frase, porque tal hipótese geral não existe; em vez disso, apenas hipóteses específicas sobre as fontes inatas da mente, em particular sua faculdade da linguagem. Os argumentos não formulados contra algumas "hipóteses do inato" não têm sustentação em hipóteses reais sobre o inato, no caso do aumento da linguagem e de sistemas conceptuais ou outras formas de crescimento físico.

Putnam oferece um contra-argumento ao que acabou de ser apresentado sobre a analogia com o sistema de imunidade. Mostra que os conceitos "com frequência surgem das *teorias*", e que o número de teorias possíveis (ou talvez até mesmo de *tipos* de teorias) é muito grande, mesmo para teorias "pequenas", quanto a construir "a ideia de que a evolução exauriu todas as possibilidades antes inaceitáveis de maneira grosseira" (Putnam, 1988a, p.128). O argumento está correto, mas, uma vez mais, é irrelevante. Em primeiro lugar, estamos considerando o que os seres humanos são capazes de adquirir, e não há razão para crer que "todas as teorias" podem ser aprendidas ou construídas por seres humanos, e nem mesmo está claro qual o sentido desta tese.[24] Além disso, o argumento original de Putnam foi pensado para as palavras específicas *carbureto* e *burocrata*, e nenhum argumento fundamental é relevante para esses casos ou para qualquer hipótese empírica substantiva sobre a estrutura inata. Em outras palavras, seu argumento de que "a evolução não poderia ter feito isso" simplesmente não se sustenta nos casos para os quais é apresentado. O argumento de que a evolução não poderia ter feito "todas as coisas" – mesmo aquilo que está além da capacidade

---

24 As "pequenas teorias" nem são necessariamente alcançáveis pelos seres humanos, nem reconhecíveis como teorias inteligíveis por eles, dadas suas capacidades intelectuais específicas biologicamente determinadas.

humana – poderia ser sustentado se pudéssemos dar algum sentido a ele; tal argumento, entretanto, não seria relevante aqui, mesmo que fosse apresentado de uma forma coerente.

Na mesma linha, Putnam argumenta que a tese do "holismo do significado", com o princípio de Quine de que a "revisão pode ocorrer em qualquer lugar", contribui para minar certas conclusões relativas à estrutura inata dos sistemas conceptuais e da linguagem. Mas esta linha de argumento é questionável. Suponhamos que a tese do "holismo do significado" esteja correta no sentido de que, como Putnam a propõe, não há entidades "'reais psicológicas' que tenham propriedades suficientes que nós pré-analiticamente designamos como 'significados' para garantir uma identificação", e de que a referência é completamente determinada apenas em bases holísticas. Contudo, isso não quer dizer que as conexões semânticas não possam ser completamente fixas e estáveis como uma questão de dotação biológica. Dessa maneira, certas relações podem permanecer estáveis, assim como outras considerações levam a várias escolhas sobre a fixação de referência. Além disso, as considerações empíricas do tipo discutido anteriormente recaem na questão se é de fato verdadeiro que a "revisão pode ocorrer em qualquer lugar". O ponto não pode ser estabelecido para a linguagem natural pela referência à prática das ciências naturais, das quais Putnam extrai muitos de seus exemplos; esses argumentos, assumidos como corretos, não são suficientes para demonstrar a ausência de estrutura semântica e conceptual intrínseca baseada em propriedades fixas da mente humana. A tese do "holismo" pode estar correta em certa medida ou forma, mas as questões de conexões semânticas em linguagem natural ainda precisam ser estabelecidas pelo estudo empírico e – no presente, pelo menos – a evidência parece apoiar sua existência – de maneira muito forte, me parece.

Tratemos agora do argumento de Davidson em seu artigo "A Nice Derangement of Epitaphs" (1986b) (Uma bela desordem dos epitáfios), no qual pretende demonstrar que o estudo da comunicação real mina uma "explicação de competência linguística e de comunicação em geral aceita", e demonstra que "não existe algo como uma língua, nem se uma língua for algo como o que muitos filósofos e linguistas têm suposto. Não há, portanto, algo a ser aprendido, dominado ou nascido com" (ibidem, p.446). Essa concepção de língua, que Davidson acredita ser refutada, é fundamentada em três assunções básicas concernentes ao que denominamos "primeira língua" ou "teoria precedente", "um sistema complexo ou teoria" compartilhada mais ou menos pelo falante e pelo ouvinte (ibidem, p.436). As assunções são as seguintes:

1. que a teoria antecedente é "sistemática" no sentido de que o *intérprete* que tem essa teoria é capaz de interpretar declarações com base nas propriedades de suas partes e na estrutura da declaração.
2. que este método de interpretação é compartilhado; e
3. que os elementos componentes do sistema são governados pelas convenções aprendidas ou pelas regularidades.

A terceira dessas assunções é insustentável por outras razões, mas em vez de nos ater a esta questão vamos apresentá-la na forma requerida pelo argumento de Davidson: os elementos componentes do sistema estão disponíveis, como ele propõe, "antes das ocasiões de interpretação"; isso é um elemento fixo em situações de comunicação, para intérpretes num estado fixo de conhecimento de linguagem.

Para refutar essa concepção, Davidson observa que, em situações comuns de comunicação, o intérprete faz uso de todo tipo de conjecturas e assunções sobre o que o falante possa ter em mente, confiando nas propriedades da situação, nas intenções presumidas do falante e assim por diante. O intérprete então "ajusta sua teoria", modificando a "teoria antecedente" para uma "teoria transitória" "montada para a ocasião". Mas essa "teoria transitória não é capaz de, em geral, corresponder a uma competência linguística do intérprete". Essa "teoria transitória não é uma teoria que qualquer pessoa (exceto talvez um filósofo) chamaria de uma língua natural real" (ibidem, p.443), Davidson continua, e "'o domínio', de tal língua seria inútil, já que saber uma teoria transitória é apenas saber como interpretar uma declaração particular numa ocasião particular" (ibidem). Além disso, a comunicação pode muito bem continuar quando a teoria antecedente não é compartilhada pelo falante e pelo ouvinte e quando a teoria antecedente também não é o que "normalmente chamaríamos de uma língua", já que se trata de uma particularidade psicológica, específica ao falante-ouvinte com características que não são compartilhadas pela "comunidade". O intérprete tem algum tipo de "estratégia", um "processo misterioso pelo qual um falante ou ouvinte usa o que sabe antecipadamente mais os dados presentes para produzir uma teoria transitória"; e, aquilo que duas pessoas precisam para a comunicação "é a habilidade de fazer convergir em teoria transitória de declaração a declaração". Dados esses fatos, não há mais nenhuma utilidade para o "conceito de língua", para "gramática compartilhada ou regras", para uma "máquina portátil de interpretação para dar o significado de uma declaração arbitrária"; em vez disso, precisamos de algo mais evanescente, mais misterioso e "holístico", "a habilidade de fazer convergir em uma teoria transitória de vez em quando" (ibidem, p.445). Assim, somos levados a "abandonar ... não apenas a noção ordinária de uma língua, mas a apagar os limites entre saber uma língua e conhecer nosso caminho no mundo em geral ... Em comunicação linguística nada corresponde a uma competência linguística" (ibidem, p.445-6), com base nos três princípios há pouco mencionados, porque "não há regras para se chegar a teorias transitórias". Na conclusão da discussão, entretanto, Davidson declara que uma teoria transitória é derivada de alguma maneira "de um vocabulário e de uma gramática particular", isto é, de uma "teoria antecedente", satisfazendo a primeira e talvez uma versão da terceira condição, mas, possivelmente, não compartilhada na "comunidade"; há então uma "teoria antecedente" e há com certeza determinados métodos "para se chegar a uma teoria transitória", queiramos ou não chamar esses métodos de "regras" (ibidem, p.446). Todas as partes do argumento estão muito corretas, mas não parecem esclarecer muita coisa. Em particular, não foram apresentadas razões para se duvidar de que há uma "teoria antecedente", no sentido usual do estudo da linguagem e do conhecimento da linguagem; isto é, um procedimento gerativo específico incorporado a um estado maduro específico da faculdade da linguagem. É claro que essa "teoria antecedente" será bem diferente daquilo que chamamos de "língua" em uso comum, mas isso se deve ao fato de que esse conceito não desempenha um papel na pesquisa empírica sobre linguagem e mente, como já observado.

Diante dos argumentos de Davidson, talvez possamos continuar a supor que há, numa primeira abordagem muito boa, uma faculdade de linguagem fixa e invariável que mapeia a evidência apresentada num sistema de regras e princípios (ou qualquer coisa que se torne correta em relação ao estado cognitivo atingido) que designe interpretações para as declarações. Chamemos esse sistema adquirido de "procedimento gerativo". Saber uma língua é ter uma representação interna desse procedimento gerativo, o qual iremos expressar em vários níveis de abstração dos mecanismos "mais elementares" e procurar relacionar a esses mecanismos, à maneira normal das ciências naturais.[25] Continuando de acordo com a prática normal, talvez também procuremos construir um "descritor" – um sistema, também atribuído à mente/cérebro – que incorpora o procedimento gerativo atingido com outras estruturas e propriedades especificadas,[26] e

---

25 Uma vez mais, estamos assumindo idealizações familiares, como discutido em outro momento.
26 Estratégias, estrutura da memória etc. Observemos que um descritor, como concebido em pesquisa atual, é postulado, certa ou erradamente, como um componente da mente/cérebro, um subsistema coerente de algum tipo que inclui certos elementos do intérprete completo, não outros. Essas assunções

mapeia as declarações apresentadas em descrições estruturais que são interpretadas por outros componentes da mente. Até aqui, estamos tratando de questões possíveis de pesquisa empírica. Há ainda um problema posterior, que podemos formular em termos vagos, mas não pode ser estudado na prática: de forma concreta, construir um "intérprete" que inclui o descritor como um componente com todas as outras capacidades da mente – quaisquer que sejam – e que aceita entradas tanto não linguísticas como linguísticas. Esse intérprete, apresentado a uma declaração e a uma situação, designa alguma interpretação para aquilo que está sendo dito por uma pessoa em determinada situação. O estudo da comunicação no mundo real da experiência é o estudo do intérprete, mas isso não é um tópico para a pesquisa empírica, pelas razões comuns: não há um tópico que constitua o estudo de todas as coisas. De maneira semelhante, a ciência não investiga outros fenômenos do mundo como apresentados a nós na experiência cotidiana. O intérprete – como Davidson corretamente observa – inclui tudo que as pessoas são capazes de fazer, motivo pelo qual ele não é um objeto de pesquisa empírica e nada sensível pode ser dito sobre ele. Poderíamos esperar aprender alguma coisa sobre vários elementos do intérprete, continuando pelos métodos normais das ciências, começando com o "vocabulário e com a gramática particular" que constituem a lingua-

---

estão sujeitas exatamente às questões gerais que se levantam em toda pesquisa empírica. O estudo do descritor é frequentemente considerado imune aos problemas gerais apresentados no estudo da competência linguística (isto é, o estudo do procedimento gerativo, considerado um componente do descritor), mas isso é um erro. Argumenta-se algumas vezes que, como a evidência é sempre a partir do desempenho, não temos justificativa para usá-la para determinar a natureza da competência que a sublinha. Pelo mesmo argumento (falacioso), poderíamos concluir que não somos justificados por usar tal evidência para determinar a natureza do descritor idealizado e que não teríamos nenhuma base para supor que a Física é o estudo de algo que vá além da leitura de medidas. Os dados não vêm rotulados como "evidência X, nem como evidência Y".

gem atingida, continuando com o descritor e, então, talvez – à medida que for possível –, voltando-nos para outros elementos da mente e para situações que fazem parte da vida humana normal. Entretanto, se iniciamos com a exigência de uma teoria de todas as coisas, não vamos encontrar nada; é desnecessário construir argumentos elaborados para estabelecer esse ponto.[27] A situação não é diferente em ciências muito mais adiantadas. A conclusão apropriada não é que precisamos abandonar conceitos de linguagem que não podem ser estudados de maneira produtiva, mas que o tópico de comunicação bem-sucedida no mundo real da experiência é muito mais complexo e obscuro para merecer atenção em pesquisa empírica, exceto como um guia para intuições, à medida que realizamos uma pesquisa designada a levar a algum entendimento do mundo real, incluindo a comunicação. Essas observações não se sustentam em se há ou não uma "teoria antecedente", isto é, um procedimento gerativo internalizado, no sentido normal da prática empírica.

A "teoria transitória" de Davidson não é uma noção útil; sobre isso, ele com certeza está correto. O intérprete irá construir todo tipo de "teorias transitórias" (ainda que, de modo decisivo, *qualquer* tipo), mudando de momento a momento, porque o intérprete, como concebido por Davidson, inclui tudo que está disponível à inteligência humana; não faz sentido, entretanto, chamar seus estados transitórios de "teorias" ou tratá-los como um assunto de pesquisa direta. De fato, nada no argumento de Davidson recai sobre a assunção de que a "teoria antecedente" (ainda

---

27 Considerações relacionadas ajudam a explicar por que os esforços em Inteligência Artificial sobre os quais Daniel Dennett é tão entusiástico são tão destituídos de consequências (ver Putnam, 1988b; Dennett, 1988). Dennett acredita que há ou deveria haver resultados substantivos sob algo que ele chama de "engenharia", mas não está claro o que ele tem em mente; além disso, seu relato da discussão informal de vários anos atrás, sobre a qual sua explicação é em parte baseada, me parece muito equivocado, para dizer o mínimo.

que não entendida bem em seus termos) permanece um elemento fixo e invariável do "intérprete" (como do descritor idealizado mais estreito), e que ele entra no funcionamento do intérprete. Nessa discussão, Davidson focaliza sua atenção nas impropriedades e nos chamados "usos equivocados da linguagem", de maneira geral. Neste ponto é necessário cuidado. Vamos uma vez mais tomar Jones, um falante de uma variedade daquilo que de maneira informal chamamos de "inglês". Jones dominou um procedimento gerativo que associa com descrições estruturais de declarações, incluindo as propriedades semânticas, e tem outras capacidades mentais que lhe permitem produzir e interpretar expressões linguísticas fazendo uso dessas descrições estruturais. Chamemos esse procedimento gerativo de sua "Língua-I", em que *I* deve sugerir "internalizado" (na mente/cérebro) e "intensional" (em que o procedimento é uma função de enumeração de descrições estruturais, considerada em intensão com uma descrição particular).[28] Aqui estamos nos referindo a mecanismos específicos da mente/cérebro, considerados de forma abstrata.

Jones talvez fale de uma maneira que não esteja de acordo com sua Língua-I, ou talvez ofereça julgamentos inconsistentes com sua Língua-I; julgamentos sobre nós mesmos, como outros, podem estar equivocados, e muito mais ainda levando-se em conta que a Língua-I está envolvida em comportamento. Este é um caso pouco interessante de mau uso da linguagem; chamemos isso de "sentido individual".

---

28 Observemos uma vez mais que não há razão para supor que a Língua-I "gera de maneira fraca" algum conjunto de expressões bem formadas, de maneira que faria sentido falar de Línguas-I ("gramáticas") como "extensivamente equivalentes" ou não nos termos de Quine; mesmo que esse conceito tivesse algum sentido ou significado, agora desconhecido, não há razão para supor que propriedades formais desse conjunto seriam de qualquer interesse para o estudo da estrutura da língua, significando, aprendendo, comunicando, descrevendo etc. Ver Chomsky, 1965. Tem havido muita confusão sobre essas questões, nas quais não vou me deter aqui.

Suponhamos que Jones, como a maioria de nós, normalmente diga certas coisas como "esperamos que sejamos capazes de resolver aquele problema", ou use a palavra *disinterested* (ininteressado) para significar *uninterested* (desinteressado). Muitas autoridades dizem-nos que isso é "errado", um "equívoco" ou que não está de acordo com as "regras do inglês". Jones está "abusando de sua língua", especificamente o inglês, uma língua da qual tem apenas um conhecimento parcial e talvez um conhecimento distorcido, no "sentido fundamental" de língua de Dummett. Mesmo que 95% da população – ou para qualquer pessoa a não ser William Safire e uns outros poucos – se comportem nos moldes de Jones, esses casos ainda assim constituiriam "mau uso da língua". Ou Jones talvez tente adaptar-se à prática de alguma comunidade por alguma razão, ou talvez sem qualquer motivo, e talvez falhe em fazer isso, em cujo caso as pessoas que observam Jones podem falar informalmente de um mau uso da língua dessa comunidade. Esses conceitos de "mau uso da língua", os quais podemos chamar de "o sentido da comunidade", podem ser de interesse para o estudo da sociologia de identificação de grupo, estrutura de autoridade e coisas semelhantes, mas têm pouco a ver com o estudo da língua, como a vemos até aqui. Entendemos isso muito bem no caso da pronúncia. Assim, dizer que uma variedade de inglês é "correta" e outra é "errada" faz tanto sentido quanto dizer que espanhol é correto e inglês é errado; e o mesmo é verdadeiro – ainda que por alguma razão o ponto pareça mais obscuro – em relação a outros aspectos da língua.

Outro sentido possível do conceito de "mau uso da língua" deriva da noção de Hilary Putnam da "divisão linguística do trabalho". Assim, no léxico representado em minha mente/cérebro, a entrada para "olmo" e "faia", ou "massa" e "energia cinética", pode incluir uma indicação de que a referência para esses termos deve ser determinada por especialistas de quem divirjo. Assim, aplicaria os termos de maneira inadvertida, no sentido de que a referência não está de acordo com as determinações desses especialistas. Neste caso, deveria ter dito "mau uso de minha própria língua".[29] Chamemos isso de o "sentido do especialista" de mau uso da língua. Uma vez mais, nada de significativo parece acontecer depois disso, com certeza nada relacionado com a abordagem da língua no panorama da psicologia individual esboçada antes, e tipicamente seguida na prática.[30] Observemos que nenhum conceito útil de "língua" ou "comunidade" emerge dessas considerações. Assim, meu especialista para "olmo" e "faia" talvez seja um jardineiro italiano que não fala uma palavra em inglês e que corrige meu uso por meio de referências aos nomes técnicos latinos que compartilhamos; e meu especialista para "massa" e "energia cinética" talvez seja um físico alemão monolíngue. Mas não iríamos concluir que o alemão e o italiano estariam incluídos em meu inglês ou que todos nós formaríamos uma "comunidade" em qualquer sentido útil do termo.

Há algum outro conceito de "mau uso da língua"? Estou consciente de que não. Se fosse assim, o conceito não desempenharia nenhum papel importante no estudo da língua, significando, comunicando ou realizando qualquer outra coisa. Para tomar alguns exemplos do tipo que Tyler Burge discutiu, suponhamos que Jones usa o termo "artrite" para se referir a uma dor na coxa. Suponhamos que esse seja o uso em sua cidade, mas não o da comunidade fora dali. Jones não está usando mal sua língua no sentido individual; seu uso é verdadeiro em relação a sua língua-I. Em sua cidade, não está usando mal sua língua, no sentido da comunidade, mas fora dali está. Dependendo de como "artrite" é representada no léxico mental de Jones, ele pode ou não estar

---

29 Num sentido adicional, entretanto. Neste caso, estou aplicando uma palavra à qual falta certa evidência relevante para sua aplicação, como especificado pelo meu léxico interno. Não diríamos que Jones está usando mal sua língua quando se refere a um objeto diante dele como uma esfera sem saber que a parte escondida tem uma forma diferente.

30 Mesmo os sociolinguistas e outros que algumas vezes alegam que não estão seguindo esta prática. Sobre essa questão, ver Chomsky, 1986, p.17-8.

usando mal sua língua no "sentido do especialista". Como devemos atribuir crenças sobre artrite a Jones? Aqui as intuições diferem e pode ser que, no momento, a evidência seja muito pequena para estabelecer a questão de maneira satisfatória. Deixando de lado o "sentido do especialista", suponhamos o uso do termo "Crença-I" para nos referir ao conceito que é como crença, exceto em que Jones tenha a mesma crença dentro de sua cidade e na comunidade mais ampla, especificamente, a crença que iríamos expressar, em nossa Língua-I, dizendo que ele tem algum tipo de dor no corpo.[31] Isso talvez seja ou não o mesmo que o conceito de crença em nossa língua comum, mas é o conceito que parece ser exigido para o estudo do que é chamado de forma equivocada de "a causa do comportamento" – de forma equivocada, porque não está claro que o comportamento é "causado" em nenhum sentido útil do termo. É obvio que não há razão para supor que os conceitos da Psicologia geral serão os de uso comum, assim como os conceitos da Física ou o do sub-ramo da Psicologia chamado "Linguística" não são. Nem fica óbvio para mim que haja um ramo razoável da ciência (ou, para ser mais acurado, da ciência humana, significando o tipo de pesquisa científica que os seres humanos, com suas capacidades cognitivas, são capazes de desenvolver) que trate de questões dessa natureza.

Acho que não foi estabelecido que não haja algo mais a dizer sobre a questão. Em particular, a referência a "mau uso da língua", a "normas", a "comunidades" e assim por diante parece exigir muito mais cuidado do que pode ser observado com frequência. Esses conceitos são obscuros e não está claro que sejam de qual-

---

31 Suponhamos que o léxico de Jones inclua respeito a algum especialista, digamos algum falante de alemão, na entrada "artrite". Então, a atribuição de "crença" para Jones talvez envolva circunlocução ampla, ou poderíamos querer abandonar o conceito como inútil em algo como seu sentido familiar para a Psicologia. Nenhuma questão de muita importância parece estar em foco. Para mais explanações sobre os pontos tocados aqui, ver Bilgrami, 1987; Segal, 1987.

quer utilidade para a pesquisa sobre língua e comportamento humano. Qualquer argumento que se baseie nessas noções merece exame minucioso, e duvido que argumentos conhecidos possam resistir a isso. As comunidades são formadas mediante várias maneiras sobrepostas e o estudo das comunidades e de suas normas rapidamente degenera para ser o estudo de todas as coisas. Permanece o fato de que Jones fala e entende da maneira como faz na base da Língua-I que adquiriu no curso do processo de incrementação da língua; e se Jones segue ou não o que, por alguma razão transitória, escolhe chamar de "normas da comunidade" ou "prática social", é com base nessa Língua-I internalizada (junto com muitas coisas mais). Boris, um falante monolíngue de uma variedade do russo, tem uma Língua-I diferente e segue "normas" diferentes. Posso entender Jones, dentro de limites, porque minha Língua-I não é muito diferente da sua e porque ele e eu mais ou menos compartilhamos outras propriedades desconhecidas que entram no intérprete completo; esse não é um tópico de pesquisa empírica como ele defende ser, em sua complexidade não analisada. Essa me parece ser a maneira como devemos abordar essas questões.

Nesses termos, podemos desenvolver um conceito de "conhecimento de língua" apropriado para a pesquisa em linguagem e mente; de modo específico, domínio e representação interna de uma determinada Língua-I. A gramática do linguista é uma teoria da Língua-I e a gramática universal é a teoria do estado inicial da faculdade de linguagem. A Língua-I de Jones é um estado particular maduro – ou um *output*, em relação à faculdade de língua como uma função que mapeia evidência em Língua-I. E o conceito de língua? Poderíamos apenas entender as línguas como Línguas-I, considerando assim uma língua um "modo de falar", o "meio finito" que provê para o "uso infinito", como na caracterização de língua feita por Wilhelm von Humboldt (1836, par.13, p.122, 1988, p.91; ver também Chomsky, 1964, p.17), também um esforço para captar seu conceito de língua como um "processo de geração", em vez de um conjunto de "objetos gerados". Consideramos, assim, a língua, de fato, uma "noção de estrutura" que guia o falante na formação de "expressões livres", nos termos de Otto Jespersen (1924, p.19; ver também Chomsky, 1977). Para a pesquisa empírica, creio que é uma decisão apropriada, ainda que, é óbvio, não para o discurso comum. Como alternativa, poderíamos querer construir um conceito de língua divorciado dos estados cognitivos, talvez junto com as linhas sugeridas por James Higginbotham (1989). Tomando o conhecimento da língua como um estado cognitivo, poderíamos considerar a "língua" um objeto abstrato, o "objeto do conhecimento", um sistema abstrato de regras e princípios (ou qualquer outra coisa que seja correta) que é uma imagem do procedimento gerativo, a Língua-I, representada na mente e, em última análise, no cérebro em mecanismos "mais elementares" não conhecidos agora. Já que a língua nesse sentido é completamente determinada pela Língua-I, ainda que abstraída dela, não está muito claro que esse passo posterior seja motivado; entretanto, talvez seja.

Assim, parece-me que a questão sobre a língua e seu uso que pode estar sujeito à pesquisa empírica pode de pronto ser formulada e, tanto quanto sabemos até agora, mais bem estudada. Talvez haja muitas outras questões que não estão sujeitas à pesquisa empírica nos moldes das ciências – e talvez nunca estarão – se os seres humanos são eles mesmos parte do mundo natural e, assim, têm capacidades biológicas específicas com seu escopo e seus limites, como todos os outros organismos. Precisamos ser cuidadosos para não sucumbir a ilusões sobre evolução e seus milagres adaptativos. Não há nada na teoria da evolução que sugira que devemos ser capazes de responder a questões que podemos formular, mesmo em princípio, mesmo que tenham respostas, ou que devemos ser capazes de formular as questões corretas. Na medida em que podemos, temos ciência empírica, um tipo de propriedades de convergência fortuitas da mente e propriedades do mundo extramental. Não há nada surpreendente nisso; tomamos como garantido que algo semelhante é verdadeiro em relação aos ratos e às abelhas, e não devemos ficar surpresos em aprender que os seres humanos são organismos biológicos e não anjos. Nos limites da ciência humana, entretanto, parece-me que a melhor suposição atual é que o panorama que acabei de resumir é apropriado para a pesquisa sobre as questões empíricas sobre língua e mente, e nele há alguns sucessos notáveis e muitas perspectivas intrigantes.

4
Naturalismo e dualismo no estudo da linguagem e da mente

Os termos do título deste capítulo podem ser entendidos de várias maneiras, dependendo dos contextos em que estão inseridos. Gostaria de enfatizar as interpretações que considero úteis e apropriadas e sugerir uma tese mais geral, o que requer um argumento muito mais abrangente: que não há alternativa coerente para continuar neste caminho em face da gama de problemas enfocados, e que outros esforços no mesmo domínio são esclarecidos e facilitados se entendidos como extensão da abordagem aqui esboçada.

Entendendo a terminologia

Deixando por um momento a "linguagem" de lado, comecemos pelos outros termos do título, pois são livres de implicações muito mais abrangentes e, de modo específico, divorciados de quaisquer conotações metafísicas. Tomemos o termo "mente" ou, como passo preliminar, o termo "mental". Consideremos a maneira como usamos termos como "químico", "óptico" ou "elétrico". Certos fenômenos, eventos, processos e estados são chamados "químicos" (etc.), mas nenhuma classificação metafísica é sugerida por esse uso. Eles são apenas vários aspectos do mundo que selecionamos como foco de atenção para propósitos de pesquisa e exposição. Tomarei o termo "mental" mais ou menos da mesma maneira que em sua acepção tradicional, mas sem conotação metafísica e sem sugestão que fizesse qualquer sentido para tentar identificar o verdadeiro critério ou observação do mental. Com "mente" quero indicar os aspectos mentais do mundo, sem nenhuma preocupação em definir a noção de forma mais detida e sem expectativa de que encontremos algum tipo interessante de unidade ou limites, mais que em outro lugar – ninguém se preocupa em definir de maneira acurada os limites da "Química".

Além disso, atenho-me aqui à mente humana (sistema visual, raciocínio, língua etc.). Não há nenhuma exigência de uma ciência unificada da locomoção, a partir da ameba até a águia, e da águia até uma nave espacial de ficção científica; ou da comunicação a partir da célula até o discurso poético, e do discurso poético até extraterrestres imaginados. Em vez disso, os biólogos estudam como os golfinhos nadam e como as formigas se comunicam, começando com uma explicação "internalista" e "individualista" (para usar um jargão contemporâneo). Ao agir assim, eles têm pouco interesse em como os termos "golfinho", "comunicam" etc. são usados no discurso informal, no qual as questões são de início colocadas. Em vez disso, desenvolvem conceitos apropriados com o propósito de explicação e entendimento deles. O discurso ordinário e o pensamento do senso comum não são de forma alguma denegridos por esse procedimento; em vez disso, são liberados de exigências inapropriadas e destrutivas. O mesmo é verdadeiro em relação a outras pesquisas com preocupações mais amplas (por exemplo, o estudo das comunidades de formigas).[1]

---

1 Para discussão da matéria, ver Bilgrami, 1993. Sobre a (frequentemente tácita) pressuposição de uma abordagem internalista-individualista em pesquisas

Podemos transferir essas observações – truísmos, eu acho – para o estudo da linguagem humana e da mente humana. Como o cérebro, ou elementos dele, estão, de modo decisivo, envolvidos em Linguística e em outros fenômenos mentais, talvez usemos o termo "mente" – imprecisa mas adequadamente – ao falar do cérebro, visto de uma perspectiva particular, desenvolvida no curso da pesquisa sobre certos aspectos da natureza humana e de suas manifestações. Há assunções empíricas aqui – de que o cérebro, não o pé, é o órgão físico relevante, de que os humanos são semelhantes o suficiente em capacidade de linguagem, de maneira que a linguagem humana pode ser considerada um objeto natural, e assim por diante. Mas não precisamos nos deter aqui.

Vamos entender também o termo "naturalismo" sem conotações metafísicas: uma "abordagem naturalística" para a mente investiga aspectos mentais do mundo, da mesma maneira como fazemos com outros, procurando construir teorias explanatórias inteligíveis, com a esperança de uma integração eventual com o "centro" das ciências naturais. Tal "naturalismo metodológico" pode ser confrontado com aquilo que poderíamos chamar de "dualismo metodológico", a visão de que precisamos abandonar a racionalidade científica quando estudamos os seres humanos "acima do pescoço" (metaforicamente falando), tornando-nos místicos neste domínio singular, impondo preceitos arbitrários e, *a priori*, fazendo exigências de um tipo que nunca será contemplado nas ciências ou de outras maneiras, a partir de cânones normais de pesquisa.

Há questões interessantes quanto a como a pesquisa naturalística deveria continuar, mas elas podem ser deixadas de lado aqui, a menos que alguma razão seja apresentada para mostrar que têm uma relevância singular para esta pesquisa em particular. Até onde sei, isso não foi feito. De maneira específica, argu-

---

mais abrangentes (sociolinguística, aquisição da linguagem, "a divisão social do trabalho" de Hilary Putam etc.), ver Chomsky, 1980, p.25 et seq.).

mentos céticos podem ser desprezados neste contexto. Podemos simplesmente adotar o ponto de vista da ciência moderna, em essência o antifundamentalismo da reação do século XVII à crise cética cartesiana, como Richard Popkin a descreve: "o reconhecimento de que, de forma nenhuma, certas bases poderiam ser oferecidas para nosso conhecimento, e que possuímos padrões para avaliar a confiabilidade e a aplicabilidade do que descobrimos acerca do mundo", e assim "aceitar e aumentar o próprio conhecimento", enquanto reconhecemos que "os segredos da natureza, as coisas em si mesmas, são eternamente escondidas de nós" (Popkin, 1979, p.139 et seq.). Poderia ser de interesse continuar nesta linha, mas o lugar de procurarmos por respostas é onde elas provavelmente estão: nas ciências duras, nas quais a riqueza e a profundidade de entendimento fornecem alguma esperança de esclarecimento em relação a essas questões. Levantá-las em relação às pesquisas apenas para tentar ganhar uma posição segura não faz sentido, não mais que uma forma de preocupação de disciplinas emergentes.

O naturalismo assim entendido não deveria ser controvertido, mesmo que seu alcance ainda não esteja determinado; e a alternativa dualística deveria ser muito controversa. Acho que o oposto é verdadeiro, uma característica curiosa da história intelectual recente. As teorias explanatórias da mente têm sido propostas em especial no estudo da linguagem. Elas têm sido desafiadas de modo sério, não por violarem os cânones do naturalismo metodológico (os quais parecem observar mais ou menos bem), mas em outras bases: "bases filosóficas", apontadas como dúbias, talvez estranhas, sem levar em consideração o sucesso obtido por meio dos critérios normais da ciência; ou, talvez, que são bem-sucedidas mas não lidam com "a mente" e "o mental". Sugeriria que tais críticas no trato comum constituem uma forma de dualismo metodológico e que a defesa (ou a aceitação tácita) dessa instância tem sido um tema principal de muitos dos trabalhos mais interessantes na recente filosofia da mente e da linguagem.

Com certeza, uma abordagem naturalística não exclui outras maneiras de tentar compreender o mundo. Alguém muito comprometido com isso pode acreditar de forma consistente (essa é minha opção) que aprendemos muito mais sobre o interesse humano, sobre como as pessoas pensam e sentem e agem, lendo romances ou estudando História ou as atividades da vida comum do que a partir da Psicologia naturalística, e isso talvez seja sempre assim; de maneira semelhante, as artes podem oferecer uma apreciação dos céus à qual os astrofísicos não aspiram. Estamos falando aqui de entendimento teórico, um modo particular de compreensão. Neste domínio, qualquer abandono dessa abordagem apresenta uma necessidade de justificativa. Talvez alguém possa fazer isso, mas, na verdade, não conheço ninguém que o faça.

Linguagem em pesquisa naturalística

Para ajudar a contextualizar a discussão, consideremos, por um momento, para onde o naturalismo metodológico nos leva no estudo da mente e da linguagem, em particular. Meu entendimento atual é mais ou menos o seguinte.

O cérebro tem um componente – chamemos isso de "a faculdade da linguagem" – dedicado à língua e ao seu uso. Para cada indivíduo, a faculdade da linguagem tem um estado inicial determinado pela capacitação biológica. Deixando de lado patologias sérias, tais estados são tão similares entre as espécies que, de maneira razoável, podemos abstrair *o* estado inicial da faculdade da linguagem como uma propriedade humana comum. O ambiente provoca e, numa medida limitada, dá forma a um processo de crescimento internamente direcionado, que se estabiliza (bastante) perto da puberdade. Um estudo sério tentaria determinar quais estados "puros" da faculdade da linguagem estariam sob condições ideais, abstraindo de uma grande quantidade de distorções e inferências nas complexas circunstâncias da vida ordinária, desejando assim identificar a natureza real da faculdade da linguagem e de suas manifestações; pelo menos assim ditam os cânones do naturalismo metodológico. Esse ponto de vista, adotado sem comentários sobre pesquisa naturalística em geral, é com frequência considerado contencioso ou, ainda pior no domínio da linguagem e da mente, uma ilustração do dualismo que sugeri ser prevalecente e pernicioso.

Um estado atingido pela faculdade da linguagem caracteriza uma classe infinita de expressões linguísticas, cada uma constituindo um certo conjunto de propriedades fonéticas, estruturais e semânticas. Meu estado especifica as propriedades da última sentença; o seu é semelhante o suficiente, de maneira que sua mente pode (algumas vezes) encontrar um análogo apropriado àquilo que eu digo, caso em que você tem meios para determinar minhas intenções (a expressão percebida é apenas parte de sua evidência e a comunicação, uma coisa "mais ou menos"). O estado atingido é um sistema (gerativo) computacional. Podemos chamar esse estado de linguagem ou, para evitar controvérsias terminológicas sem sentido, de *Língua-I*, "I" escolhido para sugerir que a concepção é interna, individual e intensional (no sentido técnico; isto é, a caracterização de uma função em intensão). Para Jones, ter a Língua (I-) L, significa que sua faculdade de linguagem está em estado L. Sinais particulares são manifestações de expressões linguísticas (faladas, escritas, sinalizadas ou qualquer outra); os atos de discurso são manifestações de expressões linguísticas num sentido mais amplo. As expressões podem ser entendidas como "instruções" para outros sistemas da mente/cérebro que "os seguem" no uso da linguagem.

Sobre as (muito fracas) assunções empíricas dessas observações, a noção da Língua-I é direta; o fato de o cérebro ser um sistema complexo, com estados e propriedades, não constitui matéria controvertida. Ainda resta explicar em detalhes essa concepção de "estado do cérebro" e descobrir suas propriedades. Outras noções de "linguagem" requerem algumas justificativas adicionais – as quais, creio, não são fáceis de ser apresentadas.

A classe de expressões geradas pela Língua (-I) L não deve ser confundida com uma categoria de sentenças bem formadas, uma noção que não tem espaço conhecido na teoria da linguagem, ainda que a exposição informal tenha algumas vezes obscurecido o ponto, levando a muita confusão e esforço desperdiçado. Assim, as chamadas expressões "desviantes" podem ser caracterizadas pela linguagem L de Jones com propriedades bem definidas; poderia ocorrer que ela designasse uma interpretação para cada sinal possível, a última noção determinada por propriedades do estado inicial.

Pode ser que o próprio sistema computacional seja (virtualmente) invariável, fixado pela capacidade biológica inata, pela variação entre as linguagens e tipos de linguagem, sendo limitado a certas opções no léxico; essas opções são muito restritas. Pequenas mudanças em um sistema intricado podem produzir o que parece constituir diferenças fenomenais dramáticas; assim, as linguagens podem parecer diferir de forma radical uma da outra, ainda que, conforme parece, difiram apenas de maneiras muito marginais. Isso constitui aquilo que qualquer cientista racional esperaria; do contrário, haveria pouca esperança de explicação para a especificidade, a riqueza e a complexidade do estado atingido com base em informações muito limitadas a partir do ambiente. As assunções comparáveis são tidas como garantidas e sem discussão no estudo do crescimento e do desenvolvimento em geral. Uma abordagem naturalística não faz distinção no caso particular do processo mental.

Tanto quanto sei, mesmo as propriedades mais rudimentares dos estados iniciais e atingidos não são encontradas entre outros organismos ou, de fato, no mundo biológico, além de seus pontos de contato com a matéria inorgânica. Nem há mais que relações muito fracas para qualquer coisa descoberta nas ciências do cérebro. Assim, enfrentamos os problemas de unificação comuns na história da ciência, e não sabemos como – ou se – serão resolvidos.

Deixarei de lado aqui qualquer explicação adicional sobre os resultados da pesquisa naturalística para retornar às questões do naturalismo e do dualismo de maneira mais geral.

Variedades de naturalismo

O naturalismo metodológico não deve ser confundido com outras variedades. Para deixar claro o que quero e o que não quero dizer com isso, consideremos uma útil e recente exposição do conceito de naturalismo formulada por Baldwin (1993, p.171). Ele inicia observando que "Um tema proeminente da Filosofia atual é o da 'naturalização' da Filosofia. Daniel Dennett escreveu que 'uma das tendências mais felizes em filosofia nos últimos vinte anos tem sido sua naturalização'" (ibidem). Que a tendência seja proeminente é, sem dúvida, verdadeiro; que seja feliz, a mim parece questionável. De qualquer maneira, é distinta da forma de naturalismo que estou defendendo aqui.

Baldwin aponta "dois tipos diferentes de naturalismo em ação na Filosofia atual", o que ele chama de *metafísico* e *epistemológico*. O primeiro é o que "Dennett tem em mente quando celebra a 'naturalização' da Filosofia": o pensamento de que, como Dennett entende a questão, "a explicação filosófica de nossas mentes, nosso conhecimento, nossa linguagem precisa, no final, estar em unidade e em harmonia com as ciências naturais" (ibidem, p.172) – diferente, digamos, do platonismo de Frege que não está em unidade com hipóteses "antecipadas pelas ciências naturais", conforme se afirma.

O naturalismo epistemológico contemporâneo deriva da "epistemologia naturalizada", que estabelece que o estudo do conhecimento e da crença precisa estar incorporado a um estreito ramo da Psicologia behaviorista de interesse científico não conhecido, uma tendência estranha em si mesma que, de forma surpreendente, tem evocado pouco desafio. Uma versão mais abrangente, observa Baldwin, considera as "relações naturais" entre situações externas e estados mentais sem críticas arbitrárias. A versão mais abrangente pode ser vista como uma superação da Psicologia racional do século XVII, que defende, como Lorde Herbert explica, que há "princípios ou noções implantadas na mente" "que levamos de nós para os objetos ... [como] ... um dom direto da Natureza, um preceito de instinto natural" – "noções comuns" e "verdades intelectuais" que estão "impressas na alma por meio dos ditames da própria Natureza", que, mesmo "sendo estimuladas pelos objetos", não são "transmitidas" por eles (Herbert, 1937 [1624], p.133). Baldwin cita Thomas Reid como a fonte de um tipo de "epistemologia naturalizada", que expressa um ponto de vista semelhante, mas "livre do compromisso de Hume [ou de qualquer outro anterior] à teoria das ideias" (Baldwin, 1993, p.181); isto é, livre de qualquer tentativa anterior de explicar em detalhes o que Reid chama de "julgamentos originais e naturais" que "a natureza tinha dado ao entendimento humano" como "parte de nossa constituição" e que caracteriza "*o senso comum da humanidade*" (Reid, 1785, p.600-1). Já que nada substitui o esboço de uma teoria que é abandonada, é difícil ver como essa "naturalização" progride em relação às versões anteriores. Ao contrário disso, em minha opinião, os trabalhos dos cartesianos e dos platônicos de Cambridge é muito mais avançado em muitos aspectos. Mais tarde, Charles Sanders Peirce (1957, p.253) propôs que o pensamento humano é guiado por um princípio de "desvio" que "coloca um limite sobre hipóteses admissíveis" e que é inato em nós, provendo a mente humana com "uma adaptação natural para imaginar teorias corretas de algum tipo" (ibidem, p.238), o que é um resultado da seleção natural, ele sugere (com pouca plausibilidade). Há muitas ramificações adicionais, incluindo a recente "epistemologia evolucionista". (Para alguma discussão, ver Chomsky, 1966, cap.4; 1968/72; 1975, cap.1.)

A iniciativa do naturalismo epistemológico não provoca controvérsias, fora o termo, enganoso de uma maneira particularmente moderna. O naturalismo epistemológico dos séculos XVII e XVIII era ciência, uma tentativa de construir uma teoria empírica da mente; Hume, por exemplo, comparou sua iniciativa à de Isaac Newton. O naturalismo epistemológico, em contraste, é apresentado como uma "posição filosófica", algo aparentemente diferente. De fato, não somos capazes de perceber em períodos anteriores uma distinção entre ciência e filosofia que se desenvolveu depois. Não usaríamos o termo "naturalismo visual" para nos referir ao estudo empírico do crescimento e do funcionamento do sistema visual (também um tópico da Psicologia racional anterior), tomando como implícito que havia uma alternativa coerente para o mesmo contexto de problemas. O termo "naturalismo empírico" me parece, em muitos aspectos, enganoso da mesma maneira, para não falar das versões especiais derivadas da "epistemologia naturalizada" de Quine.

Para um naturalista metodológico, o naturalismo epistemológico tradicional é ciência normal (ver aqui cap.3, p.107-8), ainda que estejamos avaliando implementações particulares. A pesquisa sobre o estado inicial da faculdade da linguagem, por exemplo, é uma tentativa de descobrir os "princípios ou noções implantados na mente" que são um "dom direto" da natureza, isto é, nossa capacitação biológica. Como em qualquer lugar, a pesquisa é iniciada por formulações do senso comum. Tomemos a locução informal *Jones knows (speakes, understands, has) English* (Jones sabe [fala, entende, tem] inglês). A observação focaliza sua atenção num estado do mundo, incluindo um estado do cérebro de Jones, um estado cognitivo que fundamenta o conhecimento de Jones sobre muitas coisas particulares: seu conhecimento de como interpretar signos linguísticos ou de que certas expressões significam o que significam, e assim por diante. Gostaríamos de saber como o cérebro de Jones chegou a este estado cognitivo. Pesquisas sobre essa questão levam a hipóteses empíricas sobre capacitação biológica, interações com o ambiente, natureza dos estados atingidos e suas interações com outros sistemas da mente (articulatório, perceptivo, conceptual, intencional etc.). As teorias resultantes do processo de incrementação da linguagem são algumas vezes chamadas de um "Sistema de Aquisição de Linguagem" (SAL), que realiza uma transição do estado inicial da faculdade da linguagem para estados posteriores, mapeando a experiência no estado atingido; a teoria do estado inicial é algumas vezes chamada de "Gramática Universal" (GU), adaptando uma noção tradicional para um contexto um pouco diferente. (Ignoro abaixo as distinções entre a teoria do SAL e da GU.) Para usar minhas próprias palavras, este é um estudo da mente; outros discordam, por razões às quais retornarei.

O naturalismo metafísico parece muito mais problemático que o naturalismo epistemológico tradicional. Uma questão que Baldwin levanta é "o que as ciências 'naturais' são". Uma resposta possível é: qualquer coisa que é alcançada na realização da pesquisa naturalística. Mas o objetivo não parece ser esse; deixemos a questão de lado por um momento. Um problema relacionado a isso é desvendar o que são as "explicações filosóficas de nossas mentes, de nossos conhecimentos, de nossa linguagem", e como elas diferem das "explicações científicas", particularmente se mantêm "unidade com as ciências naturais" (Baldwin, 1993, p.172). A doutrina propõe que uma teoria da mente deve ser "unida" e "harmoniosa" com a Física atual? Isso com certeza é inaceitável; a Física do futuro pode muito bem não satisfazer essa condição. Com uma certa dose do ideal de Pierce, o que a ciência será "no limite"? Embora significativo, isso não ajuda muito. Talvez a Física do futuro vá incorporar alguma versão da explicação atual (chamada "filosófica" ou não), mesmo que a última não esteja em harmonia com a Física atual.

Se for assim, não haverá nada de novo na história das ciências. Um objetivo que persiste é o de unificar várias teorias sobre o mundo, mas o processo tem tomado rumos muito diferentes. A redução em larga escala não é o modelo comum; não devemos ser enganados por esses exemplos dramáticos, como a grande redução da Biologia à Bioquímica, em meados do século XX. De forma repetida, a ciência mais "fundamental" tem tido que ser revisada, algumas vezes de maneira radical, para a unificação continuar. Suponhamos que um filósofo do século XIX tenha insistido em que "as explicações químicas sobre moléculas, interações, propriedades dos elementos, estados da questão etc. precisavam, no final, ser contínuas e harmoniosas com as ciências naturais", tomando o conceito de Física conforme entendido naquele momento. Isso não acontecia, porque a Física da época era inadequada. Por volta da década de 1930, a Física foi radicalmente mudada e as explicações (elas mesmas modificadas) tornaram-se "contínuas e harmoniosas" com a nova Física Quântica. Suponhamos que um cientista do século XVII tivesse imposto a mesma exigência em relação à mecânica celestial, referindo-se à "filosofia mecânica" prevalecente, e rejeitando a teoria mística de Newton (como fizeram Leibniz e Huygens), porque era incompatível com "as leis da Mecânica" (ver Dijksterhuis, 1986, p.479 et seq.). Ainda que compreensível, a reação teria sido (e foi) com certeza errada: a Física fundamental teria de ser radicalmente mudada para que a unificação continuasse.

Não temos ideia de para onde esse processo irá levar ou mesmo de quão longe a inteligência humana poderá ir para atingir esse entendimento do mundo natural; somos, afinal, organismos biológicos, não anjos. A última observação, mais uma que não cria nenhuma controvérsia, sugere outra maneira de responder à questão sobre "o que as ciências 'naturais' são". Entre os aspectos da mente estão aqueles que entram em pesquisa naturalística; chamemos isso de "faculdade de formação de ciência" (FFC). Equipadas com a FFC, as pessoas confrontam "situações-problemas", que consistem em certos estados cognitivos (de crença, entendimento ou mau entendimento), questões que são colocadas e assim por diante (essencialmente, o que Sylvain Bromberger chama de "categoria-p"; ver seus ensaios reunidos em Bromberger, 1992b). Com frequência, a FFC produz apenas um estado vazio. Algumas vezes fornece ideias sobre como as questões poderiam ser respondidas ou reformuladas, ou o estado cognitivo modificado, ideias que podem, então, ser avaliadas por meios que a FFC oferece (teste empírico, consistência com outras partes da ciência, critérios de inteligibilidade e elegância etc.). Como outros sistemas biológicos, a FFC tem seu escopo e seu limite potenciais; podemos distinguir *problemas* que, em princípio, se inserem e sua extensão de *mistérios* que não se inserem. A distinção é relativa aos humanos; ratos e marcianos têm problemas e mistérios diferentes, e no caso dos ratos até sabemos muita coisa sobre eles. A distinção também não necessita ser precisa, ainda que esperemos que exista, para qualquer organismo e para qualquer faculdade cognitiva. As ciências naturais, que atingiram sucesso, se inserem, então, na interseção do escopo da FFC e da natureza do mundo; tratam dos (dispersos e limitados) aspectos do mundo que podemos apreender e compreender pela pesquisa naturalística, em princípio. A interseção é um produto do acaso da natureza humana. Contrária a especulações desde Pierce, não há nada na teoria da evolução, ou em outra fonte inteligível, que sugira que ela deveria incluir respostas a questões sérias que levantamos, ou mesmo que devemos ser capazes de formular questões apropriadas em áreas confusas.

Não se sabe de maneira específica se aspectos da teoria da mente – digamos, questões sobre a consciência – são problemas ou mistérios, ainda que em princípio pudéssemos descobrir a resposta, até mesmo chegar a descobrir que são mistérios; não há contradição na crença de que a FFC poderia permitir-nos aprender alguma coisa sobre seus limites. (Ver Chomsky, 1968, cap.3; 1975, cap.4; sobre os possíveis limites e a relevância para a pesquisa filosófica, ver particularmente McGinn, 1991; 1993.)

A questão "o que as ciências 'naturais'" são, então, poderia ser respondida de maneira estreita, perguntando-se o que elas conseguiram; ou mais genericamente pesquisando-se em uma faculdade particular da mente (humana), com suas propriedades específicas. Entretanto, parece que se deseja alguma coisa a mais; o que é essa coisa permanece obscuro.

É instrutivo olhar com mais atenção para as origens da ciência moderna. Em resumo, o progresso no século XVII lançou a base para a "filosofia mecânica", eliminando fantasias sobre formas de objetos flutuando pelo ar e implantando-os em cérebros e forças e poderes místicos, "qualidades ocultas" de simpatia, antipatia e assim por diante, as quais permitiram absurdos tais como ação a uma distância ao longo de um vácuo. Os cartesianos observaram que certos fenômenos da natureza (de maneira especial, o uso normal da linguagem) não pareciam se inserir na filosofia mecânica e postularam um novo princípio para explicá-los. Dada a metafísica deles, postularam uma segunda substância (*res cogitans*, mente), por outras razões também. Colocando de lado a implementação, a iniciativa não deixou de ser razoável, de fato, não diferente do raciocínio de Newton quando descobriu a inadequação da filosofia mecânica. O postulado de algo que vai além da filosofia mecânica acarreta duas tarefas: desenvolver a teoria e resolver o problema da unificação; no caso cartesiano, "o problema da mente–corpo". Tudo isso é ciência normal; errada, mas essa também é a norma.

No exato momento em que a filosofia mecânica parecia estar triunfando, foi demolida por Newton, que reapresentou um tipo de causa e qualidade "oculta", para grande desânimo dos cientistas de ponta da época e do próprio Newton. A teoria cartesiana da mente (tal como ela era) não foi afetada por suas descobertas, mas demonstrou-se que a teoria do corpo era insustentável. Dito de outra maneira, Newton eliminou o problema do "fantasma na máquina" exorcizando a máquina; o fantasma não foi afetado. Também nos deixou com a conclusão de que não se poderia esperar que a intuição do senso comum – "a física do povo", que era a base para a filosofia mecânica – sobrevivesse à transição para a pesquisa racional sobre a natureza das coisas. O problema da mente–corpo desapareceu, e pode ser ressuscitado; se isso acontecer, será apenas para se produzir uma nova noção de corpo (matéria, físico etc.), para substituir a que foi abandonada, o que seria uma iniciativa não muito razoável. Sem isso, a frase mundo "material" ("físico" etc.) oferece apenas um meio impreciso de se referir àquilo que entendemos mais ou menos e desejamos unificar de alguma maneira.

A conclusão natural, extraída de forma concisa depois de La Mettrie e, mais tarde, de Joseph Priestley, é que o pensamento e a ação humana são propriedades de organizar a questão, como "poderes de atração e repulsão", carga elétrica e assim por diante (La Mettrie, 1747; ver também Cohen, 1941; Yolton, 1983; Wellman, 1992). Adotando esse ponto de vista, procuramos determinar as propriedades dessas coisas no mundo e explicar fenômenos mentais em seus termos, mostrar como eles aparecem no indivíduo e nas espécies e relacionar essas conclusões a qualquer coisa que seja conhecida sobre matéria organizada (a nova versão do problema da unificação). Sobre o último problema, não há progresso a mencionar. Nem tem havido real progresso em explicar as propriedades do uso normal da linguagem e outros fenômenos que levaram os cartesianos a postular uma segunda substância (ainda que os limites do mecanismo não sejam mais um problema). Isso pode muito bem se tornar um mistério para os humanos. Tem havido progresso em entender os mecanismos da mente a partir do ponto de vista mais abstrato da GU, do SAL, dos estados atingidos e suas interações com outros sistemas cognitivos; e no estudo de alguns desses (por exemplo, o desenvolvimento conceitual). Sobre as assunções naturalísticas, elas são parte das ciências naturais – boas ou más, certas ou erradas.

As ciências naturais tentam entender o mundo em seus aspectos químicos, elétricos, mentais etc. O mundo inclui forças misteriosas de Newton afetando corpos separados por espaços vazios ou campos elétricos e magnéticos que, ainda que objetos matemáticos, são "'coisa' da Física *real*", por causa da maneira como "empurram um ao outro ao longo do espaço vazio" (Penrose, 1989, p.185-6). Ou do espaço curvo que "parecia assumir toda estrutura definitiva de algo que podemos chamar de solidez", ou talvez, "bem no fundo", constituindo apenas algumas partes da informação (Wheeler, 1994, p.294 et seq.). Isso inclui as noções comuns e princípios de Herbert como parte do "instinto natural", as ideias de Hume, pensamentos e conceitos, princípios e estados computacionais e assim por diante? A pesquisa naturalística procura respostas para essas questões e é tão crítica de si mesma quanto pode, escapando de assunções arbitrárias quando podem ser detectadas, ainda que consciente de que as restrições biológicas sobre o pensamento humano não podem ser superadas, enquanto as culturais talvez não sejam fáceis de ser resolvidas.

Voltemos à alegação de que a teoria da mente, TM, que apresenta noções tais como "os sentidos de Frege de entender", não seja harmoniosa ou contínua com a hipótese "antecipada pelas ciências naturais". Se queremos indicar as ciências naturais de hoje, excluindo a TM, então a observação está correta, ainda que não seja interessante. As questões corretas têm a ver com o prestígio da TM em bases naturalísticas e com a unificação do problema (se a TM é, de alguma forma, plausível). Se a alegação significasse que a unificação do problema está além da capacidade humana, isso poderia estar certo, mas não se sustentaria sobre o *status* científico da TM. Não precisamos considerar especulações sobre a ciência "verdadeira", talvez além do alcance intelectual humano. O que mais o naturalismo metafísico exige? Isso não está claro.

Devemos entender o naturalismo metafísico como algo que exige a unidade da natureza? Se fosse assim, ele poderia ser considerado uma ideia guia, mas não um dogma ("Noventa por cento da matéria do universo", dizem os físicos, "é o que é agora denominado matéria escura – escura porque não a vemos; escura porque não sabemos o que ela é", na verdade "não temos a menor ideia do que são feitos noventa por cento do mundo" (Weisskopf, 1989). Suponhamos que a matéria escura torne-se radicalmente diferente dos 10% do mundo sobre os quais há algumas ideias. A possibilidade não pode ser descartada em princípio; coisas mais estranhas têm sido aceitas em ciência moderna. No caso das teorias da mente, nem isso pode ser excluído. Ainda que não haja razão para considerar a hipótese, alguma versão da teoria cartesiana (com um conceito de corpo muito mais rico) poderia em princípio tornar-se verdadeira, consistente com uma instância naturalista.

A crítica do materialismo

O naturalismo metafísico será uma posição coerente se seus defensores disserem-nos o que corresponde ao "físico" ou ao "material". Até que isso seja feito, não podemos compreender essa doutrina que apresenta apenas algumas noções derivadas, tais como o "materialismo eliminativo" e coisas desse tipo. Na prática, versões do último parecem ser um pouco mais que pronunciamentos quanto a onde as respostas estão e, como tais, não são de especial interesse.

Críticos dessas doutrinas me parecem enfrentar o mesmo problema: o que estão criticando? Um dos mais proeminentes é Thomas Nagel, que dá uma explicação lúcida das visões prevalecentes e sua crítica a elas, dirigida de modo específico às questões relacionadas a mim neste ponto (Nagel, 1993). Acho que os problemas estão colocados de uma forma errada, ainda que de uma maneira interessante, e que as conclusões são suspeitas por essas e outras razões, incluindo aquelas sobre o SAL e sobre a teoria da mente, com a qual concluí.

Nagel afirma que "o problema do corpo–mente foi colocado em sua forma moderna apenas no século XVII, com a emergência da concepção científica do mundo físico, no qual somos todos atualmente formados" (ibidem, p.97) (a concepção de Newton). Mas isso tem uma história inversa. O problema do corpo–mente fez sentido nos termos da filosofia mecânica que Newton atacou, a qual, desde então, não tem sido coerentemente colocada. Se as coisas são assim, a discussão não pode continuar nos termos de Nagel sem alguma explicação nova sobre a natureza do corpo (material, físico etc.) e da mente.

Essa perspectiva sobre tais questões e suas origens também leva a uma explicação enganosa das contribuições atuais. Assim, Nagel esboça a "tese radical" de John Searle de que "a consciência é uma propriedade física do cérebro", que é "irredutível a qualquer *outra* propriedade", posição que, se esclarecida de maneira apropriada (o que Nagel considera improvável), "seria uma adição significativa às possíveis respostas para o problema do corpo–mente" (ibidem, p.103). Essa tese é o "coração metafísico" da proposta de Searle: em suas próprias palavras, "a consciência é um alto nível ou uma propriedade emergente do cérebro"; tem "muito da ordem biológica natural como ... fotossíntese, digestão ou mitose".

Válida ou não, a tese não é radical; em vez disso, é – e foi – a reação natural da demolição de Newton da filosofia mecânica, e, então, do problema corpo–mente, pelo menos em sua forma cartesiana. Como observado, o ponto de vista de que pensamento e ação (incluindo a consciência) são propriedades da matéria organizada, não mais redutível a outras do que as propriedades eletromagnéticas são redutíveis à Mecânica, foi proposto pelos cientistas do século XVIII – não, entretanto, como uma resposta possível ao problema do corpo–mente, que não tinha (e não tem) formulação coerente. Quanto à importância metafísica da tese, está igualada à importância da relação entre a Mecânica clássica e a teoria eletromagnética.

Nagel assume um entendimento anterior de mente e corpo, mental e físico e dá alguma indicação do que quer dizer com isso. Expressando um ponto de vista padrão, toma "a essência da mente" como consciência: "todos os fenômenos mentais são tanto real quanto potencialmente conscientes" (ibidem, p.97). Não importa se tomada como uma proposta terminológica ou como uma proposta substantiva, a formulação requer uma explicação da noção "potencialmente consciente"; Nagel adota a proposta de Searle (1992) sobre a matéria, mas parece encontrar sérias dificuldades para isso.

Suponhamos que tomemos a consciência como a marca do mental. E o corpo? Nagel o identifica com o que é "capaz de ser descrito pela ciência física" (excluindo a consciência, se por ordem ou descoberta, não está claro). Assim, entende o materialismo (o que diz ser aceito pela maioria dos filósofos contemporâneos) como a crença de "que tudo que há e tudo que acontece no mundo precisa ser descrito pela ciência física" – um ponto de vista que considera coerente, mas falso. Adotando-o, tentamos "algum tipo de redução do mental ao físico – em que o físico, por definição, é aquilo que pode ser descrito em termos não mentais" (isto é, termos que não envolvem "consciência potencial").

"O que é necessário para completar o quadro do mundo materialista é algum esquema da forma, 'fenômenos mentais – pensamentos, sentimentos, sensações, desejos, percepções etc. – não são nada senão...' em que o espaço vazio deve ser preenchido por uma descrição que tanto seja explicitamente física como use apenas termos capazes de ser aplicados ao que é inteiramente físico, ou talvez dê "condições de sustentação" em "bases observáveis externamente". "As várias tentativas de colocar em prática essa tarefa aparentemente impossível", Nagel continua, "e os argumentos para demonstrar que ela falhou constituem a história da filosofia da mente ao longo dos últimos cinquenta anos".

O problema do corpo–mente foi deixado sem solução e, presume-se, não tem solução; esse é o problema de "encontrar um lugar no mundo para nossas próprias mentes, com suas experiências perceptuais, pensamentos, desejos, construção teórica científica e muito mais que não é descrito pelos físicos".

A crença de que as questões são coerentes e significativas é amplamente compartilhada. Assim, numa revisão instrutiva de um século da filosofia da mente, Tyler Burge discute a emergência do "naturalismo" ("materialismo", "fisicalismo") nos anos 1960 como "um dos poucos ortodoxos na filosofia americana" (1992, p.32). Esse é um ponto de vista de que não há estados mentais (propriedades etc.) "fora das entidades físicas comuns, entidades identificáveis nas ciências físicas ou entidades que, no senso comum, seriam relacionadas como físicas". O teórico descreve o "eliminacionismo", uma das principais linhas do esforço "de tornar a filosofia científica", "de acordo com o ponto de vista de que o discurso mentalístico e as entidades mentais iriam eventualmente perder seu lugar em nossas tentativas de descrever e explicar o mundo" (ibidem, p.33), talvez uma tese errada, mas certamente importante. Entretanto, isso não é uma coisa óbvia.

Consideremos as noções de Nagel "que a ciência física é capaz de descrever" e "descritas por físicos". O que isso significa? Ele oferece o exemplo da liquidez, com sua relação "transparente" com o comportamento das moléculas. A relação pode não ser tão transparente assim. Há um século, as moléculas eram consideradas pelos físicos de ponta ficções convenientes e estados da matéria, como posteriormente aprendido, e não "podiam ser descritas" pela Física então existente. É certo que um ramo da ciência não unificado, naquele momento, com a Física podia fornecer muita iluminação em termos de seu próprio constructo teórico e muito mais; mas o mesmo é verdadeiro hoje em relação a alguns domínios do mental (no meu sentido). Por que essas explicações são menos "físicas" do que a Química há um século? Ou menos físicas do que as forças ocultas de Newton, e sobre o que a teoria contraintuitiva e misteriosa de hoje postula? Talvez as explicações naturalísticas dos fenômenos mentais sejam, algum dia, unificadas com a Física, o que talvez deva ser novamente revisado, casos em que as relações também se tornariam "transparentes".

Quanto à tese do eliminacionismo na formulação de Burge (mais uma vez padrão), podemos perguntar por que ela tem alguma significação. Substituamos "mental" por "físico" na tese. Sem discussão, "o discurso fisicalista e as entidades físicas" têm, há muito tempo, "perdido seu lugar em nossas tentativas de descrever e explicar o mundo", se por "fisicalista" e "físico" entendemos as noções que entram em nosso discurso e pensamento comuns. Por que devemos esperar qualquer coisa diferente do "discurso mentalístico e das entidades mentais"? Suponhamos que diga, *the rock dropped from the skies, rolled down the hill, and hit the ground* (a rocha caiu dos céus, rolou encosta abaixo e bateu no chão). A declaração não pode ser traduzida em teorias que têm sido desenvolvidas para descrever e explicar o mundo, nem há qualquer relação mais fraca interessante; os termos pertencem a diferentes universos intelectuais. Mas ninguém usa isso para constituir um problema de corpo-mente. Nem as ciências naturais aspiram a distinguir essa descrição da declaração de que a rocha caiu depois de rachar, o que poderia ser o mesmo evento visto de uma perspectiva diferente (com a encosta não distinguida do terreno circunvizinho). Os naturalistas metodológicos não esperam encontrar complementos para declarações informais, tais como essas, nas teorias explanatórias que eles inventam de maneira consciente; nem de *John took his umbrella because he thought it was going to rain* (John pegou seu guarda-chuva porque pensou que iria chover) ou de *John is in pain* (John está com dor), ou de *John speaks English* (John fala inglês) – ainda que desejem, em todos os casos, que a pesquisa naturalística possa produzir entendimento e esclarecimento nos domínios abertos para a pesquisa, por meio do discurso que reflete as perspectivas do senso comum.

Várias questões semelhantes aparecem a partir daí. Tomemos o "anomalismo do mental", de Donald Davidson, o ponto de vista de que, enquanto há relações causais entre eventos físicos e mentais, não há leis psicofísicas que os conectem em um esquema explanatório apropriado. Conforme o pensamento de Davidson, não devemos comparar truísmos sobre o que as pessoas em geral farão sob determinadas condições "com uma lei que diz quão rápido um corpo irá cair num vácuo", porque, "no último caso, mas não no primeiro, podemos dizer antecipadamente se as condições comportam a ocorrência e sabemos que precedente abrir, se esse não for o caso" (Davidson, 1980, p.233); Burge descreve essa posição sobre o problema do corpo–mente como "profunda mas não controvertida", ainda que esclarecida de forma inadequada. (Para uma discussão favorável, ver Envine, 1991.) O argumento não parece de todo convincente. Pela mesma razão, também não devemos comparar truísmos sobre bolas que rolam monte abaixo ou sobre uma tempestade que se forma no Oeste com a lei da queda dos corpos; mas não estamos preocupados com a falta de "leis psicofísicas" que conectem o discurso ordinário sobre os eventos no mundo e as teorias explanatórias da natureza. Argumenta-se que a "psicologia popular" é diferente, digamos, da "mecânica popular" ou da "química popular", por causa de seu caráter *a priori* e de sua íntima relação com noções de racionalidade, razões, intenções, perspectiva em primeira pessoa e assim por diante. Os domínios com certeza são diferentes, mas não está claro que sejam diferentes em "anomalismo", no sentido da discussão. Na medida em que, como pesquisa científica, podemos atacar a convicção de alguém de que o Sol está se pondo ou de que os objetos são impenetráveis (enquanto deixamos tais convicções em outras partes da vida), parece que isso pode, em princípio, ter efeitos similares sobre as convicções de alguém sobre a natureza das crenças (digamos, com relação ao papel da racionalidade). Muito do que as pessoas acreditam sobre crenças é *a posteriori* (consideremos os debates sobre holismo e o ser inato) e temos *a priori* crenças sobre bolas que rolam morro abaixo e tempestades que se formam. A mecânica popular (etc.) não parece mais suscetível que a psicologia popular em relação à formulação de leis-ponte. Como Davidson argumenta, os símbolos de eventos mentais não são símbolos de tipos de eventos físicos (sob descrição informal). O mesmo é verdadeiro em relação aos símbolos de eventos físicos e objetos físicos, como o senso comum os entende; apenas por meio de um acidente fantástico, a linguagem humana terá termos dos tipos naturais, se tipos naturais são considerados os tipos da natureza.[2]

Para mudar um pouco a terminologia, falemos de "eventos mentalisticamente descritos" ("eventos-m") e "eventos fisicalisticamente descritos" ("eventos-f"), referindo-nos a eles para explicar em linguagem comum, reservando os termos *mental, químico, óptico* etc. para eventos postulados pela pesquisa naturalística em domínios mentais, químicos, ópticos etc. – todos eles "eventos físicos", um termo redundante para eventos; o mesmo para objetos e assim por diante. Assim, esperamos encontrar relações causais entre eventos-m e eventos físicos, mas não leis que os conectem em uma ciência explanatória; o mesmo é verdadeiro sobre eventos-f. Crenças, desejos, percepções, pedras que rolam em direção ao chão, tempestades que se formam etc. não estão sujeitos a leis científicas nem há leis-ponte que os conectem às ciências. É indiscutível que a ciência não tenta captar o conteúdo do discurso comum, e abandona os atos mais criativos de imaginação. Parafraseando Nagel, não podemos "encontrar um lugar no mundo" da Física para fenômenos físicos se os descrevemos em discurso fisicalista (fenômenos-f), de forma que não surpreende que o mesmo seja verdadeiro sobre os fenômenos-m, da maneira como são entendidos em discurso mentalístico.

Talvez devamos enfatizar mais uma vez que o alcance da pesquisa naturalística pode ser bem limitado, não abordando questões de preocupações humanas sérias, embora seu interesse intelectual seja bastante abrangente. Essa, com certeza, é a condição atual e pode continuar assim. O eliminacionismo, comenta Nagel de forma sarcástica, rejeita a "teoria primitiva" que foi "o terreno

---

[2] Os conceitos das "ciências especiais" (Geologia, Biologia etc.) também não satisfazem as condições de Davidson; ver Fodor, 1987.

de pessoas simples como Flaubert, Proust e Henry James". O eliminacionismo não me parece uma posição coerente, mas o naturalismo dificilmente irá procurar anexar esse tema mais do que ele incorpora questões triviais como rolar pedras monte abaixo e formação de tempestades; ao contrário, ele liberta o explorador de exigências irrelevantes (ver nota 1). Observemos que a verdade do discurso fisicalista e o prestígio das entidades que ele postula não estão em questão aqui. Essas são diferenças tópicas. Além disso, nenhuma questão sobre o estudo de conceitos do senso comum, como um ramo da pesquisa naturalística (etnociência), é levantada. É interessante aprender como as noções de linguagem aparecem na cultura navajo (para uma explicação iluminadora, ver Witherspoon, 1977) ou nas ruas de Nova York, ou mesmo na mais conscientemente limitada cultura da filosofia acadêmica. O mesmo é verdadeiro em relação às noções de objetos físicos e interação, espaço, vida e suas origens e assim por diante. Mas tais esforços devem ser considerados de modo sério; eles não constituem atividades casuais e não devem ser confundidos com pesquisa naturalística sobre a natureza do que a ciência popular focaliza a seu próprio modo, usando possivelmente diferentes faculdades da mente. A etnociência é um ramo da ciência que estuda os seres humanos, procurando entender suas maneiras de interpretar o mundo, a diversidade dos sistemas e suas origens. Ramos separados das ciências estudam a natureza do que os seres humanos estão resolvendo e interpretando em seus modos peculiares, se os fenômenos são ópticos, elétricos, mecânicos ou mentais. Enquanto isso, continuamos a empregar nossos conceitos, algumas vezes escolhendo, de maneira consciente, refiná-los e modificá-los, na tentativa de lidar com os problemas da vida ordinária. Essas são atividades distintas.

A etnociência pergunta como as pessoas interpretam e avaliam o que encontram ao redor de si. Está preocupada com explicações de objetos, esforçando-se para atingir o lugar natural deles e o movimento dos corpos celestes contra as estrelas fixas; com as substâncias básicas de terra, ar, fogo e água e como elas se combinam para produzir o fenômeno da natureza; com as forças vitais que guiam o desenvolvimento e a diferenciação biológica; com crenças, desejos, temores e outros elementos que fazem parte das explicações da ação útil; e assim por diante. Não é uma exigência empírica trivial que, em alguma tradição cultural, pessoas interpretem o movimento em termos de contato; ou, em harmonia com as linhas segundo Davidson, que atribuam crenças e desejos em termos de critérios de racionalidade e normatividade com a perspectiva holística, em seus esforços para avaliar ações. Essas são fortes reivindicações e exigem evidências. Pode ser que as crenças e os desejos sejam atribuídos a criaturas (talvez aos humanos) em bases inteiramente diferentes, talvez como um reflexo dos modos instintivos de interpretação determinados por dom inato (senso comum), e que tais atribuições sejam feitas de forma sistemática, mesmo quando se considera que os agentes observados estão agindo de modos completamente irracionais, ou são dirigidos por instintos, em contextos nos quais a questão da racionalidade aparece.

O que quer que o etnocientista possa descobrir sobre a natureza de uma "instância intencional", no sentido de Daniel Dennett, dois caminhos posteriores para a pesquisa científica se abrem. Um diz respeito às pessoas: quais as origens de suas maneiras de entender as coisas; de modo específico, que papel o dom inato desempenha no desenvolvimento de uma cosmologia ou no julgamento de se outra pessoa está pegando ou lendo um livro, ou correndo para pegar um ônibus. Um segundo caminho considera os tópicos que as pessoas estão tentando entender nos moldes instintivamente baseados e culturalmente formados a partir das ciências populares. Qual a verdade sobre cosmologia, sobre a formação dos continentes, sobre a diversidade dos insetos, sobre o planejamento das ações de alguém, e assim por diante. As respostas, da maneira como estão até o momento acessíveis à inteligência humana, serão formatadas em termos apropriados aos problemas disponíveis, com pouca preocupação com o aparato intelectual das ciências populares e sem expectativa de que constructos e princípios que sejam desenvolvidos recebam expressão direta, em termos de ramos mais "fundamentais" da ciência, mesmo que o problema da unificação tenha sido resolvido. O resultado final talvez seja explicar por que interpretações científicas populares funcionam mais ou menos, se elas estão preocupadas com planetas e flores, ou com um jogador mestre de xadrez ou com uma criança construindo uma torre com blocos (ver Burge, 1992; para alguns comentários sobre atribuição de estados mentais, neste contexto, ver Chomsky, 1969).

Retornando à crítica do materialismo – digamos, paralelamente às linhas de Nagel –, ele parece enfrentar vários problemas. Os conceitos "físicos" ou "materiais" pressupostos não têm sentido claro; nem terá o "mental", a menos que algum sentido possa ser dado à noção de consciência *potencial,* e mesmo assim não está claro qual seria o interesse dessa categoria particular, como distinta de muitas outras. Não é problema das ciências expressar o conteúdo do discurso ordinário sobre nada, seja físico ou mental. Parece não haver nenhuma doutrina coerente sobre o materialismo e sobre o naturalismo metafísico, nenhuma questão sobre o eliminacionismo e nada sobre o problema do corpo–mente.

Os problemas aumentam quando olhamos para como as questões empíricas específicas são tratadas. Nagel considera uma: a proposta de que há um "Sistema de Aquisição da Linguagem [SAL] que permite que uma criança aprenda a gramática de uma língua com base em exemplos de discurso que ela encontra" (1993, p.109). Considera isso uma parte respeitável da ciência, certa ou errada. Mas é incorreto, ele argumenta, descrever o SAL como um "mecanismo psicológico", como descrevo: deveria ser considerado "apenas um mecanismo físico – pois é incapaz de suscitar pensamentos conscientes subjetivos, cujo conteúdo consiste das próprias regras" (ibidem). Deixando de lado essa concepção da "essência da mente" e a acuidade da descrição do SAL (o que não faria dessa maneira), observemos que a asserção de Nagel parece ser empírica em relação à "capacidade" de algum sistema físico. Mais uma vez, temos a questão decisiva da "consciência potencial", agora apresentada como uma hipótese empírica. Voltaremos a ela.

Qual seria a reação à teoria do SAL (da GU) de um reconhecido "materialista eliminacionista", diz Quine, a quem Burges identifica como o criador da doutrina? Quine segue a "tese naturalística" de que "O mundo é como a ciência natural diz que ele é, na medida em que a ciência natural está certa" (Quine, 1992, p.9); mas isso não informa nada, até que saibamos o que a "ciência natural" é. Sugiro várias respostas possíveis, mas Quine parece ter algo mais em mente. Toma a ciência natural como a "teoria dos quarks etc.". O que é "semelhante o suficiente" para ser parte da ciência? Os neurônios são evidentemente considerados, junto com certos processos psicológicos: assim a linguagem, afirma Quine, "está ligada ao nosso *input* neural por mecanismos neurais de associação ou de condicionamento". A evidência empírica é esmagadora, de maneira que a associação e o condicionamento têm pouco a ver com a aquisição da linguagem ou com seu uso, mas isso parece não importar; podemos imaginar por quê. Qualquer que seja a resposta, encontramos exemplos do que Quine prefere (quarks, *inputs* neurais, condicionamento) e não prefere (os sistemas SAL, isto é, os mecanismos operativos como são conhecidos até aqui). Mas não nos são oferecidas razões para as decisões, ou mais que poucos exemplos para sugerir seu escopo.

A "tese naturalística" propôs revelar as mesmas arbitrariedades em outros domínios. Assim, Quine reitera aqui o ponto de vista que, com frequência, tem exposto de que a "reificação dos corpos vem em estágios na aquisição de linguagem de alguém", sendo o "último estágio" o reconhecimento da identidade ao longo do tempo. Se essa for uma hipótese empírica, queremos saber como pode ser levada adiante com tanta confiança.

Ela com certeza não é óbvia ou nem mesmo plausível. Não precisamos manter evidências anedóticas; no passado, os estudos sobre crianças ofereciam razão considerável para que acreditássemos que tal "reificação" aparecia nos primeiros meses de vida, muito antes de qualquer manifestação da linguagem. (Para uma revisão geral, ver Spelke, 1990; sobre trabalho mais recente, ver Baillargeon, 1993; ver também nota 3 deste capítulo.)

Já que as teorias do SAL, às quais Nagel se refere, rejeitam os dogmas sobre associação e condicionamento, e postulam mecanismos que não podem ser (pelo menos, na atualidade, talvez nunca) expressos em termos de quarks ou neurônios, eles, presume-se, não se inserem na ciência, no sentido de Quine. Isso é muito semelhante à Química de um século atrás, ou à Mecânica celeste no tempo de Newton, por raciocínio similar. Talvez a investigação empírica da "reificação" também falhe nos critérios de Quine, pela mesma razão.[3] Parece que somos confrontados com um exemplo extremo de dualismo metodológico, o caráter obscuro das noções de "materialismo" e "eliminacionismo".

Acesso à consciência

Voltemos agora à caracterização do mental em termos de acesso à consciência, produzindo a distinção corpo–mente que muitos defendem. Adotando essa caracterização, Nagel conclui

---

3 Não está claro se Quine chegaria a essa conclusão, por causa de uma distinção que ele faz entre evidência "psicológica" e "linguística". Assim, ao determinar limites de frases, ele aceita a primeira como legítima mas não a última; a primeira inclui experimentos sobre deslocamento perceptual de cliques; a última estuda a dependência referencial, como no caso dos exemplos (1) e (2) adiante. A distinção é misteriosa, particularmente porque em bases naturalísticas a "evidência linguística" é muito mais forte, para não falar do fato de que os dados não vêm categorizados dessa maneira. O que quer que isso signifique, a distinção poderia permitir uma revisão de sua noção de "reificação", ainda que aparentemente não da linguagem. Ver o capítulo 3 sobre referências específicas e discussão.

que o SAL (e o estado atingido, uma Língua-I, daí em diante uma língua) é apenas um mecanismo físico, não um mecanismo psicológico, "pois é incapaz de suscitar pensamentos conscientes subjetivos, cujo conteúdo consiste das próprias regras" (1993, p.109). Suponhamos que uma opção de variação entre línguas tenha a ver com a orientação direita-esquerda, sendo o inglês sintaticamente "orientado para a esquerda" (*"see – the book"* ["veja – o livro"], *"in – the room"* ["na – sala"] etc.) e o japonês "orientado para a direita ("a imagem do espelho, por meio"). Entretanto, John não está consciente, e não pode contar-nos que está estabelecendo o "parâmetro da orientação" como direita-esquerda com base na evidência "veja o livro" etc., ainda que talvez seja exatamente isso o que está acontecendo. De maneira semelhante, Mary não tem consciência de que está usando o princípio (C) da Teoria da Ligação quando interpreta o exemplo (1) de maneira diferente do exemplo (2), excluindo a opção da dependência referencial de *he* ou *Bill* no exemplo (1), mas admitindo-a no exemplo (2). Assim, ela não interpreta (1) como (1'), mas pode interpretar o exemplo (2) como (2') (*he* = *Bill* em ambos os casos):

(1) He thinks Bill is a nice guy.*
(2) The woman he married thinks Bill is a nice guy.**
(1') Bill thinks he is a nice guy.***
(2') The woman Bill married thinks he is a nice guy.****

Além disso, essa falta de consciência atinge a "consciência potencial", uma noção a ser ainda esclarecida. Talvez isso signifique que nenhuma criatura com a faculdade de linguagem de Mary, com esses "mecanismos físicos", possa ter a consciência que Mary não tem, uma verdade empírica importante. Conse-

---

* Ele acha que Bill é um rapaz legal. (N. T.)
** A mulher com quem ele se casou acha que Bill é um rapaz legal. (N. T.)
*** Bill acha que ele é um rapaz legal. (N. T.)
**** A mulher com quem Bill se casou acha que ele é um rapaz legal. (N. T.)

quentemente, as teorias do SAL e da linguagem não atravessam a linha divisória corpo–mente; elas não dizem respeito à mente, aos mecanismos psicológicos.

Para tomar um exemplo de uma área diferente, Mary não está consciente de que está usando um *princípio de rigidez* que interpreta as apresentações visuais como um objeto rígido em movimento, quando vê o que considera um cubo rodando no espaço. E John, de três meses, não pode contar-nos, e talvez não esteja consciente, sobre as crenças em relação à constância do objeto ("reificação") e à trajetória que o leva a esperar que um objeto apareça em uma forma particular, num intervalo de tempo e lugar, depois de passar atrás de uma barreira (ver Spelke, 1990; Baillargeon, 1993). De acordo com isso, não poderemos falar dos estados e propriedades atribuídas a Mary e John como mecanismos psicológicos da visão – pelo menos, se a consciência potencial também estiver faltando nesses casos.

Uma ideia semelhante é apresentada por Michael Dummett, ainda que com uma terminologia diferente. Ele considera as teorias do SAL e da língua atingida como "hipótese psicológica", mesmo que também não ofereça uma "explicação psicológica", porque elas não nos revelam "a forma na qual [o corpo de conhecimento] é expresso"; entretanto, a consciência nos levaria a essa classificação do passado (Dummett, 1991, p.97). Presume-se que o mesmo ocorreria em relação à constância do objeto etc. Aqui, a distinção não é entre mente–corpo, mas entre ciência–filosofia. Para as ciências, as teorias (acuidade à parte) revelam-nos tudo que é relevante sobre a forma na qual o corpo do conhecimento é expresso; entretanto, para a teoria do significado (e, presumivelmente, língua e pensamento de maneira geral, e, talvez, visão, reificação etc.) exige-se algum tipo adicional de explicação, uma "explicação filosófica", que vai além da ciência.

Em ambos os casos, temos uma distinção decisiva – talvez uma distinção metafísica – baseada no acesso à consciência.

A explicação de Nagel segue a de Searle no livro em que está resenhando (ver Burge, 1992). Podemos rastrear o argumento em sua forma contemporânea, voltando à influente distinção de Quine entre "ajustar" e "guiar". Quine faz objeção à doutrina tradicional (reinterpretada na Linguística contemporânea) de que os falantes são "guiados", talvez, por uma "noção de estrutura" inconsciente quanto a formar e interpretar "expressões livres" originalmente criadas (Jespersen, 1924, p.19). Essa é uma "doutrina enigmática", argumenta Quine, talvez totalmente "imbecil" (Quine, 1972, p.447). Talvez possamos falar de guiar apenas quando regras são aplicadas de modo consciente para "causar" comportamento; por outro lado, podemos apenas falar de "ajustar" ou "obedecer" a algum sistema de regras da mesma maneira que um planeta obedece à lei dos corpos cadentes, e não precisamos atribuir "realidade psicológica" a alguma concepção particular da natureza do organismo que "obedece" às regras.

Mais uma vez Quine adota uma forma extrema de dualismo. No caso dos corpos cadentes nos é permitido – na verdade, nos satisfaz – atribuir "realidade física" a uma concepção particular da natureza deles e aos princípios postulados. Sem dúvida, não podemos explicar o estado atingido pela faculdade de linguagem e pelos caminhos por meio dos quais ela entra no comportamento baseados apenas na assunção de que o cérebro tem massa e obedece à lei dos corpos cadentes. É necessário haver mais estrutura. Uma abordagem naturalística continuaria exatamente como no caso dos planetas e das formigas; neste caso, procuraria uma teoria de estado inicial e estado atingido, a relação entre eles e a relação do estado atingido com o desempenho e com os julgamentos, atribuindo "realidade" a tudo aquilo que fosse postulado na melhor teoria que pudesse projetar. O nível de entendimento é muito menor no caso muito mais intricado dos organismos complexos, mas isso não é pertinente aqui.

Uma classificação doutrinária é estabelecida para separar os casos: o que é exigido em um caso (corpos cadentes) é excluído no outro (humanos "acima do pescoço"). Mais uma vez, a consciência faz a diferença, junto com a "causa do comportamento", uma noção com seus próprios problemas incomuns. Temos pouca razão para acreditar que o comportamento normal *é* causado, pelo menos em qualquer sentido conhecido desse termo, e nem mesmo um naturalista metodológico assumiria de forma dogmática o contrário. O raciocínio de Quine pareceria aplicar-se da mesma maneira ao exemplo visual. John e Mary não são "guiados" por princípios de rigidez, constância do objeto, e assim por diante. O comportamento deles apenas "ajusta" esses princípios, na medida em que Mary satisfaz a lei dos corpos cadentes. A teoria dos estados do cérebro que incorpora tais princípios para explicar o comportamento de John e de Mary, embora pudesse muito bem satisfazer os padrões naturalísticos, é metodologicamente deficiente; na melhor das hipóteses, seria enigmática, na pior, imbecil. (Como mencionado, a visão de Quine sobre essa questão é difícil de ser determinada. Ver nota 3.)

Essas ideias aparecem com muitas outras variações. Não é uma tarefa fácil acessá-las. Assim, não é apresentada nenhuma razão plausível para as restrições, nenhuma indicação de que elas sejam mais do que exigências terminológicas, sem nenhum interesse especial. A versão mais desenvolvida é a que Nagel adota de Searle. Passemos a ela.

O dualismo inexplicado da distinção de Quine não parece ter omitido muita preocupação, mas muitos consideram contraintuitivas as consequências da formulação específica. Tomemos o fenômeno da cegueira: Alice, que tem uma deficiência no cérebro, distingue de maneira segura apresentações visuais (digamos, um desenho de uma casa em chamas do desenho de uma que não está), mas insiste em que são idênticas, faltando alguma consciência do que entra em seu comportamento diferencial. Nos termos de Quine, não podemos falar de guia aqui, apenas de ajuste (parece isso; ver Quine, 1992, p.9; n.3). Em outras versões, não podemos atribuir a Alice "representações mentais", ainda que possamos fazer isso em relação a John, que é consciente da diferença e a relata, da mesma maneira que fazia Alice antes de adquirir o problema. No caso de Alice, temos apenas "mecanismos físicos" e, no de John, "mecanismos psicológicos"; ou, num uso diferente, para Alice temos apenas uma "hipótese psicológica", não uma "explicação psicológica", como temos para John. Nada disso parece ter consequências estimulantes.

Searle espera evitá-las apresentando a noção de acesso à consciência *em princípio* – o que Nagel, em sua resenha, chama de *potencial* para a consciência.[4] O "Princípio da Conexão" (PC) exige acessibilidade em princípio para a atribuição de estados mentais e processos. No caso da cegueira, Searle defende que Alice tem acesso em princípio para a apresentação, ou para a regra, ou para o que quer que seja. A cegueira é um caso de "bloqueio", não de "inacessibilidade em princípio", de maneira que podemos falar de processos mentais no caso de Alice, assim como no de John. A conclusão terá substância quando o termo "em princípio" for explicado.

Suponhamos que Jane seja idêntica a Alice (em aspectos relevantes, omitida daqui em diante uma qualificação), exceto por sua história: sua condição neural não foi resultado de um problema pós-natal, mas de um problema na concepção, que a deixou nessa condição. Presume-se que ela também tenha "acesso em princípio"; o PC ainda permanece (do contrário, todo o exercício não teria importância; o tempo do problema dificilmente seria relevante). Suponhamos que esse problema na concepção tenha afetado os genes de tal maneira que produziu a cegueira; mais uma vez, presume-se, o PC continua o mesmo ou os resultados não seriam menos contraintuitivos. Continuando, supo-

---

[4] Para uma discussão completa, ver a apresentação que Searle faz desses pontos de vista em Chomsky, 1990; também os de Ned Block e outros. As objeções são deixadas sem respostas em sua argumentação e no livro subsequente (Searle, 1992).

nhamos que Susan seja idêntica a Jane, exceto que a mudança genética tenha ocorrido devido a uma mutação, de maneira que ela é idêntica a Jane em constituição genética, ainda que não sofra de cegueira por causa de algum dano, da mesma maneira que Alice e Jane. Mais uma vez, o PC precisa permanecer o mesmo, ou o exercício não teria importância. Susan, então, sofre apenas de "bloqueio". Suponhamos que a propriedade genética de Susan seja transmitida, levando finalmente a novas subespécies. Temos agora as espécies de John e as espécies de Susan, exatamente como em seus mecanismos perceptuais. Os membros das espécies de Susan são inconscientes disso e não são capazes de relatar as representações mentais e as regras que os guiam. Mas as duas subespécies são também indistinguíveis; e há até alguma identidade de espécies cruzadas de mecanismos visuais, como no caso de Alice e Jane depois do dano. Já que o PC de Susan permanece o mesmo, presume-se que as espécies de Susan permaneçam também; do contrário, mais uma vez, teríamos preceitos terminológicos sem qualquer importância.

Tomemos agora o caso da linguagem. Suponhamos que descubramos que nossa história evolutiva corresponda à das espécies de Susan, isto é, que nossos antepassados fossem na verdade espécies de John, conscientes de como estabeleceram o parâmetro principal, determinada dependência referencial e assim por diante, e capazes de descrevê-los de forma clara para cientistas marcianos que os estavam observando. Mas ocorreu uma mutação (ou, talvez, um dano que causou uma mudança genética, como no caso de Jane) e se propagou, trazendo a nós uma espécie de Susan privada dessa habilidade. Suponhamos que até cheguemos a descobrir que ainda não testamos os informantes corretos. As duas subespécies estão intercombinadas e se comportam exatamente da mesma maneira; com pouca pesquisa sobre consciência, nenhum de nós e nenhum cientista pode perceber qualquer diferença entre os membros. O PC continuou o mesmo para a espécie inicial de John e para os seus remanescentes entre nós; daí, para nós também, a menos que escolhamos tomar decisões terminológicas as quais, como antes, revelam que todo o esforço foi inútil. Mas esse é um resultado totalmente equivocado. O cerne do exercício foi demonstrar que a pesquisa naturalística em linguagem e mente não produz "realidade psicológica" ou "mecanismos psicológicos" ou "explicações psicológicas" ou "guia", por meio de regras. Na verdade, o PC precisa determinar que não temos acesso aos mecanismos e à sua operação *em princípio*. Não sofremos de mero "bloqueio"; em vez disso, os mecanismos de nosso cérebro são "incapazes de suscitar pensamentos conscientes subjetivos, cujo conteúdo consiste de suas próprias regras" (Nagel, 1993, p.109), porque tudo isso está fora da consciência *potencial*.

Para salvar a história, parece que precisamos insistir em que a espécie de John não pode existir no caso da linguagem (ainda que possa, e pode, no caso da cegueira, em específico humana): é impossível existir um organismo exatamente como nós, a não ser que tenha total consciência do conteúdo das regras que está seguindo à medida que aprende (e usa) uma língua. Isso, ao final, parece uma hipótese empírica, não um preceito terminológico. Com que bases afirmamos isso? Ou, se dizemos que não é empírica, mas conceptual, quais são as bases para isso? E, se a aceitamos ou não – como uma tese empírica ou conceptual –, que interesse isso tem? Como ela difere de algum pronunciamento sobre "a essência da Química" (elétrica, óptica etc.)?

Questões semelhantes surgem no caso da percepção do objeto, discutida antes, e podem ser elaboradas dificuldades que levam a paradoxos ainda maiores. Nenhuma dessas questões aparece em pesquisa naturalística, que não tem espaço para noções como "acesso em princípio" ou "consciência potencial" ou PC, e para nenhuma noção de "explicação filosófica" fora da explicação, e para nenhuma categoria privilegiada de evidência (como consciência ou evidência "psicológica" *versus* "linguística"), nenhuma distinção mente–corpo, nenhum dualismo metodológico (ou outro).

O esforço em manter esses dualismos é uma reminiscência de tentativas de salvar a ideia de que o conhecimento é um tipo de habilidade, em face do fato de que a habilidade pode aumentar ou diminuir – ou mesmo estar de todo perdida – enquanto o conhecimento permanece inalterado, como ilustrado, por exemplo, pela perda da habilidade de falar (nadar etc.), depois de um dano e de uma recuperação sem *input* relevante como efeitos da superação do problema. A conclusão natural é que o conhecimento (como..., que..., ou o que quer que) tem um elemento cognitivo decisivo, e a habilidade para usar o conhecimento não deve ser confundida com o conhecimento. Para evitar essa conclusão, um novo conceito técnico é construído com as propriedades do conhecimento – denominado "habilidade" –, mas distinto do conceito ordinário, um movimento que é particularmente estranho, quando realizado em defesa de um ponto de vista de Wittgenstein. (Ver nota 4 para referências e discussão.)

Variedades adicionais de dualismo

Na literatura especializada, muito dessa discussão sobre seguir a regra assume um tipo de modelo aritmético, ou de regras de trânsito, ou de regras de gramática, ou outras, com um caráter normativo. Uma característica determinante de seguir a regra, então, é que o erro precisa ser possível no sentido de violação da norma. Qualquer que seja o interesse dessa discussão, não é o ponto central aqui. Regras de língua – por exemplo, os princípios de GU, ou os que guiam os julgamentos de Mary sobre os exemplos (1) e (2), acima (ver p.173) – não são normativos nesse sentido. Os julgamentos de Mary e outros comportamentos podem ser "um erro", por várias razões; por exemplo, falta de atenção ou dificuldade de análise (como em sentenças *garden path** ou em

---

* Denominadas, em português, frases labirinto, devido a sua ambiguidade. (N. T.)

expressões que abafam as capacidades perceptuais). Mary também pode decidir violar suas regras, talvez por razões muito boas, digamos para dar um efeito literário. Julgamentos e comportamento podem também ser inconsistentes com normas, de muitas maneiras: normas estipuladas em várias estruturas de autoritarismo, prática comum em comunidades de infinitos tipos de variação a que indivíduos podem estar associados, por escolha ou por pressão externa, e assim por diante. Várias questões aparecem a partir de fatos, política etc., mas parece não haver nenhuma em termos de princípio, a não ser as questões que reduzem os argumentos céticos, sem qualquer interesse especial para a presente discussão. (Para discussão adicional, ver Chomsky, 1986.)

Devemos falar de "seguir regras" no caso dos julgamentos e do comportamento linguístico de Mary? A questão não é muito interessante, por razões já mencionadas; ninguém espera que um discurso comum sobreviva à transição para uma teoria explicativa. Entretanto, falar de Mary como seguindo regras neste caso estaria mais próximo de um uso comum do que a convenção do padrão filosófico que exige uma ligação com a consciência. Na verdade, isso se mantém muito perto do uso comum, com exceção de um aspecto. Nós usamos de modo típico o termo "seguir a regra" no caso de *desvio* das normas da comunidade, da não observância delas, como no uso técnico do discurso filosófico. Assim, se Johnny diz *I brang my lunch home* (Eu trazi meu almoço para casa), o uso normal seria o de estar seguindo a regra de *sing*, etc. – de modo equivocado, nessas formas de autoridade ou em alguns outros padrões em que se exige "trouxe". O mesmo ocorre se ele usa *puppy* (filhotinho) para se referir a filhotes, seguindo a regra de que pequenos animais domésticos de estimação são *puppies* (filhotinhos). Alguém mais atento pode, de forma comparativa, tecer comentários sobre as regras de pronúncia que ele segue. Se todos os adultos morressem e Johnny e seu grupo sobrevivessem, iriam continuar a seguir suas regras particulares e individuais, exceto que agora seriam regras de uma língua humana perfeitamente normal que difere do inglês-padrão nestes (e em outros) aspectos. Nesse caso, entretanto, não iríamos normalmente dizer que Johnny está seguindo a regra porque o termo raramente é usado para a observância de normas e padrões. Assim, apenas linguistas iriam dizer que Mary está seguindo o Princípio (C) da Teoria da Ligação, nos exemplos (1) e (2), ou seguindo as intricadas e complexas regras de se referir a objetos, quando fala sobre sua casa.

Quando atribuímos seguir a regra da maneira normal – digamos, para Johnny no caso acima –, não pretendemos sugerir que aqueles que seguem as regras estão (ou poderiam estar) conscientes de seguir as regras de escolha para se expressar daquela maneira. Aqueles que falam do "fato de que o significado linguístico envolve seguir regras" de forma deliberada estão usando o termo "seguir regras" num sentido técnico do discurso filosófico, não na maneira convencional (Baldwin, 1993, p.187, citando P. Pettit). Acho que o mesmo é verdadeiro para outros termos do discurso filosófico, incluindo "conhecimento", "conteúdo" e "referência", entre outros. (Para alguma discussão, ver publicações citadas antes e o capítulo 2 deste volume.)

Na teoria naturalística de Língua(-I) – internalista e individualista – as conclusões podem ser dirigidas sobre o que devemos fazer, mas apenas em imperativos hipotéticos não interessantes (se quisermos rimar algo com *tower* ou nos referir a narcisos, usemos *flower* e não *book*). Essa normatividade, uma consequência regular do conhecimento, é muito abundante num contexto naturalístico, mas não o tipo que aparece quando perguntamos se Bill deve mudar seu uso de "artrite" para se conformar ao do médico, uma questão de um tipo muito diferente, com resposta não definida, fora a especificação de uma ou outra região em um espaço muito intricado de interesses e preocupações humanas.

Uma questão relacionada a isso é a noção de língua como uma "propriedade da comunidade" de algum tipo, como quando dizemos que Hans e Maria falam alemão, mesmo que não possam entender um ao outro, e que Hans não fala holandês, ainda que entenda muito bem o holandês falado na fronteira. Ou quando dizemos que Pierre e seu filho Jean, falantes monolíngues de francês que se mudaram para Nova York, estão aprendendo inglês, no que Jean será bem-sucedido, ainda que Pierre vá sê-lo apenas de modo parcial. Ou que Johnny, com seus "equívocos" sobre *brang*, *puppy* e a pronúncia de seu nome, não fala nenhuma língua de jeito nenhum (uma falha estranha no uso normal), ainda que vá falar inglês algum dia e que tenha um conhecimento parcial dele hoje, e que sua Língua-I corrente seria uma língua normal se ela se perpetuasse como foi descrito. Uma vasta gama de usos como esses não constitui nenhum problema na vida cotidiana, mas é de pouco interesse para o esforço de entender o que a língua é e como ela é usada. Não é uma questão de idealização; não há idealizações perceptíveis, além das *áreas* reificadas por nós, ao deixarmos claro o que queremos dizer com a declaração de que John mora perto de Mary, mas longe de Bill. Algumas vezes, esses usos estão codificados em "línguas nacionais", algumas vezes até mesmo impostos à força. As tentativas de relacionar noções de "língua comum" a culturas apenas tornam as coisas piores. De forma típica, uma pessoa será parte de muitas comunidades e culturas, com apenas fracas correlações entre as formas de associação. Jones pode participar de uma cultura comum – com valores compartilhados, crenças, entendimentos etc. – com um falante monolíngue de alguma língua de que ele não conheça uma só palavra, talvez em maior parte do que com seu irmão gêmeo idêntico, com quem cresceu e cujo discurso é virtualmente indistinguível de seu próprio. Nada disso tem a ver com comunicação bem-sucedida. Não precisamos assumir pronúncias ou significados compartilhados como responsáveis por isso mais do que assumimos formas compartilhadas como responsáveis por pessoas que se parecem.

Mais uma vez, podemos descrever as inumeráveis situações que surgem, e seu estudo é legítimo e útil. Se realizado de maneira séria, tal estudo pressupõe o que é aprendido da pesquisa naturalística na faculdade de linguagem. Entretanto, tentativas de basear teorias de pronúncia ou significado (com pronúncias comuns e significados comuns) em propriedades de comunidades pode apenas levar a confusão. Tais tentativas mais uma vez ilustram o tipo de dualismo que nunca seria levado a sério fora do domínio do mental.

Outra forma de dualismo que aparece na discussão da aquisição da linguagem é ilustrada por um curioso debate sobre o ser "inato" ou sobre a "hipótese do ser inato". O debate apresenta apenas uma face: ninguém defende essa hipótese, nem mesmo aqueles a quem é atribuída (eu, em especial). A razão é que essa hipótese não existe. Há certas propostas sobre o estado inicial da faculdade de linguagem (SAL, GU). Elas não são questionadas pelos críticos. Em vez disso, consideram a iniciativa algo falho, ao que parece em relação a alguma assunção dualista. Questões similares não aparecem quando as propostas se referem a outros aspectos do crescimento, e nenhuma razão tem sido apresentada para sustentar por que são apropriadas aqui. Teses alternativas de uma natureza muito geral têm sido apresentadas: por exemplo, que os "mecanismos gerais de ensino" são suficientes, sem nenhuma necessidade de assumir propriedades específicas da faculdade de linguagem. Tais teses não podem ser discutidas até que saibamos quais são esses mecanismos. As propostas específicas que têm sido feitas não são dignas de discussão, se consideradas em bases naturalísticas, de maneira que precisamos ser motivados por outras exigências, de natureza dualista.

O behaviorismo de Quine é uma variação dessa forma de dualismo.[5] O autor argumenta que "a abordagem behaviorista é obrigatória" (Quine, 1990, p.37) para o estudo da linguagem porque, ao adquirirmos a linguagem, "dependemos estritamente de um comportamento aberto em situações observáveis" (ibidem,

---

5 Para uma recente exposição, ver Quine, 1990; para uma discussão mais extensiva de uma versão anterior (essencialmente idêntica), ver Chomsky, 1987, e aqui o capítulo 3.

p.38). Por um argumento semelhante, a abordagem nutricionista é obrigatória em embriologia porque, na passagem de um embrião ao estado maduro, o organismo depende estritamente da nutrição fornecida de fora; da mesma maneira que os linguistas precisam ser behavioristas, os biólogos precisam ser nutricionistas, restringindo a si mesmos à observação dos *inputs* nutricionais. A falácia deste último argumento é aparente; a mesma falácia mina o primeiro também. Apenas assunções dualistas radicais permitem que a questão seja até mesmo discutida. Talvez o real estudo da linguagem seja conceitualmente inválido, mas, a fim de estabelecer isso, não é suficiente exigir que o linguista abandone a pesquisa naturalística – como fazem Quine e seus seguidores – e adote preceitos arbitrários, a não ser por seus antecedentes históricos, de todo irrelevantes.

O paradigma da tradução radical de Quine está intimamente relacionado com isso. No estudo naturalístico da interação entre os organismos (células, insetos, pássaros, golfinhos...), tentamos descobrir quais estados internos tornam a interação possível, produzindo interpretações dadas aos sinais. No estudo da linguagem humana, o caminho está bloqueado. O estudo da interação precisa se manter nos limites estipulados: é permitido ao cientista investigador registrar barulhos de uma maneira específica, para distinguir algumas características da situação, para testar a concordância ou a discordância para a pesquisa "Isto é um X?", e para pôr em prática a iniciação elementar, mas nada mais. Várias sugestões são dadas quanto às características admissíveis, a escolha de X etc. Além do mais, Quine alega que essa é também a situação epistemológica da criança adquirindo a linguagem e da pessoa num intercâmbio de comunicação. Os três casos são muito diferentes em caráter: a criança vem equipada com o estado inicial de linguagem (SAL, GU); a pessoa num intercâmbio de comunicação, com as propriedades do estado atingido; o linguista, com a faculdade de formação de ciência e com o resultado da pesquisa anterior em linguagem. Entretanto, não é importante resolver essa questão porque há um problema mais fundamental: o dualismo radical de toda a abordagem. Nada remotamente similar seria tolerado no estudo de outros organismos ou aspectos de humanos que não caísse na categoria descritiva tradicional do "mental".

Com base neste paradigma, bastante adotado e discutido, são extraídas conclusões de longo alcance sobre linguagem e pensamento. Parece ser um exercício intelectual sem sentido se a intenção é esclarecer a natureza da comunicação, a aquisição ou o estudo da linguagem e do pensamento. Ao menos que eu saiba, nenhuma justificativa satisfatória tem sido oferecida para isso, nem qualquer explicação de por que a abordagem deva ser adotada (ou mesmo considerada) neste caso particular. Se o objetivo é aprimorar o entendimento dos conceitos de crença, intenção, significado e coisas semelhantes, os critérios para avaliação são mais obscuros, mas é difícil perceber por que as condições específicas estipuladas devam ser privilegiadas nesta pesquisa conceptual.

O paradigma fundamenta outras iniciativas dualistas. Adaptando-o às suas próprias preocupações, Davidson argumenta que o objetivo do estudo descritivo do significado é construir uma teoria que "seja o modelo da competência linguística do intérprete", mas que isso "não acrescenta nada a esta tese para que se diga que, se a teoria não descreve de forma correta a competência de um intérprete, alguns mecanismos no intérprete precisam corresponder à teoria" (Davidson, 1986b, p.438). Como Quine, estabelece o que deve ser considerado uma evidência relevante: "o que está aberto à observação é o uso de sentenças no contexto", nada mais. Algumas teorias podem apresentar "referência e noções semânticas relacionadas", mas não pode "haver nenhuma questão sobre a correção desses conceitos teóricos, além da questão de se eles produzem uma explicação satisfatória sobre o uso de sentenças" (Davidson, 1990, p.300). Posições semelhantes têm sido desenvolvidas por Dummett e outros (ver Davidson, 1986b; 1990a; sobre a versão de Dummett, ver Chomsky, 1986).

Mais uma vez, ideias comparáveis não seriam levadas a sério no estudo de outros sistemas. A evidência será restrita ao uso de sentenças pelo falante (ou alguma comunidade selecionada) somente se continuarmos com o paradigma de tradução radical ou com alguma outra restrição arbitrária. Abordando o tópico como nas ciências, iremos procurar todo tipo de evidência. Por exemplo, as evidências extraídas do japonês serão usadas (e comumente são usadas) para o estudo do inglês; de maneira muito racional, são baseadas na assunção empírica bem fundamentada de que as línguas são modificações do mesmo estado inicial. De modo semelhante, podem-se encontrar evidências com base em estudos de aquisição de linguagem e percepção, afasia, linguagem signo, atividade elétrica do cérebro e muito mais. Isso acrescenta muita coisa aos mecanismos postulados no intérprete que "correspondem à teoria", já que é precisamente essa iniciativa que sujeita a teoria a uma grande variedade de evidências para além dos preceitos da tradução radical. A injunção de Davidson apenas exclui a pesquisa naturalística da natureza do intérprete. Esforços para verificar e aprimorar a explicação postulada são declarados ilegítimos ou, talvez, irrelevantes por alguma razão. O mesmo se diz de muitas outras variações.

Nessa reconstrução histórica das origens da "Teoria da Teoria", Stephen Stich observa que com "o declínio do dualismo cartesiano os filósofos começaram a procurar uma maneira de localizar o mental *dentro* do físico, identificando eventos mentais com algumas categorias de eventos no mundo físico" (Stich, 1983, p.14). Essa busca poderia ter assumido duas direções, observa ele: uma tentativa de "definir o vocabulário mental em termos *neurológicos*" (ibidem), ou uma análise de conceitos mentais em termos de comportamento, levando ao behaviorismo filosófico. O último prevaleceu, argumenta. O que acabou de ser apresentado é uma linha muito influente, sem características redentoras, até onde posso perceber. A outra direção tem também sido adotada, mas, da mesma maneira, tem sido corrompida pelo dualismo injustificado.

Antes de passarmos a ela, vamos tecer alguns poucos comentários sobre essa maneira de enquadrar a questão. Primeiro, as razões para o colapso do dualismo cartesiano são um tanto mal interpretadas: como observado, a teoria do corpo é que foi refutada, não deixando nenhum problema inteligível do corpo–mente, nenhuma noção de "físico" etc. Nesse universo, temos apenas a abordagem naturalística: é apropriado construir uma teoria explicativa, quaisquer que sejam os termos, e enfrentar o problema da unificação. Segundo, no momento trata-se apenas de um desejo de que "termos neurológicos" sejam relevantes para o problema da unificação. Finalmente, não há razão para tentar definir o "vocabulário mental" do discurso ordinário numa estrutura naturalística, da mesma maneira que nenhuma delas contempla isso para o "universo físico", pelo menos no período moderno. Stich chega a uma conclusão semelhante, mas não está claro por que chega a exigir um argumento, deixando o preconceito dualista à parte.

A pesquisa naturalística sobre a mente produz teorias sobre o cérebro, seus estados e propriedades. A GU, por exemplo. Ninguém sabe como começar a relacionar essas teorias às propriedades de átomos, células, neurônios ou outras estruturas conhecidas do cérebro. A disparidade entre as teorias da mente e o que tem sido aprendido sobre neurofisiologia "cria uma crise para aqueles que acreditam que o sistema nervoso é preciso e 'bem amarrado' como um computador", conclui o biólogo Gerald Edelman (1992, p.27 et seq.); e para as teorias das redes neurais e conexistas também. As variadas histórias individuais do sistema nervoso e a "enorme variação estrutural individual" de cérebros fornece "o golpe de misericórdia (na verdade, vários golpes)!" (ibidem, pós-escrito) nas tentativas de construir teorias de redes neurais ou computacionais da mente. Parece que Edelman considera isso verdadeiro, não importando quão bem-sucedidos esses estudos possam ser, agora ou em qualquer momento, pelos padrões da ciência (explicação, compreensão etc.).

Por uma lógica semelhante, poderíamos ter argumentado não muito tempo atrás que há uma crise terrível no estudo da matéria e dos organismos, no que se refere a cores, valências, estado sólido e uma multidão de outras propriedades; e antes, para a investigação da eletricidade e do magnetismo, do movimento planetário e celeste etc. Virtualmente, toda a ciência estava em crise por causa do enorme abismo entre o que havia sido aprendido sobre esses tópicos e os princípios da filosofia mecânica (ou da muito mais recente Física). Edelman percebe que a crise é real, mas mal colocada.

Quanto à "enorme variação" em estrutura de cérebros e experiência, isso nos diz pouco. Não muitos anos atrás, as línguas pareciam diferir umas das outras de forma tão radical quanto as estruturas neurais diferem do ponto de vista de muitos especialistas hoje, e foram consideradas meros reflexos da experiência infinitamente variável. Qualquer sistema complexo parecerá uma inútil cadeia de confusão antes que seja entendido e que seus princípios de organização e função sejam descobertos. Edelman argumenta que introduzir considerações sobre significado irá de alguma maneira superar os problemas das abordagens "formalistas". Ele as interpreta mal – seus poucos comentários indicam isso –, mas mais importante que isso é o ponto de vista equivocado sobre a semântica. As propriedades semânticas simples colocam todos os problemas que Edelman percebe em termos de teorias e construções sintáticas. Elas são governadas por regras delineadas e estabelecidas de modo acurado, em relativa independência de experiências e aspectos conhecidos da estrutura neural; daí elas também induzirem à "crise" causada pelo abismo entre o algoritmo aparente, o caráter digital da língua e a observada variabilidade e o fluxo contínuo da experiência individual e a estrutura neural. Enfrentamos um típico problema de unificação nas ciências, que pode, como com frequência ocorreu no passado, exigir que a ciência mais "básica" seja remodelada em sua essência, para que seja integrada com teorias explicativas de sucesso em outros níveis.

Várias soluções têm sido propostas para lidar com a "crise". Uma é a proposta de que "o mental é o neurofisiológico num nível mais elevado". Ela poderia ser considerada verdadeira, mas no momento é uma hipótese sobre o neurofisiológico, não uma caracterização do mental; algo parece estar errado à luz do que já foi compreendido. Outra solução é a versão do "materialismo eliminativo", que defende que devemos nos concentrar em neurofisiologia, com todo o mérito de uma proposta apresentada algum tempo atrás de que a Química devia ser abandonada em favor do estudo das partículas sólidas em movimento, ou de que os embriologistas devem seguir o mesmo caminho. Há uma literatura substancial questionando quais seriam as implicações se os modelos da rede neural (conexistas) pudessem explicar os fenômenos que têm sido explicados com referência a sistemas computacionais-representacionais. Tal discussão pode parecer de caráter naturalístico, mas isso está longe de ser esclarecido. Poucos biólogos ficariam intrigados pela sugestão de que sistemas desestruturados com propriedades desconhecidas poderiam, algum dia, tornar possível a explicação para o desenvolvimento de organismos, sem apelar para construções complexas, em termos de concentração de químicos, para o programa interno da célula, para a produção de proteínas e assim por diante.

Em alguns domínios – o da língua em particular – teorias bem-sucedidas são em geral do tipo computacional-representacional, um fato que causa considerável apreensão. Para aliviá-la, os modelos de computador são, com frequência, solicitados para mostrar que temos instâncias robustas e vigorosas do tipo: a Psicologia estuda então os problemas de *software*. Essa é uma iniciativa dúbia. Os artefatos estabelecem questões que não aparecem no caso dos objetos naturais. Se algum objeto é uma chave ou uma mesa ou um computador depende da intenção do *designer*, do uso-padrão, do modo de interpretação e assim por diante. As mesmas considerações aparecem quando questionamos se o mecanismo está funcionando mal, seguindo uma regra etc. Não há tipo natural ou caso normal. Essas questões não aparecem no estudo de moléculas orgânicas, das asas dos frangos, da faculdade da linguagem ou de outros objetos naturais. A crença de que havia um problema a ser resolvido, além dos problemas normais, reflete um dualismo injustificado; a cura proposta é pior do que a doença.

Essas observações apenas tocam a superfície dos elementos dualistas em muitos dos mais sofisticados e influentes pensamentos sobre linguagem e mente. Elas deviam ser ou justificadas ou abandonadas. A crítica da abordagem naturalística também me parece falha. Há, penso eu, boa razão para examinar mais de perto doutrinas que têm sido assumidas de maneira muito casual, e se não resistirem a tal exame deveremos questionar a razão de parecerem tão convincentes.

5
A linguagem como objeto natural

Gostaria de discutir uma abordagem da mente que toma a linguagem e os fenômenos similares como elementos do mundo natural a ser estudados por meio de métodos ordinários de pesquisa empírica. Usarei os termos "mente" e "mental" aqui sem significação metafísica. Assim, entendo "mental" como estando no mesmo nível de "químico", "óptico" ou " elétrico". Certos fenômenos, eventos, processos e estados são chamados de maneira informal de "químicos" (etc.), mas nenhuma classificação metafísica é sugerida a partir daí. Os termos são usados para selecionar certos aspectos do mundo como um foco de pesquisa. Não procuramos determinar o verdadeiro *critério do químico*, ou a *marca do elétrico*, ou os *limites do óptico*. Usarei o termo "mental" da mesma maneira, com sua significação ordinária, mas sem implicações profundas. Com o vocábulo "mente" quero indicar apenas os aspectos mentais do mundo, sem maior interesse aqui do que em outros casos de estabelecer de maneira acurada os limites ou encontrar um critério.

Usarei os termos "linguístico" e "linguagem" da mesma maneira. Focalizei minha atenção em aspectos do mundo que fazem parte dessa rubrica informal e tentei entendê-los melhor. Ao fazer isso, posso – e parece que consegui – desenvolver um conceito mais ou menos semelhante à noção informal de "linguagem", e defendo que tais objetos estão entre as coisas no mundo, junto com moléculas complexas, campos elétricos, o sistema visual humano e assim por diante.

Uma abordagem naturalística dos aspectos linguísticos e mentais do mundo procura construir teorias explicativas inteligíveis, tomando como "real" o que somos levados a questionar e esperando uma unificação com a "essência" das ciências naturais: unificação, não necessariamente redução. Uma redução em larga escala é rara na história das ciências. De forma comum, a ciência mais "fundamental" tem precisado passar por uma revisão radical para que a unificação continue. O caso da Química e da Física é um exemplo recente: a explicação de Pauling sobre o vínculo químico unificou disciplinas, mas apenas depois da revolução do *quantum* na Física, tornou esses passos possíveis. A unificação de grande parte da Biologia com a Química, poucos anos depois, poderia ser considerada uma redução genuína, mas incomum e sem significado epistemológico ou qualquer outro: a "expansão" para incorporar o que foi conhecido sobre valência, a tabela periódica, e assim por diante, não são formas de unificação menos válida. No caso em questão, as teorias da linguagem e da mente, que parecem mais bem estabelecidas em bases naturalísticas, atribuem à mente/cérebro propriedades computacionais de um tipo bem compreendido, ainda que nada seja conhecido de maneira suficiente para explicar como a estrutura construída de células pode ter tais propriedades. Isso estabelece um problema de unificação, mas de um tipo conhecido.

Não sabemos como uma eventual unificação poderia proceder neste caso, ou se descobrimos as categorias certas para procurar unificar, ou mesmo se a questão está a nosso alcance cognitivo. Apenas não temos nenhuma garantia para assumir que as propriedades mentais devem ser reduzidas a "propriedades de rede neurais", para assumir uma reivindicação típica (ver Patricia Churchland, 1994). Pronunciamentos semelhantes têm se mostrado falsos em outros domínios e não apresentam nenhum mérito científico particular neste caso. Se a tese sobre as redes neurais for entendida como uma proposta de pesquisa, muito bem – esperemos e vejamos. Se a intenção é mais abrangente, surgem questões sérias.

Quanto à questão do alcance cognitivo, se os humanos são parte do mundo natural e não seres sobrenaturais, então a inteligência humana tem seu escopo e seus limites determinados pelo *design* inicial. Podemos assim antecipar que certas questões não cairão em seus alcances cognitivos; desse modo, os ratos são incapazes de atravessar labirintos com propriedades numéricas por lhes faltarem conceitos apropriados. Poderíamos chamar tais questões de "mistérios para humanos", assim como algumas estabelecem "mistérios para os ratos". Pode ser que entre esses mistérios sugiramos algumas questões e não saibamos como formular outras de maneira apropriada. Esses truísmos não pesam sobre os humanos, como se tivessem uma inteligência "débil". Não condenamos os embriões humanos como "débeis" porque suas instruções genéticas são ricas o suficiente para capacitá-los a se tornar humanos e, daí, bloquear outros caminhos de desenvolvimento. Todos aplaudiriam se as "questões passassem da condição de Mistérios que Podemos Apenas Contemplar em Êxtase para Problemas de Pensamento que Estamos Começando a Resolver" (ibidem).[1] Demonstrar a mudança em relação a questões de preocupação tradicional não é algo pequeno, e podemos questionar de maneira justa se os horizontes permanecem tão remotos quanto sempre foram, talvez por razões enraizadas na dotação biológica humana.

---

1 O alvo do comentário derrisório é a obra *O problema da consciência*, de Colin McGinn (1991). O autor aponta a falácia do argumento. Ver também McGinn, 1993; Chomsky, 1995.

Daniel Dennett argumenta que a noção de "limite epistemológico", ainda que "doutrinariamente conveniente", é instável na dimensão retórica, porque "Chomsky e [Jerry] Fodor têm aclamado a capacidade dos cérebros humanos de analisar e, daí, entender a infinidade oficial de sentenças gramaticais de uma língua natural"; isso inclui "aquelas que melhor expressam as soluções para os problemas de livre vontade ou consciência", as quais, de forma equivocada, afirma que declarei como sendo "sem limites" (Dennett, 1991, p.10). Entretanto, mesmo que as soluções pudessem ser formuladas em língua humana – o que deve ser demonstrado, não declarado –, o argumento seria falacioso. Primeiro, como todos sabem, as expressões de língua natural são com frequência impossíveis de ser analisadas (não apenas por causa de seu comprimento ou sua complexidade em algum sentido independente da natureza da faculdade de linguagem). Segundo, mesmo que uma interpretação seja analisada ou estabelecida, ela pode ser completamente incompreensível; é muito fácil encontrar exemplos disso.

A história das ciências avançadas oferece alguns esclarecimentos para a questão da unificação. Tomemos como um ponto inicial a "filosofia mecânica", que atingiu seu apogeu no século XVII: a ideia de que o mundo é uma máquina do tipo que poderia ser construída por um artesão capacitado. Essa concepção do mundo tem suas raízes no entendimento do senso comum, do qual extraiu a assunção decisiva de que os objetos podem interagir apenas por meio de contato direto. Como se sabe, René Descartes argumentou que certos aspectos do mundo – de forma decisiva, o uso normal da linguagem – estão postos fora dos limites do mecanismo. Para explicá-los, postulou um novo princípio; em sua estrutura, uma segunda substância, cuja essência é o pensamento. O "problema da unificação" apareceu como uma questão sobre a interação do corpo e da mente. Esse dualismo metafísico era naturalístico em essência, usando a evidência empírica para teses factuais sobre o mundo – teses erradas, mas, então, transformadas em regra.

A teoria cartesiana entrou em colapso logo depois, quando Isaac Newton demonstrou que o movimento terrestre e planetário está posto fora dos limites da filosofia mecânica – além do que foi entendido como corpo ou matéria. O que permaneceu foi o quadro de um mundo que era "antimaterialista" e "confiava de maneira convicta em forças espirituais", como explica Margaret Jacob (1988, p.97).

A evocação da gravidade proposta por Newton foi condenada com vigor por cientistas de ponta. E. J. Dijksterhuis declarou que

> os líderes da verdadeira filosofia mecânica consideravam a teoria da gravidade (para usar as palavras de Boyle e Huygens) uma reincidência nas concepções medievais que haviam sido derrubadas e um tipo de traição contra a boa causa da ciência natural. (Dijksterhuis, 1986, p.479)

A "força misteriosa" de Newton foi um retorno à idade das trevas, das quais os cientistas haviam "se emancipado", "a Física escolástica de qualidades e poderes", "os princípios explicativos animistas" e coisas do gênero, que admitiam a interação sem "contato direto". Era como se "Newton tivesse declarado que o sol gerava nos planetas uma qualidade que os fazia descrever elipses". Em sua correspondência, Leibniz e Huygens condenam Newton por abandonar saudáveis "princípios mecânicos" e retornar a "simpatias e antipatias" místicas, a "qualidades imateriais e inexplicáveis". Newton parece ter concordado. O contexto de seu famoso comentário "Eu não construí nenhuma hipótese" foi uma expressão de preocupação com sua falta de habilidade de "designar a causa desse poder" da gravidade, que então se afastava das "causas mecânicas". Ele, portanto, precisava se contentar com a conclusão de que "essa gravidade não existia realmente", com suas leis explicando "todos os movimentos dos corpos celestes e de nosso mar" – ainda que tenha considerado o princípio que postulou um "absurdo". Até o fim de sua vida, Newton procurava algum "espírito sutil que invadia e que ficava escondido em todos os corpos brutos" que pudesse explicar a interação, a atração elétrica e a repulsão, o efeito da luz, da sensação e o meio como os "membros dos corpos animais se movem ao comando da vontade". Esforços semelhantes a esse continuaram por séculos.

Essas preocupações, nas origens da ciência moderna, têm um pouco do sabor da discussão contemporânea do "problema do corpo-mente". Elas também suscitam questões sobre o que está em jogo. Thomas Nagel observa que "as várias tentativas de colocar em prática essa tarefa aparentemente impossível [de reduzir a mente à matéria] e os argumentos para demonstrar que tais tentativas haviam falhado constituem a história da filosofia ao longo dos últimos cinquenta anos". A tarefa inútil é "completar o quadro do mundo materialista" traduzindo explicações dos "fenômenos mentais" em "uma descrição de que ele é ou explicitamente físico ou apenas usa termos que podem ser aplicados ao que é inteiramente físico", ou talvez dê "condições de assertividade" em "bases observáveis externamente" (Nagel, 1993, p.99). Numa instrutiva revisão de um século da filosofia da mente (ver também aqui o capítulo 4), Tyler Burge discute a emergência do "naturalismo" ("materialismo", "fisicalismo") nos anos 60 como "uma das poucas ortodoxias na filosofia americana" (1992, p.32). Seu ponto de vista é de que não há estados mentais (propriedades etc.) "além dessas entidades físicas comuns, entidades identificáveis nas ciências físicas ou entidades que seriam consideradas físicas pelo senso comum" (ibidem, p.31; ver também aqui o capítulo 4).

Tal discussão assume, de modo contrário ao de Newton e de seus contemporâneos, que Newton permaneceu no "quadro do mundo materialista"; isso seria verdadeiro se entendêssemos "o quadro do mundo materialista" como o constructo de qualquer ciência, ainda que se afastasse das "causas mecânicas". Para dizê-

-lo de uma maneira diferente, as discussões pressupõem algum entendimento anterior do que é físico ou material, do que são as entidades físicas. Esses termos tinham algum sentido na filosofia mecânica, mas o que querem dizer num mundo baseado na "força misteriosa" de Newton ou, ainda, em noções mais misteriosas, como campos de força, espaço curvo, fios monodimensionais infinitos em um espaço decadimensional ou em qualquer coisa que a ciência engendre no futuro? Sem um conceito de "matéria" ou "corpo" ou "físico", não temos nenhum modo coerente de formular questões relacionadas ao "problema do corpo–mente". Esses foram problemas reais da ciência nos dias da filosofia mecânica. Desde o seu fim, as ciências postularam o que quer que achasse um espaço numa teoria explicativa inteligível, não importando quão ofensivo isso pudesse ser ao senso comum. Essas apreensões só se justificam de maneira específica em relação ao domínio do mental e não em relação a outros aspectos do mundo se baseadas em assunções dualísticas injustificadas.

O antimaterialismo dos seguidores de Newton rapidamente se estabeleceu. Até a metade do século XVII, os compromissos materialistas de Diderot eram em sua aparência um fator importante para sua negação avassaladora a tornar-se membro da Real Sociedade. Hume escreveu que "Newton parecia desviar-se do cerne de alguns dos mistérios da natureza", mas "demonstrou ao mesmo tempo as imperfeições da filosofia mecânica; e daí em diante restabeleceu os maiores segredos [da Natureza] àquela obscuridade na qual sempre estiveram e sempre irão permanecer" (ver Hume, 1841, v.6, p.341, apud Gay, 1970, p.130).

Algumas vezes, negou-se que esses segredos pudessem permanecer em obscuridade. Isaac Beekman, a quem Margaret Jacob identifica como "o primeiro filósofo mecânico da Revolução Científica" (1988, p.52), tinha a convicção de que "Deus havia construído de tal maneira toda a natureza que nosso entendimento ... podia de modo cuidadoso penetrar todas as coisas sobre a terra" (ibidem, p.52-3). Teses semelhantes são propostas com a mesma convicção hoje, especialmente por pessoas que se dizem naturalistas científicas convictas e, de maneira típica, exprimem de outro modo a fórmula de Beekman, substituindo "Deus" pela "seleção natural" – até mesmo com menos justificativas, porque a *deux ex machina* é mais bem definida neste caso, de maneira que é fácil perceber por que os argumentos são falhos. Ainda que o antimaterialismo de Newton tenha se tornado um senso comum científico, seus temores não foram de fato postos de lado. Uma de suas expressões foi a crença de que era impossível conhecer a natureza. Outra variante defendia que os postulados teóricos fossem fornecidos apenas por uma interpretação operacional. Lavoisier acreditava que "o número e a natureza dos elementos" é um

> problema sem solução, capaz de uma infinidade de soluções, nenhuma das quais, é provável, de acordo com a Natureza; ... Parece muito provável que não saibamos absolutamente nada e nunca saberemos, ele acreditava, sobre ... [os] átomos indivisíveis dos quais a matéria é composta. (Lavoisier, apud Brock, 1992, p.129)

Ludwig Boltzmann descreveu sua teoria molecular de gases como apenas uma analogia conveniente. Jules Poincaré argumentava que não temos razão de escolher entre teorias mecânico-etéreas ou eletromagnéticas da luz e aceitar a teoria molecular dos gases porque estamos familiarizados com o jogo de bilhar (ibidem, p.165). Os átomos do químico foram considerados "entidades teóricas e metafísicas", observa William Brock; interpretadas de modo operacional, forneceram uma "base conceitual para designar pesos elementares relativos e ... fórmulas moleculares" (ibidem, p.171); esses sistemas instrumentais foram distinguidos de "um atomismo físico muito controvertido, o que resultou em reclamações concernentes à última natureza física de todas as substâncias". A unificação só foi alcançada com mudanças radicais na Física atomista: o modelo de Bohr, a teoria do *quantum* e as descobertas de Pauling (ver Chomsky, 1986, p.251-2, citando Heilbron). A unificação finalmente superou o que tinha parecido uma divisão irrecuperável, a pré-Planck: "A matéria do químico era discreta e descontínua, a energia do físico contínua, [um] mundo matemático nebuloso de energia e ondas eletromagnéticas..." (Brock, 1992, p.489).

Nos meados do século XIX, as fórmulas para analisar as moléculas complexas foram consideradas "apenas símbolos classificatórios que sumarizavam o curso observado de uma reação"; defendia-se que a "última natureza dos grupamentos moleculares era irresolúvel", e que "os arranjos reais de átomos dentro de uma molécula", se é que isso significa alguma coisa, "nunca deveriam ser interpretados" nas fórmulas (ibidem, p.254). Kekulé, cuja estrutura química abriu caminho para a eventual unificação, duvidava que as "constituições absolutas de moléculas orgânicas poderiam algum dia ser apresentadas" (ibidem, p.252); seus modelos e a análise de valência deviam ter apenas uma interpretação instrumental. Até a década de 1870, Kekulé rejeitou a ideia de que as "fórmulas racionais ... de fato representavam os arranjos reais de átomos de moléculas". Até 1886, por decisão do ministro da Educação, o famoso químico Berthelot (ibidem, p.364), não era permitido que escolas francesas ensinassem a teoria atômica porque isso era uma "mera hipótese".

Quarenta anos depois, eminentes cientistas ridicularizaram como um absurdo conceitual a proposta de G. N. Lewis de que "as conchas atômicas eram mutuamente interpenetráveis", de maneira que um elétron "podia fazer parte da concha de dois diferentes átomos" – mais tarde, "um princípio cardeal da nova mecânica quântica", observa Brock (ibidem, p.476). Era "equivalente a dizer que marido e mulher, com um total de dois dólares numa conta conjunta e cada um com seis dólares em contas bancárias individuais, tinham oito dólares cada um", algo que seria facilmente rejeitado (ibidem, p.477, citando Kasimir Fajans); era como se os elétrons estivessem "estabelecidos em boas caixas em cada esquina, prontos para cumprimentar os ...

elétrons em outros átomos", um distinto professor das conferências Faraday comentou com ironia (ibidem, p.477, citando R. A. Mullikan). O ganhador do Nobel de Química Theodore Richards rejeitou o discurso sobre a natureza real das ligações químicas como "tagarelice" metafísica. Isso não passaria de "um método muito rude de representar certos fatos conhecidos sobre reações químicas. Um modo de represent[ação]" apenas (ibidem, p.466, citando Theodore Richards). A rejeição desse ceticismo por parte de Lewis e outros abriu caminho para a unificação final.

Não é difícil encontrar complementos contemporâneos na discussão do problema do corpo-mente, não importa o que se suponha que ele seja. Penso haver muita coisa a ser aprendida com base na história das ciências, desde que os fundamentos do senso comum foram abandonados, sempre com alguma preocupação sobre o que se estava fazendo. Neste momento, devemos ser capazes de aceitar aquilo que não podemos fazer, mais do que procurar "melhores teorias" sem padrão independente para sua avaliação. Devemos, ainda, esperar pela unificação, mas sem uma doutrina antecipada sobre como pode ser alcançada, se é que de fato pode. Como Michael Friedman afirma, "os filósofos da moderna tradição", a partir de Descartes,

> não são mais bem entendidos como tentando ficar fora da nova ciência tanto quanto são em demonstrar, de algum ponto misterioso fora da própria ciência, que nosso conhecimento científico de alguma maneira "espelha" uma realidade existente de forma independente. Em vez disso, começam a partir do *fato* do conhecimento científico moderno como um ponto fixo, da maneira como era. O problema deles não é tanto justificar esse conhecimento a partir de algum ponto de vista "mais elevado" quanto articular as novas concepções *filosóficas* que nos são impostas pela nova ciência. (Friedman, 1993, p.48)

Nas palavras de Kant, a Matemática e a ciência da natureza não precisam de pesquisa filosófica para si mesmas, "mas por causa de outra ciência: a Metafísica" (Kant, 1783, seç.40).

Desse ponto de vista, as ciências naturais – não importa se o tópico é o movimento dos planetas, o crescimento de um organismo ou a linguagem e a mente – constituem a "primeira filosofia". Na atualidade, a ideia é um lugar-comum com relação à Física; seria raro encontrar um filósofo que zombasse de seus princípios estranhos e contraintuitivos como contrários ao pensamento e, portanto, insustentáveis. Mas esse ponto de vista é usualmente considerado impossível de ser aplicado à ciência cognitiva, e à Linguística em particular. Em algum ponto no meio desses extremos há um limite. Nesse limite a ciência é autojustificável; o analista crítico busca aprender os critérios para a racionalidade e para a justificação com base no estudo do sucesso científico. Fora desse limite, tudo muda; a crítica aplica critérios independentes para assumir uma posição de julgamento sobre as teorias avançadas e sobre as entidades que elas postulam. Isso parece não passar de um tipo de "dualismo metodológico", muito mais pernicioso que o dualismo metafísico tradicional, que foi uma hipótese científica, naturalística, em espírito. Abandonando essa instância dualista, acompanhamos a pesquisa para onde ela nos conduz.

Também devemos ser capazes agora de adotar uma atitude em relação ao problema do corpo–mente, formulado no rastro da demolição de Newton do materialismo e da "filosofia mecânica": por exemplo, a de Joseph Priestley, cuja conclusão foi que "nada disso se reduz à matéria, mas, em vez disso, que o tipo de matéria na qual a visão das duas substâncias está baseada não existe", e,

> com o conceito alterado de matéria, os meios mais tradicionais de colocar a questão da natureza do pensamento e de suas relações com o cérebro não se encaixam. Temos que pensar em um sistema biológico complexo, organizado com propriedades que a doutrina tradicional teria chamado de mental *e* física. (paráfrase de John Yolton; Yolton, 1983, p.114)

Nas palavras de Priestley, a matéria "possui poderes de atração e de repulsão" que agem em uma "distância real e em geral atribuível, a partir do que chamamos o próprio corpo", propriedades "absolutamente essenciais à própria natureza" da matéria (ibidem, p.111). Assim, superamos a crença ingênua de que os corpos (átomos de lado) têm solidez e impenetrabilidade inerente, rejeitando argumentos baseados em "fraseologia vulgar" e "apreensões vulgares", como no caso do *eu* referido na frase "meu corpo". Com as descobertas de Newton, a matéria "precisa ser considerada por nós como fazendo uma abordagem mais próxima à natureza dos seres espirituais e imateriais", depois de removido o "ódio [da] solidez, da inércia ou da apatia?" (ibidem, p.113). A matéria não é mais "incompatível com a sensação e com o pensamento do que com a atração e com a repulsão. "Os poderes da sensação ou da percepção e pensamento" são propriedades de "um certo sistema organizado de matéria"; propriedades "denominadas mentais" são "o resultado (necessário ou não) de uma estrutura orgânica como a do cérebro". É razoável acreditar "que os poderes de sensação e pensamento são o resultado necessário de uma organização particular, assim como o som é o resultado necessário de uma concussão particular do ar". Ainda que nos seres humanos "seja uma propriedade do sistema nervoso ou em vez disso do cérebro". Conclusões semelhantes foram propostas por La Mettrie uma geração antes, ainda que a partir de bases diferentes.

De maneira mais cautelosa, podemos dizer que em circunstâncias apropriadas *pessoas* pensam, não seus cérebros, que não pensam, ainda que lhes sejam fornecidos mecanismos de pensamentos. Posso fazer uma longa divisão por meio de um procedimento que aprendi na escola, mas meu cérebro não faz divisões longas, mesmo que execute o procedimento. De maneira semelhante, eu mesmo não estou fazendo uma longa divisão, se executo de forma mecânica instruções interpretadas como o algoritmo exato que uso, respondendo a *inputs* em algum código, numa "sala de aritmética", no estilo de Searle. Não se tem nenhum resultado sobre a execução de um algoritmo de meu cérebro, neste caso ou no da tradução e entendimento. *Pessoas* em certas situações entendem uma língua; meu cérebro não entende mais inglês do que meus pés dão um passeio. É um grande salto do senso comum ir de atribuições intencionais a pessoas para atribuições a partes delas ou a outros objetos. A iniciativa foi tomada de modo muito mais fácil, levando a um debate extensivo e, parece, sem utilidade sobre tais questões, como se as máquinas pudessem pensar: por exemplo, quanto a "como poderíamos *empiricamente* defender a ideia de que um dado objeto (estranho) joga xadrez" (Haugeland, 1979), ou determinar se algum artefato ou algoritmo pode traduzir chinês, ou procurar alcançar um objeto, ou cometer um homicídio, ou acreditar que irá chover. Muitos desses debates voltam ao clássico artigo escrito por Alan Turing no qual propôs o teste de Turing para a inteligência da máquina, mas falhou em observar que "A questão original, 'A máquina pode pensar?', é muito sem sentido para merecer uma discussão" (Turing, 1950, p.442): isso não é uma questão de fato, mas uma questão de decidir adotar um certo uso metafórico, como quando dizemos (em inglês) que os aviões voam mas os cometas não – e da maneira que para naves espaciais as escolhas diferem. De modo semelhante, os submarinos navegam, mas não nadam. Não haverá nenhum debate sensível sobre tais tópicos; ou sobre a inteligência da máquina, com as variantes muito conhecidas.

Talvez valha a pena comparar o debate contemporâneo com a discussão de tópicos semelhantes nos séculos XVII e XVIII. Naquela época, muitas pessoas estavam intrigadas com as capacidades dos artefatos e debatiam se os seres humanos poderiam apenas ser projetos com maior complexidade e com um *design* diferente. Mas esse debate era naturalístico em caráter, relacionado a propriedades subordinadas à filosofia mecânica, como parecia. Com o foco no uso da linguagem, Descartes e seus seguidores, de maneira especial Géraud de Cordemoy, esboçaram testes experimentais para "outras mentes", defendendo a ideia de que, se alguns objetos fossem aprovados em experimentos mais difíceis, se pudesse, num projeto, testar se ele expressa e interpreta novos pensamentos da mesma maneira que eu, não haveria razão para duvidar de que ele tivesse uma mente como a minha. Isso é ciência comum, do mesmo modo que o teste tornassol para acidez o é. O projeto da estimulação da máquina foi ativamente buscado, mas entendido como um modo de descobrir algo sobre o mundo. O grande inventor Jacques de Vaucanson não tentou enganar seu público ao acreditar que seu pato mecânico estava digerindo comida, mas, em vez disso, buscou aprender alguma coisa sobre coisas vivas, por meio da construção de modelos, como é padrão nas ciências. Parece que o debate contemporâneo contrasta de modo desfavorável com a tradição (Jonathan Marshall, 1989; ver também Chomsky, 1993a; para um comentário mais amplo e para uma discussão mais extensiva, ver Chomsky, 1966).

Existem considerações similares em relação à terminologia intencional usada de maneira comum para descrever o que acontece no mundo. Assim, dizemos que o asteroide aponta em direção à Terra e que o míssil sobe em direção à Lua, que a flor se volta em direção à luz e que a abelha voa para a flor, que o chimpanzé procura alcançar o coco, que John caminha em direção a sua mesa. Alguma teoria naturalística futura poderia ter algo a dizer tanto sobre o uso normal como sobre esses casos que procura apontar – dois tópicos bem diferentes. Nem a pesquisa estaria restrita por "apreensões [e] fraseologia vulgar", exatamente como não esperamos que a teoria da visão lide com a visão de Clinton do mercado internacional, ou esperamos que a teoria da linguagem lide com o fato de que o chinês seja a língua de Beijing e Hong Kong, mesmo que a língua românica não seja a língua de Bucareste nem do Rio de Janeiro – tanto um resultado de tais fatores como a estabilidade dos impérios e coisas semelhantes.

Seria enganoso dizer que abandonamos as *teorias* de que o asteroide aponta para a Terra, de que o Sol se põe e de que os céus escurecem, de que a onda bate na praia e então volta, de que o vento perde sua força e de que as ondas desaparecem, de que pessoas falam chinês e não o românico, e assim por diante, substituindo-as por melhores. Em vez disso, a busca por entendimento teórico segue seus próprios caminhos, levando a um quadro do mundo completamente diferente, que não requer nem elimina nossas maneiras comuns de conversar e pensar. Podemos chegar a apreciar, a modificar e a enriquecer de muitos modos tais maneiras, ainda que a ciência raramente seja um guia em áreas de significação humana. A pesquisa naturalística é uma iniciativa humana particular que procura um tipo especial de entendimento, atingível para os seres humanos em alguns domínios quando problemas podem ser simplificados de modo suficiente. Enquanto isso, vivemos nossas vidas enfrentando o melhor que podemos problemas de tipos radicalmente diferentes, muito mais ricos em caráter para desejarmos ser capazes de discernir princípios explicativos de qualquer profundidade, se é que eles existem. (Para conclusões relativamente similares a partir de diferentes bases, ver Baker, 1988; e comentários de Charles Chastain.)

A restrição básica de Priestley e de outras figuras do século XVIII parece isenta de controvérsia: pensamento e linguagem são propriedades de matérias organizadas – neste caso, principalmente o cérebro, não o rim ou o pé. Não está claro por que a conclusão deva ser ressuscitada séculos mais tarde como uma proposta audaciosa e inovadora – "a asserção ousada de que os fenômenos mentais são inteiramente naturais e causados por atividades neurofisiológicas do cérebro" (Patricia Churchland, 1994), a hipótese de "que as capacidades da mente humana são de fato capacidades do cérebro humano" (Paul Churchland, 1994), ou a de que a "consciência de uma propriedade de nível mais alto e emergente do cérebro", "da ordem biológica natural tanto quanto... a fotossíntese, a digestão ou a mitose", formulação recente de John Searle (1992, p.90), que Nagel (1993) descreve como o "coração metafísico" de uma "tese radical" que "seria uma adição importante para as possíveis respostas para o problema mente–corpo", se esclarecida de maneira apropriada (o que ele considera improvável). Todo ano um ou dois livros são lançados por algum cientista de destaque com uma "brilhante conclusão" ou com uma "hipótese surpreendente" de que o pensamento nos seres humanos "é uma propriedade do sistema nervoso ou mesmo do cérebro", o "resultado necessário de uma organização particular" da matéria, como Priestley estabeleceu há muito tempo, em termos que parecem próximos do truísmo – e tão uniformes quanto os truísmos tendem a ser, já que as ciências do cérebro, a despeito do progresso importante, estão longe de resolver os problemas colocados por pensamento e linguagem, ou mesmo para o que é mais ou menos entendido sobre esses tópicos.

Aqui, enfrentamos problemas típicos de unificação. "A variação dos mapas neurais não é descontínua ou valorizada duplamente, mas, em vez disso, contínua, refinada e extensiva", escreve Gerald Edelman (1992, p.28), concluindo que as teorias computacionais ou conexistas da mente devem estar erradas por causa de seu caráter descontínuo. Isso não é mais razoável do que a conclusão, a que se chegou há um século, de que a Química devia estar errada porque não podia ser unificada com o que agora sabemos ser uma Física muito mais empobrecida; em particular, porque "a matéria do químico era descontínua e a energia do físico contínua" (ibidem, p.27).[2] A disparidade é suficientemente real, não uma "crise" para a ciência cognitiva, como considera Edelman, mas um problema de unificação, no qual o problema está onde pode estar.

Não há problemas de princípio em projetar sistemas que mapeiam *inputs* contínuos em *outputs* muito especificamente descontínuos; o caráter de "tudo ou nada" da interação neural é um

---

2 Para algum comentário sobre sua interpretação equivocada das teorias computacionais às quais ele alude, e da natureza da semântica, na qual espera encontrar uma solução para a "crise", ver Chomsky, 1993a.

exemplo. Outra ilustração é oferecida em um recente estudo que usa "um modelo de computador termodinâmico para demonstrar que a grande regularidade na posição de uma característica sutil, uma mudança de seis para quatro camadas, pode ser resultado de uma leve descontinuidade nos *inputs* para o dispositivo lateral durante o desenvolvimento", uma "pequena perturbação" que "marcadamente afeta a organização geral de ... uma grande estrutura", um de muitos exemplos como esse, observa o autor (Stryker, 1994, p.1244). Qualquer que seja o *status* empírico de propostas particulares, os problemas de unificação de teorias descontínuas (computacionais ou conexistas) e celulares não têm demonstrado ser diferentes em tipo de outras que aparecem ao longo do curso da ciência.

A situação atual é que temos boas e crescentes teorias de alguns aspectos da linguagem e da mente, mas apenas ideias rudimentares sobre a relação de qualquer uma delas com o cérebro. Consideremos um exemplo concreto. No âmbito das teorias computacionais da faculdade da linguagem do cérebro, há até agora um entendimento razoavelmente bom da distinção entre tipos de "desvio" – a partir de um ou outro princípio geral da faculdade da linguagem. Uma obra recente sobre a atividade elétrica do cérebro encontrou correlatos em várias dessas categorias de desvio, e um tipo distinto de resposta eletrofisiológica às violações sintáticas *versus* semânticas (Neville et al., 1991; Hagoort et al., 1993; Hagoort & Brown, 1994). Além disso, as descobertas permanecem um tanto curiosas, porque não há nenhuma teoria apropriada sobre a atividade elétrica do cérebro – nenhuma razão conhecida, isto é, por que devemos encontrar esses resultados e não outros. As teorias computacionais, em contraste, estão mais solidamente baseadas a partir do ponto de vista do naturalismo científico; a análise do desvio, em particular, se insere em uma matriz explanatória de considerável alcance.

Uma abordagem naturalística da linguagem e da mente procurará incrementar cada abordagem, esperando por mais unificação significativa. É comum supor que haja algo muito problemático na teoria mais solidamente estabelecida em bases naturalísticas, "a mental", e preocupar-se com problemas de "eliminacionismo" ou "fisicalismo" que precisam ainda ser formulados de modo coerente; além disso, essa tendência dualista não apenas domina a discussão e o debate, mas é virtualmente pressuposta, um curioso fenômeno da história do pensamento que merece uma investigação mais detalhada.

Deixando de lado tais tendências, como procederia uma pesquisa naturalística? Começamos com o que consideramos objetos naturais, digamos Jones. Estamos inicialmente interessados em aspectos particulares de Jones, os aspectos linguísticos. Pensamos que alguns elementos do cérebro de Jones são dedicados à linguagem – chamamos esses aspectos de *faculdade de linguagem*. Outras partes do corpo podem também ter um *design* especificamente relacionado com a linguagem e elementos da faculdade da linguagem podem estar envolvidos em outros aspectos da vida, como esperaríamos de qualquer órgão biológico. De início, deixamos essas questões de lado, considerando a faculdade de linguagem do cérebro claramente fundamental. Há uma boa evidência de que a faculdade de linguagem tenha pelo menos dois diferentes componentes: um "sistema cognitivo", que armazena informação de alguma maneira, e sistemas de desempenho, que fazem uso dessa informação para articulação e percepção, para falar sobre o mundo, fazer perguntas, contar piadas e assim por diante. A faculdade da linguagem tem um sistema receptivo de *input* e um sistema de produção de *output*, mas mais que isso; ninguém fala apenas japonês e entende apenas suaíli. Esses sistemas de desempenho acessam um corpo comum de informação, que os liga e os provê com instruções de algum tipo. Os sistemas de desempenho podem ser seletivamente imperfeitos, talvez sejam muito imperfeitos, enquanto o sistema cognitivo permanece intacto, e foram descobertas dissociações mais amplas que revelam o tipo de estrutura modular esperada em qualquer sistema biológico complexo.

Observemos que "modularidade" aqui não é entendida no sentido do interessante trabalho de Jerry Fodor, que defende os sistemas de *input* e de *output*; o sistema cognitivo da faculdade de linguagem é acessado por esses sistemas mas distinto deles. Pode muito bem ser verdadeiro que os "mecanismos psicológicos" sejam "compostos de faculdades independentes e autônomas, como a percepção de faces e de linguagem" (Mehler & Dupoux, 1994), mas esses "órgãos mentais" não parecem se encaixar no panorama de modularidade, como interpretado de modo mais estreito. De maneira similar, as influentes ideias de David Marr sobre níveis de análise não se aplicam de forma alguma aqui, contrário a muita discussão, porque ele também está considerando os sistemas *input–output*; neste caso, o mapeamento dos estímulos retinais para algum tipo de imagem interna.

A faculdade de linguagem de Jones tem um "estado inicial", fixado pela dotação genética. Assume-se em geral que os sistemas de desempenho são totalmente determinados pelo estado inicial – que quaisquer mudanças de estado são internamente dirigidas ou o resultado de fatores externos, tais como acidente, não exposição a uma ou outra língua. Essa é a assunção mais simples, e não é considerada falsa, ainda que possa muito bem ser; adotando-a, atribuímos diferenças relacionadas à linguagem em percepção (digamos, nossa falta de habilidade em perceber diferenças de aspiração como teria um falante de híndi) a diferenças nos aspectos fonéticos do sistema cognitivo, sem muita fé na assunção, ainda que haja alguma evidência para isso: assim, sob condições experimentais, falantes de inglês detectam os contrastes do híndi que não "ouvem" num contexto linguístico. Os sistemas de desempenho podem muito bem ser especializados para a linguagem. Até mesmo crianças muito novas parecem ter alguma coisa parecida com o sistema fonético adulto, talvez um refinamento especial de categoria vertebrada mais abrangente.

Mehler e Dupoux propõem a hipótese de trabalho de que "recém-nascidos são sensíveis a *todos* os contrastes que podem aparecer em *todas* as línguas naturais, e da mesma maneira que os adultos" (Mehler & Dupoux, 1994, p.167), "aprendem por esquecimento" (p.168) sob exposição anterior, de maneira que, antes que a criança atinja um ano de idade, o sistema cognitivo selecionou alguma subparte do potencial disponível.

Em relação a essas assunções simplificadas a respeito do desenvolvimento, detemo-nos apenas no sistema cognitivo da faculdade de linguagem, seu estado inicial e seus estados posteriores. Sem dúvida, há mudanças de estado que refletem a experiência: inglês não é suaíli, pelo menos não muito. Provavelmente um cientista marciano racional acharia a variação muito superficial, concluindo por uma linguagem humana com variações menores. Mas o sistema cognitivo da faculdade de linguagem de Jones é modificado em resposta à experiência linguística, a mudanças de estado até que esteja bem estabilizado, talvez entre os 6 e os 8 anos, o que significaria, se isso fosse verdadeiro, que as mudanças (não léxicas) posteriores encontradas, até perto da puberdade, seriam interiormente dirigidas.

Façamos a tentativa de chamar um estado do sistema cognitivo da faculdade de linguagem de Jones de "língua" – ou, para usar um termo técnico, de "Língua-I. "I" para sugerir "interno", "individual", pois esta é uma abordagem estritamente internalista, individualista à linguagem, análoga neste aspecto a estudos do sistema visual.[3] Se o sistema cognitivo da faculdade de linguagem de Jones estiver em estado L, diremos que Jones tem

---

[3] Observemos que esta interpretação de tais estudos difere de algumas que aparecem na literatura filosófica. O termo "Língua-I" foi introduzido para superar mal-entendidos engendrados pela ambiguidade sistemática do termo "gramática", usado tanto para se referir a uma Língua-I como para a teoria do linguista sobre ela. Assim, o conhecimento de Jones de sua Língua-I (gramática, em um sentido) não é nada parecido com algum conhecimento (parcial) do linguista.

a Língua-I. Uma Língua-I é algo semelhante a "uma maneira de falar", uma noção tradicional de linguagem.

A despeito de alguma semelhança com locuções-padrão, entretanto, a terminologia aqui é diferente, como esperamos, mesmo nos estágios mais iniciais da pesquisa naturalística. As linguagens do mundo descrevem tais matérias de várias maneiras. Em inglês, dizemos que Jones *sabe* sua língua; outros dizem que ele a fala, ou fala com ela, e assim por diante. Também existem termos para algo como variação de linguagem, ainda que eu não conheça nenhum estudo transcultural sério. Esses tópicos são de interesse da semântica da linguagem natural e de outros ramos da pesquisa naturalística que procuram determinar como os sistemas cognitivos, incluindo a linguagem, produzem o que é algumas vezes chamado de "ciência popular". Falamos de flores que se voltam para o Sol, de céus que se escurecem, de maçãs que caem no chão, de pessoas que têm crenças e falam línguas, e assim por diante; nossos modos de pensar e entender – e nossas ideias intuitivas sobre como o mundo é constituído – podem ou não se relacionar diretamente a tais locuções. Os elementos de ciência popular derivam de nossa dotação biológica, assumindo formas particulares sob variações de condições culturais. Há evidências de que crianças novas atribuem crenças e planos a outros bem antes de dispor termos para descrevê-los; e o mesmo pode ser verdadeiro para adultos em geral, ainda que a maioria das línguas (há relatos sobre isso) não tenha termos que correspondam ao inglês *belief* (crença). Essas são questões sérias que não podem ser consideradas de modo casual; nossas intuições sobre elas fornecem alguma evidência, mas nada mais que isso. Além disso, o que quer que possa ser aprendido sobre ciência popular não terá relevância para a atividade da pesquisa naturalística sobre os tópicos com que a ciência popular lida de sua própria maneira, uma conclusão considerada um truísmo no estudo do que é chamado "o mundo físico", mas considerada controvertida ou falsa (em bases dúbias, acho) no estudo dos aspectos mentais do mundo.

Até aqui tenho continuado com Jones, com seu cérebro, sua faculdade de linguagem e alguns de seus componentes; tudo isso é objeto natural. Voltando a Smith, descobrimos que o estado inicial de sua faculdade de linguagem é virtualmente idêntico; dada a experiência de Jones, ele teria a língua de Jones. Isso parece ser verdadeiro para todos da espécie, significando que o estado inicial é uma propriedade da espécie, para uma primeira abordagem muito boa. Se for assim, a *faculdade de linguagem humana* e as línguas-I, manifestações dela, são qualificadas como objetos naturais.

Se Jones tem a Língua-L, ele sabe muitas coisas: por exemplo, que *house* rima com *mouse* e que a expressão *brown house* consiste de duas palavras em relação formal de assonância e é usada para se referir a uma estrutura designada e usada para certos propósitos e com um exterior marrom. Gostaríamos de descobrir como Jones sabe estas coisas. Parece que as coisas funcionam mais ou menos dessa maneira.

A Língua-I consiste de um procedimento computacional e de um léxico. O léxico é um conjunto de itens, cada um sendo um complexo de propriedades (chamadas "características"), tais como a propriedade "*stop* bilabial" ou "artefato". O procedimento computacional seleciona itens do léxico e forma uma expressão, uma linha mais complexa dessas características. Há razão para acreditar que o sistema computacional é invariável, virtualmente. Há alguma variação nas partes intimamente relacionadas à percepção e à articulação, o que não surpreende, já que é aqui que os dados estão disponíveis para a criança que está adquirindo a linguagem – um processo mais bem descrito como "crescimento" que como "aprendizado", em minha opinião. Deixando isso de lado, a variação da linguagem parece residir no léxico. Um aspecto é a "arbitrariedade saussuriana", as ligações arbitrárias entre conceito e som: o programa genético não determina se *tree*, o conceito, está associado com o som de "*tree*" (em inglês) ou "*Baum*" (em alemão). A ligação entre conceito e som pode ser adquirida com base em evidências mínimas, de maneira que a variação aqui não surpreende. Entretanto, os sons possíveis são estreitamente restritos e os conceitos podem ser virtualmente fixos. É difícil imaginar outra solução, dada a média de aquisição lexical, de mais ou menos uma palavra por hora entre os 2 e os 8 anos, com itens lexicais tipicamente adquiridos em uma simples exposição, em circunstâncias muito ambíguas, mas entendidos em delicada e extraordinária complexidade que vai muito além daquilo que está registrado no dicionário mais abrangente. Este, como também a mais abrangente gramática tradicional, faz alusões que são suficientes apenas para pessoas que basicamente já sabem as respostas, muito por qualidades inatas.

Além desses fatores, a variação pode estar limitada a aspectos formais de linguagem – o caso dos nomes, da flexão verbal e assim por diante. Mesmo aqui, a variação pode ser leve. Na superfície, o inglês parece diferir de modo acurado do alemão, do latim, do grego e do sânscrito em riqueza de flexão, e do chinês ainda mais. Mas há evidência de que as línguas têm basicamente os mesmos sistemas flexionais, diferindo apenas na maneira em que os elementos formais são acessados por parte do procedimento computacional que fornece instruções para os órgãos articulatórios e perceptuais. A computação mental também parece idêntica, produzindo efeitos indiretos de estrutura flexional observáveis mesmo que as próprias flexões não sejam ouvidas no discurso. Isso pode muito bem ser a base da variação de linguagem. Pequenas mudanças nas funções de um sistema podem, é claro, produzir o que parece ser uma grande variedade do fenômeno.

O procedimento computacional tem, em grande parte, propriedades que podem ser únicas para ele. Também é "austero", sem acesso a muitas das propriedades de outros sistemas cognitivos. Por exemplo, não parece ter "mostradores". Registra adjacência; assim, cada outra sílaba pode ter alguma propriedade (digamos, tonicidade). Mas não pode usar a noção *three*. Não há sistemas fonológicos conhecidos nos quais alguma coisa acontece a cada terceira sílaba, por exemplo; e a sintaxe parece observar uma propriedade de "dependência de estrutura", incapaz de fazer uso de propriedades lineares e aritméticas mais simples de ser implementadas fora da faculdade da linguagem. Um recente trabalho experimental realizado por Neil Smith e seus colegas relaciona-se com essa questão (Smith et al., 1993, p.279-347). Eles estudaram uma pessoa – chamada "Christopher" – que parece ter uma faculdade de linguagem intacta, mas severas deficiências cognitivas, um exemplo do tipo de modularidade de arquitetura mental que tem sido encontrado muitas vezes. Christopher dominara dezesseis línguas e podia traduzi-las para o inglês. O experimento envolveu Christopher e um grupo de controle. A ambos foi ensinado o berbere e um sistema inventado, projetado para violar princípios de linguagem. Como esperado, Christopher aprendeu o berbere facilmente, mas, sem outras capacidades cognitivas, pouco podia fazer com o sistema inventado. O grupo de controle fez algum progresso em relação ao sistema inventado, aparentemente tratando-o como um quebra-cabeça. Mas havia algumas regras muito simples que não descobriram: por exemplo, a regra que colocava um marcador enfático na terceira palavra de uma sentença. Parece que a "austeridade" da faculdade de linguagem foi suficiente para barrar a descoberta de uma regra simples de estrutura independente em um contexto linguístico.

Nosso uso da linguagem obviamente envolve números; podemos entender e identificar sonetos, por exemplo. Isso também envolve inferência, ainda que pareça que o procedimento computacional é austero demais para usar também esses recursos. A faculdade da linguagem é tanto muito rica como muito empobrecida, como se espera de qualquer sistema biológico: ela é capaz de um alto nível de realizações em domínios específicos e, de forma correspondente, incapaz de lidar com problemas localizados fora deles. Como observado antes, devemos esperar que isso seja verdadeiro em relação a todas as nossas faculdades, incluindo a que poderia ser chamada de "faculdade de formação da ciência", o conjunto particular de qualidades e habilidades que usamos ao conduzir a pesquisa naturalística.

Ainda que seja altamente especializada, a faculdade de linguagem não está atrelada a modalidades sensoriais específicas, ao contrário do que foi assumido não muito antes. Assim, a linguagem de sinais dos surdos é estruturalmente muito semelhante à linguagem falada e o método de sua aquisição é muito semelhante. A deficiência sensorial em larga escala parece ter efeito limitado na aquisição da linguagem. Crianças cegas adquirem da mesma maneira que aquelas que enxergam, mesmo em termos de cor e de palavras para experiência visual como "ver" e "olhar". Há pessoas que têm chegado perto da competência linguística normal sem nenhum *input* sensorial além do que pode ser ganho ao se colocar a mão de alguém sobre a face e a garganta de outra pessoa. Os mecanismos analíticos da faculdade da linguagem parecem, em muito, ser acionados dos mesmos modos se o *input* é auditivo, visual e mesmo tátil,[4] e parecem estar localizados nas mesmas áreas do cérebro, algo um tanto surpreendente.

Esses exemplos de *input* empobrecido indicam a riqueza da capacitação inata – ainda que a aquisição da linguagem normal seja suficientemente marcante, até mesmo como mostra o acesso lexical, não apenas por causa de sua rapidez e da complexidade do resultado. Assim, crianças muito novas podem determinar o significado de uma palavra sem sentido, a partir de informação sintática em uma sentença muito mais complexa do que qualquer uma que possam produzir (Gleitman, 1990).

---

4 Em casos em que o desenvolvimento da linguagem foi cuidadosamente estudado, tem havido exposição à linguagem normal até dezenove ou vinte meses; então um longo período antes do início de treinamento (no caso mais bem-sucedido, quase quatro anos). Ainda que falte uma evidência que confirme esse fato, é razoável suspeitar que uma exposição anterior seja crucial, particularmente à luz de recentes descobertas sobre aquisição de linguagem muito anteriores. Ver C. Chomsky, 1986; Mehler & Dupoux, 1994.

Uma assunção plausível na atualidade é que os princípios de linguagem são fixos e inatos, e que a variação é restrita na maneira indicada. Cada língua, então, é (virtualmente) determinada por uma escolha de valores para parâmetros lexicais: com um leque de escolhas, devemos ser capazes de deduzir o húngaro; com outro, o iorubá. Essa abordagem de princípios e parâmetros oferece um meio de resolver uma tensão fundamental que apareceu bem no início da gramática gerativa. Assim que as primeiras tentativas foram feitas para fornecer descrições reais de línguas, quarenta anos atrás, descobriu-se que a complexidade da estrutura está muito além de qualquer coisa que se havia imaginado; as descrições tradicionais de forma e significado apenas tocaram a superfície, enquanto as estruturalistas eram quase irrelevantes. Além disso, a aparente variabilidade de línguas explodiu assim que tratamos de fatos que tinham sido tacitamente apontados para a não analisada "inteligência do leitor". Para alcançar uma "adequação descritiva", pareceu necessário realizar relatos muito intricados, especificamente para línguas particulares, na verdade para construções particulares em línguas particulares: regras complexas para cláusulas relativas em inglês, por exemplo. Era óbvio, entretanto, que nada disso podia ser verdadeiro. As condições de aquisição de linguagem deixam claro que o processo precisa ser bastante dirigido para o interior, como em outros aspectos do crescimento, o que significa que todas as línguas devem ser quase idênticas, bem fixas pelo estado inicial. O esforço de pesquisa mais importante foi guiado por essa tensão, procurando a abordagem natural: abstrair da confusão da complexidade descritiva certos princípios gerais que governam a computação que faria que as regras de uma língua particular fossem dadas em formas muito simples, com variedades restritas.

Os esforços para resolver a tensão dessa maneira levaram finalmente à abordagem dos princípios e parâmetros há pouco esboçada. Trata-se mais de uma hipótese ousada do que de uma teoria específica, ainda que partes do quadro estejam sendo preenchidas, e novas ideias teóricas estejam levando a uma vasta expansão em relevantes materiais empíricos, a partir de línguas de tipos diferentes. Essas ideias constituem um desvio radical de uma rica tradição de cerca de 2.500 anos. Se isso está correto, elas mostram não só que as línguas são organizadas de forma muito ampla no mesmo molde, com um procedimento computacional invariável próximo e apenas restrito à variação lexical, mas também que não há regras ou construções em nada como o sentido tradicional, que foi transferido para a gramática gerativa inicial: sem regras para a formação de cláusulas relativas em inglês, por exemplo. Em vez disso, as construções tradicionais – frases verbais, cláusulas relativas, passiva etc. – são artefatos taxonômicos e suas propriedades são resultantes da interação de vários outros princípios gerais.

A abordagem dos princípios e parâmetros dissocia duas noções que estão juntas sob o conceito de Língua-I: há uma clara distinção conceptual entre o estado da faculdade de linguagem, de um lado, e a instanciação do estado inicial com parâmetros fixos, de outro. Fora os casos de milagres, os objetos assim identificados sempre diferirão empiricamente. O estado real da faculdade de linguagem de alguém é o resultado da interação de um grande número de fatores, dos quais apenas alguns relevantes para a pesquisa sobre a natureza da linguagem. Sobre bases mais teóricas, então, consideramos uma Língua-I uma instanciação do estado inicial, idealizando a partir de estados reais da faculdade de linguagem. Como estabelecido em algum ponto da pesquisa naturalística, o termo "idealização" é um tanto enganoso: é o procedimento que seguimos ao tentar descobrir a realidade, os reais princípios da natureza. Apenas no estudo de aspectos mentais do mundo isso é considerado ilegítimo, outro exemplo do dualismo pernicioso que deveria ser superado.

O progresso alcançado ao longo dessas linhas lançou novas questões, de maneira especial a de saber em que medida os próprios princípios podem ser reduzidos a propriedades mais profundas e naturais de computação, isto é, em que medida a linguagem é "perfeita", confiando em condições de otimização e relações muito simples? Uma teoria defende que, fora as características fonéticas acessadas pelos sistemas articulatório--perceptuais, as propriedades de uma expressão que fazem parte de uma língua são totalmente extraídas do léxico: a computação as organiza de maneiras muito restritas, mas não acrescenta nenhuma característica posterior; isso é uma simplificação considerável das assunções anteriores, as quais, se estivessem corretas, requereriam considerável reflexão sobre a "interface" entre a faculdade da linguagem e outros sistemas da mente. Outra recente teoria, proposta em essência por Richrad Kayne (1994), é que não há nenhuma variação de parâmetro em ordem temporal. Em vez disso, a ordem é um reflexo de propriedades estruturais determinadas no curso da computação: todas as línguas são da forma básica sujeito-verbo-objeto, sobre essas assunções. Outro recente trabalho procura mostrar que expressões possíveis que seriam interpretáveis na interface, se formadas, são impedidas pelo fato de que outras computações com as mesmas fontes lexicais são mais econômicas. (Sobre essas questões, ver Chomsky, 1993b, Chomsky, 1995b e fontes aí citadas.)

Sobre tais assunções, esperamos que as línguas sejam "aprendíveis", porque há pouco a aprender, mas em parte "não usáveis", por uma razão, porque condições de economia global podem produzir altos níveis de complexidade computacional. Seria uma surpreendente descoberta empírica que essas línguas fossem "aprendíveis"; não há nenhuma razão biológica geral ou outra qualquer pela qual as línguas tornadas disponíveis por meio da faculdade de linguagem devessem ser totalmente acessíveis, como seriam se as línguas fossem fixadas pelo estabelecimento de parâmetros simples. A conclusão de que as línguas são parcialmente não usáveis, entretanto, não é de todo surpreendente. Há muito se sabe que os sistemas de desempenho com frequência "falham", o que significa que fornecem uma análise diferente daquela determinada pelo sistema cognitivo (a Língua-I). Muitas categorias de expressões que propõem problemas estruturais para a interpretação têm sido estudadas: múltiplo encaixamento, conhecido como "sentenças *garden path*", e outros. Mesmo conceitos simples podem propor problemas difíceis de interpretação: palavras que envolvem quantificadores ou negação, por exemplo. Tais expressões, como *I missed (not) seeing you last summer* (Eu senti [não] tê-lo visto no verão passado), significando *I expected to see you but didn't* (Eu esperava vê-lo[a] mas não o[a] vi), causam uma confusão sem fim. Algumas vezes, a confusão é até mesmo codificada, como na expressão idiomática *near miss** que significa *nearly at hit,* não *nearly a miss* (análogo a *near accident*).

A crença de que o método Parsing é "fácil e rápido",** em uma fórmula conhecida – e que o *design* da teoria da linguagem precisa acomodar esse fato – é errônea; isso não é um fato. Entretanto, o problema é demonstrar que aquelas partes usáveis da linguagem são determinadas de uma maneira apropriada pelas teorias da computação e do desempenho, o que não é uma questão pequena.

Questões desse tipo levam-nos aos limites da pesquisa atual. São questões de uma nova ordem de profundidade e, daí, de interesse, no estudo da linguagem e da mente.

Outras questões estão relacionadas com as propriedades de interface: como os sistemas de desempenho fazem uso de expressões geradas pela Língua-I? Algumas características dessas expressões fornecem instruções apenas aos sistemas articulatório e perceptual; assim, um elemento de uma expressão linguística é sua *forma fonética*. Em geral, assume-se que essas instruções são comuns a ambas, articulação e percepção, o que não é de todo

---

* Uma situação na qual um acidente ou algo desagradável quase aconteceu e foi evitado em cima da hora.
** O método de subdivisão de sentenças pelo sistema arbóreo, por exemplo.

óbvio; daí ser também interessante se verdadeiro. Outras propriedades da expressão fornecem instruções apenas para sistemas conceptuais-intencionais; esse elemento da expressão é chamado de *forma lógica*, mas num sentido técnico que difere de outros usos; chamemos esse elemento de FL para evitar qualquer mal-entendido. Mais uma vez, assume-se que há apenas um leque de instruções desse tipo, dissociado da forma fonética. Essas assunções são até mesmo implausíveis e daí, se verdadeiras, descobertas muito interessantes.

Sobre tais assunções, o procedimento computacional mapeia um leque de escolhas lexicais em um par de objetos simbólicos, forma fonética e FL, e faz isso de uma maneira que é ótima, tomando-se por base um certo ponto de vista. Os elementos desses objetos simbólicos podem ser chamados de características "fonéticas" e "semânticas", respectivamente, mas devemos manter em mente que tudo isso é pura sintaxe totalmente internalista. É o estudo das representações e computações mentais, em muito semelhante à pesquisa de como a imagem de um cubo, em rotação no espaço, é determinada a partir de estimulações da retina, ou imaginada. Podemos tomar as características semânticas S de uma expressão E como seu *significado* e as características fonéticas F como seu *som*; E significa S em alguma coisa como o sentido da palavra inglesa correspondente e E soa F num sentido semelhante, S e F fornecendo a informação relevante para os sistemas de desempenho.

Uma expressão como *I painted my house brown* (Eu pintei minha casa de marrom) é acessada pelos sistemas de desempenho que a interpretam, no lado receptivo, e a articulam enquanto estão usando-a tipicamente para um ou outro ato de discurso, no lado produtivo. Como isso é feito? Os aspectos articulatório-perceptuais têm sido estudados de modo intenso, mas essas questões ainda estão entendidas de maneira limitada. Na interface conceptual-intencional, os problemas são até mesmo mais obscuros, e podem muito bem estar para além da pesquisa naturalística, em aspectos determinantes.

Talvez a assunção mais fraca plausível sobre a interface FL seja a de que as propriedades semânticas da expressão focalizam sua atenção em aspectos selecionados do mundo, como é considerado por outros sistemas cognitivos, e fornece perspectivas intricadas e muito especializadas, a partir das quais os vê, envolvendo de modo decisivo interesses e preocupações humanas, até mesmo nos casos mais simples. No caso de *I painted my house brown*, as características semânticas impõem uma análise com base em propriedades específicas de *design* e uso intencionado, uma característica exterior, e de fato muito mais intricada. Como mencionado no capítulo 2, se *I paint my house brown*, ela tem um exterior marrom; entretanto, posso pintar minha casa de marrom *internamente*. A dimensão exterior-interior tem uma opção marcada e uma não marcada; se nenhuma delas é indicada, a exterior é entendida. Essa é uma propriedade típica do léxico; se digo que Jones *climbed the mountain* (escalou a montanha), quero dizer que ele estava (em geral) indo para cima, mas posso dizer que ele escalou para *baixo a montanha*, usando a opção marcada. Se estou do lado de dentro de minha casa, eu a limpo, afetando apenas o interior, mas não posso ver isso, a menos que a superfície exterior seja visível (através de uma janela, por exemplo). E, com certeza, não posso estar perto de minha casa se estou dentro dela, mesmo que seja uma superfície, no caso não marcado. De maneira semelhante, um cubo geométrico é apenas uma superfície, mas, se estamos usando a linguagem natural, um ponto dentro do cubo não pode estar perto dele. Essas propriedades se sustentam de maneira muito genérica: em relação a caixas, iglus, aviões, montanhas e assim por diante. Se olho através de um túnel em uma montanha e vejo uma caverna iluminada dentro dela, não vejo a montanha; apenas se vejo sua superfície exterior (digamos, de dentro da caverna, olhando através do túnel num espelho fora que reflete a superfície). O mesmo é verdadeiro para objetos impossíveis. Se lhe conto que pintei um cubo esférico de marrom, você assume seu exterior como marrom, no caso não marcado, e se estou dentro dele você sabe que não estou perto dele. E assim por diante, para uma complexidade que tem sido muito subestimada e apresenta problemas de "pobreza de estímulo" tão extremos que o conhecimento de linguagem em relação a isso também pode ser assumido como substancialmente determinado de maneira inata; daí, virtualmente uniforme entre as línguas, muito à maneira como assumimos sem discussão ou entendimento outros aspectos de crescimento e desenvolvimento.

De modo muito típico, palavras oferecem perspectivas conflitantes. Uma cidade é tanto concreta como abstrata, tanto animada como inanimada: Los Angeles pode estar ponderando seu destino de maneira muito séria, temendo uma destruição por outro terremoto ou por decisão administrativa. Londres não é um lugar. Em vez disso, está *em* um lugar, ainda que não seja as coisas que estão naquele lugar, as quais poderiam ser radicalmente mudadas ou removidas, deixando Londres intacta. Londres poderia ser destruída e reconstruída, talvez depois de um milênio, sendo ainda Londres; Cartago poderia ser reconstruída hoje, da mesma maneira que Tom Jones, ainda que perfeitamente concreto, poderia ser reencarnado como um inseto ou transformado por uma bruxa em um sapo, esperando o beijo da princesa, mas continuando a ser Tom Jones – conceitos disponíveis para crianças pequenas, sem instrução ou experiência relevante.

O caráter abstrato de Londres é decisivo para sua individualização. Se Londres for reduzida a pó, *ela* – isto é, Londres – poderá ser *re*construída em outro lugar e ser a *mesma* cidade, Londres. Se minha casa for reduzida a pó, ela (minha casa) poderá ser reconstruída em outro lugar, mas não será a mesma casa. Se o motor de meu carro for reduzido a pó, não poderá ser reconstruído, ainda que possa se estiver apenas parcialmente estragado. Os pronomes envolvem dependência de referência, mas não necessariamente para a mesma coisa; e ambas, a dependência referencial e a noção mais estreita da mesmice, envolvem regras em um espaço muito intricado de interesses e preocupações humanas. Os julgamentos podem ser delicados e envolvem fatores que têm sido explorados de modo superficial.

Há muitos exemplos reais para ilustrar tais propriedades de termos da linguagem natural. Não temos nenhum problema para entender um relato no jornal diário sobre a infeliz cidade de Chelsea, que está se "preparando para mudar" (vista como animada), com alguns residentes se opondo a isso porque, "ao se mudar a cidade, ela ficará sem o seu espírito", enquanto outros dizem que "a menos que Chelsea mude, as enchentes irão destruí-la". Há uma cidade tanto chamada de "Jerusalém" como de "al-Quds" (da mesma maneira que Londres é chamada de "Londres" e "London"). O que é esta cidade? Seu lugar não é uma questão de uma disputa pequena, ou mesmo uma questão de resoluções de Conselho de Segurança Nacional. O governo que a considera sua cidade capital tem considerado planos para mudar al-Quds, e deixar Jerusalém em seu lugar. O presidente das autoridades de desenvolvimento explicou que "Precisamos encontrar uma capital para os palestinos, precisamos encontrar um local para al-Quds" – em algum ponto a nordeste de Jerusalém. A proposta é perfeitamente inteligível, uma vez que perturba muito as pessoas preocupadas com al-Quds. A discussão apresentaria enigmas de um tipo conhecido na literatura filosófica, mais ainda se a proposta fosse implementada – se supuséssemos que palavras como "Londres" ou "Jerusalém" se referissem a coisas no mundo em alguma linguagem pública, e se tentássemos afiar os significados e ideias para condições sob as quais as pressuposições de uso normal não se sustentassem, falhando em observar alguns dos bons conselhos de Wittgenstein.

Mesmo o *status* de coisas (nomeáveis), talvez o conceito mais elementar que temos, depende de forma determinante de questões intricadas como atos de vontade humana, mais uma vez algo entendido sem experiência relevante, determinado por propriedades intrínsecas da faculdade de linguagem e outras. Um monte de galhos no chão pode ser uma coisa (descontínua) – digamos uma cerca de estacas pontiagudas, uma barreira, uma obra de arte. Mas os mesmos galhos no chão não são uma coisa se deixados lá por um incêndio na floresta. (Sobre tais assuntos e sua significação para Quine e para teorias similares de aprendizado, ver Chomsky, 1975, p.43 et seq., 203.)

A questão da continuidade tempo-espaço não tem nenhuma relevância particular para esses problemas, ao contrário do que é algumas vezes assumido (ver Putnam, 1993). A descontinuidade de coisas não está de maneira alguma em questão; os Estados Unidos são descontínuos em espaço, ainda que tenham se tornado algo nomeável (alterando seu uso ao longo do tempo de plural para singular, no inglês); uma declaração ou uma *performance* teatral pode ser descontínua no tempo. Como acabamos de observar, os objetos descontínuos são prontamente entendidos como coisas nomeáveis, em uma matriz apropriada de interesses humanos. Se uma cidade é entendida na "ciência popular" como um objeto (possivelmente) descontínuo quadridimensional é uma questão de fato. A assunção de que ela é, ou de que a teoria semântica deveria dizer que ela é, requer interpretações muito antinaturais de termos como "mudar (Chelsea)", "a (Chelsea) inicial" etc., problemas facilmente considerados com uma estreita concentração sobre a referência-objeto. As propriedades e perspectivas envolvidas na individuação de cidades, casas e coisas semelhantes a essas ainda precisam ser descobertas e explicadas, independentemente da questão da continuidade.

As substâncias revelam os mesmos tipos de *design* especiais mentais. Tomemos o termo "água", no sentido proposto por Hilary Putnam: como coextensivo com "H_2O, produz ou assume certas impurezas" (Putnam, 1992, citando seu novo artigo clássico, Putnam, 1975). Mesmo em tal uso, com sua evocação questionável da ciência natural, pensamos que, se alguma coisa é água, depende de interesses e preocupações humanos especiais, mais uma vez em maneiras entendidas sem experiência relevante; o termo "impurezas" abarca um terreno difícil. Suponhamos que uma xícara$_1$ seja cheia com água de torneira. É uma xícara de água, mas se um saquinho de chá é mergulhado, não é mais o caso. É agora uma xícara de chá, algo, pois, diferente. Suponhamos que uma xícara$_2$ seja cheia com água de uma torneira de um reservatório no qual chá tenha sido despejado (digamos, como um novo tipo de purificador). O que está na xícara$_2$ é água, não chá, mesmo que um químico não possa distingui-lo do conteúdo atual da xícara$_1$. De um ponto de vista, as xícaras contêm as mesmas coisas; de outro, coisas diferentes. Mas, em cada caso, a xícara$_2$ contém apenas água e a xícara$_1$ apenas chá. Na xícara$_2$, o chá é uma impureza no sentido de Putnam; na xícara$_1$, não, e não temos água de maneira nenhuma (exceto no sentido de que leite ou uma pessoa, neste caso, é, na sua maior parte, formada de água). Se uma xícara$_3$ contém H_2O pura, na qual um saquinho de chá é mergulhado, é chá, não água, ainda que contenha uma concentração mais alta de moléculas de H_2O do que aquela que vem da torneira ou é extraída de um rio. Observemos que este é um caso particularmente simples, diferente de suas contrapartes "terra", "ar" e "fogo", entre muitas outras.

Continuando para além de casos mais simples, as complexidades aparecem. Posso pintar a porta da cozinha de marrom, assim ela é totalmente concreta; mas posso passar pela porta para a cozinha, alterando a figura e a base. O bebê pode acabar com a mamadeira e então quebrá-la, alterando o conteúdo e o continente com referência intencionada fixa. Há um interessante trabalho de James Pustejovsky que estuda as regularidades em tais sistemas, extraindo ideias de Julius Moravcsik, originalmente um seguidor de Aristóteles (ver seu e outros artigos em Pustejovsky, 1993; 1994; ver também Moravcsik, 1990; Chomsky, 1975). Como passamos para palavras com propriedades relacionais mais complexas e para estruturas nas quais elas aparecem, achamos que a interpretação é guiada em pequenos detalhes pelo sistema cognitivo, em maneiras que esperamos variar pouco, porque estão muito distantes da experiência possível.

O neurologista Rodolfo Llinás apresenta bem a questão quando descreve a percepção como "um sonho modulado pelo *input* sensorial", com a mente como um "estado computacional do cérebro gerado pela interação entre o mundo externo e o conjunto interno de quadros de referência" (Llinás, 1987, p.351). Os quadros internos que formatam os sonhos são, entretanto, muito mais intricados e intrigantes do que frequentemente se assume, mesmo no nível do léxico; são ainda mais complexos quando nos voltamos para expressões formadas pelos procedimentos computacionais.

Substituindo as propriedades das expressões, aprendemos mais sobre as instruções na interface FL ("semântica"), interpretadas de alguma maneira para pensar e falar sobre o mundo, junto com muito mais. Além dessas questões, outras importantes e obscuras ainda permanecem: em que sentido, por exemplo, essas propriedades pertencem à faculdade de linguagem como distinta de outras faculdades da mente às quais estão ligadas? Como as fontes do léxico se relacionam com os sistemas de crença, por exemplo? Tais questões permanecem no domínio do que as pessoas sabem, não no do que elas fazem. Respostas a elas ainda nos deixariam muito aquém do entendimento de como as fontes dos sistemas cognitivos são postas em uso. Diante dessa confusão e desses problemas é difícil ver como resolver muito do que podia ser submetido à pesquisa naturalística. Para algum comentário sobre isso, ver o capítulo 2 desta obra.

Observemos que as propriedades de palavras como "casa", "porta", "Londres", "água" e outras não indicam que as pessoas têm crenças contraditórias ou desconcertantes. Não há a tentação de extrair nenhuma conclusão desse tipo se descartamos a assunção empírica de que as palavras escolhem coisas, fora de seus usos particulares, as quais elas confinam em maneiras altamente intricadas.

Devemos assumir que expressões escolhem coisas, intrinsecamente? De maneira mais geral, as "assunções mais fracas" sobre as relações de interface, e a maneira como entram no pensamento e na ação, devem ser suplementadas para incluir relações que se estabelecem entre certas expressões e as coisas externas? Isso é comumente assumido, ainda que devamos ter cuidado ao distinguir duas variantes: (1) coisas no mundo, ou (2) coisas em algum tipo de modelo mental, representação de discurso e coisas semelhantes.[5] Se ocorre o último, então o estudo é mais uma vez internalista, uma forma de sintaxe. Suponhamos primeiro e continuemos a assumir que existam dois níveis de interface, a forma fonética e a FL.

Postulemos que, correspondendo a um elemento "a" de uma forma fonética, haja um objeto externo "*a" que "a" selecione como seu *valor fonético*; assim o elemento [ba] na Língua-I de Jones escolhe alguma entidade *[ba], "compartilhada" com Smith se há uma contraparte em sua Língua-I. A comunicação, então, pode ser descrita com base em tais entidades (parcialmente) compartilhadas, bem fáceis de construir: tomemos "*a" como o conjunto de cartas de baralho {a} ou {3, a}; ou, se queremos um sentimento mais realístico, algum constructo baseado em movimentos de moléculas. Com heroísmo suficiente, poderíamos defender esse ponto de vista, ainda que ninguém esteja fazendo isso, porque é claro que estamos apenas andando em círculos.

O mesmo pode ser feito na interface FL. Suponhamos que "a" seja interpretado pelo sistema computacional de uma ou mais escolhas lexicais, em que "a" seja uma representação FL ou algum objeto sintático mais amplo computado dele (uma expressão em alguma linguagem formal, algum tipo de modelo mental etc.). Poderíamos então estabelecer um objeto "*a" como seu *valor semântico*, externo à Língua-I, talvez compartilhado por Jones e Smith. Uma vez mais, "*a" poderia ser alguma construção arbi-

---

5 Deixei de lado, aqui e adiante, a assunção mais ampla de que estas relações se referem a objetos numa linguagem pública. Esta noção é desconhecida em pesquisa empírica e levanta o que parecem ser problemas insolúveis, até aqui não tratados. Para discussão, ver Chomsky, 1993a, e aqui o capítulo 2.

trária para a qual designamos as propriedades desejadas ou damos um toque de realismo de várias maneiras. Poderíamos então construir teorias de verdade e desenvolver um relato de comunicação em termos de entidades compartilhadas – com frequência de um tipo muito estranho, com certeza. Como no caso de qualquer proposta teórica que apresenta novas entidades e princípios, o que deve ser demonstrado é que é justificada nos termos empíricos usuais (poder explanatório etc.).

Uma boa parte da filosofia da linguagem contemporânea está preocupada em analisar relações entre expressões e coisas, explorando com frequência intuições sobre as noções técnicas "denotar", "referir", "verdadeiro em relação a" etc., vinculando expressões e alguma coisa. Mas não deve haver nenhuma intuição sobre essas noções, assim como não deve haver nenhuma sobre "velocidade angular" ou "proteína". Esses são termos técnicos do discurso filosófico, com um sentido estipulado que não tem nenhuma contraparte em linguagem comum; por isso Frege precisou fornecer um novo significado técnico para *Bedeutung*, por exemplo. Se exibimos novamente os experimentos pensados em termos comuns, os julgamentos parecem ruir ou, em vez disso, tornar-se de interesse tão relativo que não produziriam nenhum resultado significativo.

Sem aprofundar a questão aqui, não está de todo claro que a teoria da linguagem natural e seu uso envolva relações de "denotação", "verdadeiro de" etc. em algo semelhante ao sentido da teoria técnica do significado.

Algumas vezes defende-se que tais noções técnicas são exigidas para que se estabeleça a comunicação, ou para que se atribua a noção de verdade e falsidade. A primeira crença não tem base (entre outras passagens, ver Chomsky, 1993a, e o capítulo 2 aqui). A última também parece incorreta. Consideremos simplesmente os termos da linguagem comum com os quais essa discussão começou: "linguagem" e "mente". Consideremos duas declarações sobre linguagem e mente:

(1) *Chinese is the language of Beijing and Hong Kong, but not Melbourne.**

(2) *The mind is its own place, and in itself can make a Heaven of Hell, a Hell of Heaven.***

A primeira é verdadeira, mas o "chinês", com certeza, não tem um mundo real denotado, no sentido técnico, nem precisa que creiamos que tenha, a fim de designar valor de verdade. Se estamos convencidos pelo argumento de Milton (*Paraíso perdido*), vamos concordar que a segunda sentença é verdadeira, mas sem nos comprometer com a crença de que o sujeito, o pronome ou o reflexivo (ou as outras frases nominais) referem-se a alguma coisa no mundo ou em algum mundo mental obscuro. Pelo menos, não há a compulsão de sucumbir a tais tentações, por razões estabelecidas na crítica da teoria das ideias no século XVIII, muito enriquecida na filosofia da linguagem moderna comum. Tais propriedades são típicas das palavras da linguagem natural, muito mais do que se acredita, suspeito, por razões já indicadas. Isso não é negar que tais declarações podem ser feitas com intenções referenciais, mas elas são de uma natureza muito mais intricada.

De qualquer modo, parece não haver nenhuma conexão especial entre atribuição de verdade e falsidade e alguma noção de referência ou denotação em alguma coisa como o sentido de discurso técnico.

Consideremos em contraste outro termo que tenho usado: *Língua-I*, que figura em declarações tais como:

(3) *A Língua-I tem um parâmetro chefe.*

Essa declaração será falsa se a teoria de Kayne (1994) estiver correta, talvez verdadeira se não estiver. Neste caso, faz sentido dizer que o termo "Língua-I" tem um mundo real denotado ou

---

* O chinês é a língua de Pequim e Hong Kong, mas não de Melbourne.

** A mente tem o seu lugar próprio, e em si mesma pode fazer do Inferno um Céu e do Céu um Inferno.

pelo menos tem a intenção de ter. A declaração pertence ao mesmo tipo de discurso de declarações sobre H_2O, ácidos e bases, especificação de proteínas pelos genes etc. As sentenças não pertencem de fato à linguagem natural; elas contêm termos técnicos, tais como "Língua-I", apresentados de maneira um tanto diferente. À medida que as disciplinas avançam, fogem ainda mais do senso comum, e a linguagem comum tem sua origem onde a pesquisa começa.

É razoável supor que, no curso de tal pesquisa, tentemos construir sistemas nos quais objetos simbólicos bem construídos procuram escolher objetos no mundo: moléculas, línguas-I e assim por diante. Esses sistemas simbólicos podem ser chamados de "linguagens", mas isso é apenas uma metáfora. De modo típico, não têm propriedades de linguagem natural, são adquiridos e usados de uma maneira completamente diferente e, com certeza, não são instanciações do estado inicial da faculdade de linguagem. Podemos articular objetos simbólicos desses sistemas com a fonética de nossa linguagem e emprestar construções de nossa linguagem ao usá-los, mesmo quando contêm termos inventados ou baseados em línguas que não conhecemos ("eigenvector", "homo sapiens"), mas tudo isso é irrelevante. Os sistemas podem se originar de maneiras arbitrárias da linguagem natural, pelo uso de cálculos, notações químicas e diagramas ou qualquer outra coisa.

Esses sistemas simbólicos podem muito bem almejar o ideal de Frege. De acordo com essa abordagem, há uma "linguagem pública comum", com fórmulas ou signos que expressam pensamentos compartilhados. A "linguagem" tem uma sintaxe, especificamente uma classe de fórmulas bem formadas; não há "resposta certa" para a questão de como esse conjunto é gerado. Ela também tem uma semântica baseada na noção técnica de *Bedeutung*, uma relação entre símbolos e coisas. Talvez uma propriedade da faculdade de formação de ciência da mente humana seja que ela almeja construir sistemas de Frege. Se for assim, isso não irá nos dizer nada sobre a linguagem natural. Aqui não há nenhuma contraparte para a noção de linguagem "comum" ou "pública". A sintaxe é radicalmente diferente. Há uma resposta real para a questão de qual é o "procedimento gerativo correto"; línguas-I são funções relacionadas em intensão. E parece não haver nenhuma noção de "fórmula bem formada" no sentido usado, por exemplo, por Quine em suas discussões de equivalência extensional e indeterminação da tradução, ou por muitos linguistas, psicólogos, filósofos e outros que têm se preocupado com capacidade gerativa, decidibilidade de boa formação, redução a gramáticas de contexto livre, excesso de força de certas teorias e outros problemas que não podem nem mesmo ser formulados pela linguagem natural, até onde sabemos. (Sobre mal-entendidos em relação a essas questões e suas origens, ver Chomsky, 1980; 1986.)

Quanto à semântica, na medida em que entendemos o uso da linguagem, o argumento para uma semântica baseada na referência (fora uma versão sintática internalista) me parece fraco. É possível que a linguagem natural tenha apenas sintaxe e pragmática; ela tem uma "semântica" apenas no sentido do "estudo de como este instrumento, cuja estrutura formal e cujas potencialidades de expressão estão sujeitas à investigação sintática, é, de fato, colocado em uso em uma comunidade de discurso", para citar a formulação inicial em gramática gerativa de quarenta anos atrás, influenciada por Wittgenstein, Austin e outros (Chomsky, 1955/1975; 1957, p.102-3). Desse ponto de vista, a linguagem natural consiste de computações internalistas e sistemas de desempenho que a acessem junto com muitas outras informações e crenças, executando suas instruções de maneiras particulares, para nos capacitar a falar e a comunicar, entre outras coisas. Não haverá nenhuma provisão para o que Scott Soames chama de "o fato semântico central sobre linguagem ... que é usado para representar o mundo", porque não se assume que a linguagem seja usada para representar o mundo, no sentido intencionado. (Soames [1989] citado por B. Smith [1992] como a questão central para os filósofos ou para a linguagem.)

Apenas esbocei a questão de maneira superficial, esperando transmitir alguma ideia de como poderíamos estudar a linguagem como um objeto natural, para onde tal pesquisa tem levado e que tipos de problemas estão no horizonte. Talvez pudesse terminar com apenas uma palavra sobre seus limites, mesmo que estendidos para um objetivo consideravelmente mais amplo. Já se tem sugerido alguma indicação de limites possíveis; questões gerais de intencionalidade, incluindo as do uso da linguagem, não podem ser assumidas de forma razoável como pertencendo à pesquisa naturalística, creio eu. A questão pode ser posteriormente esclarecida ao se retornar ao dualismo cartesiano, a hipótese científica que procurou captar, em particular, o fato aparente de que o uso normal da linguagem repousa sobre os limites de qualquer máquina possível. O panorama cartesiano foi minado pela descoberta de que mesmo o comportamento da matéria inorgânica está fora desses limites. Entretanto, os argumentos podem ser reconstruídos, mesmo que agora sem implicações metafísicas, uma vez que o conceito de matéria tenha desaparecido. Assim reformulado, eles ainda parecem constituir um completo mistério. Não são, por exemplo, afetados pela transição de um artefato complexo que intrigou os cartesianos para os computadores de hoje, e as ciências do cérebro pouco esclareceram sobre eles.

Talvez, como alguns acreditam, esses problemas sejam irreais. Talvez sejam reais, mas não temos sugestão sobre a maneira de abordá-los. Possivelmente, qualquer que seja ela, "essa maneira" esteja fora de nossas capacidades cognitivas, para além do alcance da faculdade de formação de ciência. Isso não deve surpreender-nos, se verdadeiro, pelo menos se nosso desejo é acolher a ideia de que os humanos são parte do mundo natural, com um rico escopo e limites correspondentes, enfrentando problemas que poderiam desejar resolver e mistérios que estão para além de seu alcance, "os mais altos segredos da natureza", os quais "sempre permanecerão" em "obscuridade", como Hume supôs, ecoando algumas especulações do próprio Descartes.

6
A linguagem de uma perspectiva internalista

Gostaria de expandir algumas observações sobre o estudo da linguagem e da mente já apresentadas aqui, de modo especial no capítulo 5. Para começar, quero distinguir uma abordagem *internalista* de uma abordagem *naturalística* – com esta quero indicar apenas a tentativa de estudar os seres humanos, como fazemos com qualquer outra coisa no mundo natural. A pesquisa naturalística internalista procura entender os estados internos de um organismo. O estudo naturalístico não está, é claro, limitado a tais pontos; a pesquisa internalista de um planeta ou de uma formiga não se apropria nem exclui o estudo do sistema solar ou de uma comunidade de formigas. Os estudos não internalistas de humanos podem assumir muitas formas: tanto as fases em um ciclo de oxigênio a dióxido de carbono ou na transmissão de genes como um grupo de fazendeiros ou de gastrônomos, como participantes em associações e comunidades, com suas estruturas de poder, seus sistemas doutrinários, suas práticas culturais e assim por diante. Os estudos internalistas são em geral considerados de outros tipos, com uma amplitude maior, mas deve ficar evidente que não há nenhuma precedência quanto à legitimidade de um ou de outro tipo de pesquisa.

Para um esclarecimento adicional, sustento aqui a questão do entendimento teórico, o tipo específico de pesquisa que procura explicar alguns aspectos do mundo com base em estruturas em geral escondidas e em princípios explanatórios. Uma pessoa comprometida com a pesquisa naturalística pode, de forma consistente, acreditar que aprendemos mais do interesse humano sobre como as pessoas pensam, sentem e agem com o estudo da história ou lendo romances do que com toda a pesquisa naturalística. Fora dos domínios estreitos, a pesquisa naturalística tem provado ser rasa ou inútil e talvez sempre vá ser, talvez por razões relacionadas a nossa natureza cognitiva.

Neste ponto, chamarei os aspectos do mundo que me preocupam de aspectos mentais e linguísticos, usando os termos de maneira inócua – nos moldes de "químico", "elétrico" ou "óptico" – para selecionar um complexo de fenômenos, eventos, processos e assim por diante que parecem ter uma certa unidade e coerência. Por "mente" quero indicar aspectos mentais do mundo. Em nenhum desses casos há qualquer necessidade de esclarecimento anterior, nem qualquer razão para crer que as categorias irão sobreviver à pesquisa naturalística onde ela possa fazer algum progresso.

Por "naturalismo" pretendo dizer "naturalismo metodológico", contraposto a "dualismo metodológico": a doutrina que na questão do entendimento teórico da linguagem e da mente deve ser estudada de alguma maneira diferente dos meios pelos quais investigamos objetos naturais, como uma questão de princípio. Essa é uma doutrina que poucos podem abraçar, mas que domina muito da prática, eu creio. (Para uma recente discussão, ver Chomsky, 1986; e capítulos 2 e 3 desta obra.)

Um dos ramos da pesquisa naturalística estuda o entendimento do senso comum. Aqui estamos preocupados em como as pessoas interpretam a constância do objeto, a natureza e as causas do movimento, do pensamento e da ação, e assim por diante ("ciência popular", em um dos sentidos do termo). Talvez a maneira correta de descrever isso seja falar em crenças sobre os constituintes do mundo (podemos chamá-los de "entidades") e sua organização, sua interação e suas origens. Assumamos isso. É uma questão aberta se – e, caso seja, como isso acontece – as fontes conceptuais da ciência popular se relacionam com aquelas envolvidas na pesquisa reflexiva e autoconsciente, encontrada em cada cultura conhecida ("ciência inicial"), e com a iniciativa particular que chamamos de "ciência natural". Por conveniência, permitam-me referir-me ao estudo de todas essas matérias como "etnociência".

Também é uma questão aberta a maneira como as fontes conceptuais que entram nesses sistemas cognitivos se relacionam com as fontes da semântica (incluindo a lexical) da faculdade da linguagem. As pessoas atribuem crenças se falam línguas que não têm esse termo? Parece que é o caso da grande maioria. É possível que alguém não conheça os termos reconhecidos como *savoir faire*, *Schadenfreude*, *machismo* ou qualquer outro expresso pelas incontáveis locuções que desafiam os tradutores? Se digo que uma das coisas que me preocupam é o homem médio e suas fraquezas ou as prioridades de Joe Sixpack, ou a atitude interna de Raytheon em relação ao último contrato de míssil, segue-se que creio que o mundo real, ou algum modelo mental meu, é constituído de entidades tais como homem médio, fraquezas, Joe Sixpack, prioridades e atitudes internas? Quando a imprensa publica que um cometa está apontando em direção a Júpiter e que os pescadores de lagostas estão pescando demais nas águas da Nova Inglaterra, isso significa que os escritores e leitores acham que os cometas têm intenções e que as lagostas são peixes? Essas são questões de fato sobre a arquitetura da mente, formuladas de maneira imprópria, sem dúvida, já que tão pouco é entendido sobre isso.

Caso a intuição constitua algum guia confiável, parece haver um considerável abismo entre as fontes da semântica da linguagem interpretadas de forma literal e pensamentos expressos que fazem uso delas. Estou satisfeito em falar do Sol que se põe no horizonte, dos cometas que apontam diretamente para Júpiter e das ondas que batem na praia, dissolvem-se e desaparecem à medida que o vento cessa. Mas não estou consciente de ter crenças que correspondem literalmente à terminologia animista e intencional que uso de modo livre, ou que entrem em conflito com alguma coisa que entendo sobre a relatividade e sobre os movimentos das moléculas. Nem o mundo, nem meu universo mental parecem estar povoados com alguma coisa das que descrevo como coisas que me preocupam. Quando exploram as relações entre a linguagem e o pensamento (por exemplo, a hipótese de Sapir-Whorf), psicólogos e antropólogos acham esses problemas difíceis e desafiadores; várias respostas prontas são oferecidas em grande parte da literatura filosófica contemporânea, mas a partir de bases que me parecem menos que persuasivas.

Na verdade, respostas muito diferentes são apresentadas. Tomemos a linguagem como exemplo. Donald Davidson escreve que

> todos nós falamos de maneira tão livre sobre linguagem, ou linguagens, que temos a tendência de nos esquecer de que tais coisas não existem no mundo; há apenas pessoas e seus vários escritos e produtos acústicos. Esse ponto, óbvio em si mesmo, é, entretanto, fácil de ser esquecido. (1990b)

Para a maioria dos filósofos da linguagem, é igualmente óbvio que *há* no mundo coisas como as línguas; de fato, línguas "comuns, públicas" – chinês, alemão etc. – das quais, alguns defendem, temos "um entendimento parcial e parcialmente errôneo" (Dummett, 1986, p.468). Hilary Putnam, entre muitos outros, considera o fato óbvio e sua negação é, para Davidson, junto com os fatos igualmente óbvios sobre as coisas no mundo que correspondem a frases nominais, muito livre, assim parece; dessa maneira, o mundo contém tudo a que possamos nos referir como algo que nos interessa ou que nos incomoda, incluindo a denotação de palavras que não conhecemos (Davidson, 1990b; Putnam, 1992; 1988a).[1]

Uma terceira posição é que as conclusões sobre tais questões raramente são óbvias: as respostas têm de ser encontradas caso a caso e as questões exigem, em primeiro lugar, uma formulação mais cuidadosa. O etnocientista procura determinar o que as pessoas consideram constituintes do mundo, ainda que possam falar sobre eles. Uma pesquisa diferente procura a melhor teoria da linguagem e seu uso, e os estados, processos e estruturas que fazem parte dela.

As questões aparecem nos casos mais simples: objetos nomeáveis, substâncias, artefatos, ações e assim por diante. Considero uma escrivaninha aquilo que está a minha frente, mas poderia ser convencido de que se trata da cama de um anão que estou usando mal como uma escrivaninha; isso é uma questão de intenção do *designer* e do uso regular. De determinado ponto de vista, considero isso a mesma coisa qualquer que seja a resposta; de outro ponto de vista, uma coisa diferente. Os fatores que entram em tais escolhas são diversos e complexos. Considero que seja chá o conteúdo da xícara sobre a escrivaninha, mas se sou informado de que o líquido saiu da torneira, depois de passar através de um filtro de chá no reservatório, concluo que, na verdade, é água, não chá (ver também capítulo 5, p.227). Mais uma vez, é a mesma coisa para mim, em qualquer caso, de certo ponto de vista, e uma coisa diferente, de outro. Alguns galhos sobre os quais passo na estrada não são nada, a menos que me seja explicado que foram especificamente construídos como algum tipo

---

1 Não está totalmente claro que Putnam e Davidson difiram, já que Putnam não indica o que quer dizer com "linguagem", enquanto Davidson apresenta uma noção modelada na linguagem formal que certamente não é de Putnam; entretanto, a conclusão de Davidson pareceria excluir o que quer que seja intencionado. A linguística internalista também seria excluída, a menos que entendêssemos "pessoas" incluindo suas faculdades, seus estados etc.

de objeto, ou por pessoas, ou talvez por castores. O que é alguma coisa depende das configurações específicas de interesses, intenções, objetivos e ações humanas – observação de certa forma tão velha quanto Aristóteles. Seria possível que, em tais casos, não mudasse minhas crenças sobre os constituintes do mundo como mudanças de identificação – que em minha própria variante de "ciência popular" as entidades que meu computador exibe, que enchem minha xícara e pelas quais passo na estrada permanecem como se fossem independentes de explicações, as quais as colocam em relações inesperadas com *designs*, intenções, usos e propósitos.

Dependendo do avanço nos estudos da faculdade da linguagem e de outros sistemas cognitivos, talvez cheguemos a entender em que aspectos minha visão do mundo é enquadrada em termos de coisas selecionadas e individualizadas por propriedades de meu léxico, ou mesmo envolve entidades e relacionamentos que podem ser descritos pelas fontes da faculdade de linguagem. Algumas propriedades semânticas parecem de fato ligadas de maneira específica à linguagem, desenvolvendo-se como parte dela, intimamente integradas a seus outros aspectos, até mesmo representadas de maneiras naturais em suas estruturas morfológicas e sintáticas. Termos de linguagem podem indicar posições nos sistemas de crenças, os quais enriquecem posteriormente as complexas perspectivas que proporcionam como visão de mundo. Alguns termos, em especial os que não apresentam estrutura relacional interna, podem fazer pouco mais que isso; de maneira particular, constituem os "termos-tipo naturais", ainda que a expressão seja enganosa, já que têm pouco a ver, se é que têm alguma coisa, com os tipos da natureza. Akeel Bilgrami observa que a análise das fontes do léxico de "uma perspectiva do agente de linguística sobre as coisas", resistindo a noções dúbias de referência independente, leva de modo natural a ligação do estudo do significado a "coisas tais como as crenças, como mediando as coisas no mundo, com as quais nos posicionamos em relações causais" e às noções "radicalmente locais ou contextuais" de conteúdo que ela desenvolve, ao rejeitar "totalmente a corrente de pensamento atual que bifurca o conteúdo entre amplo e estreito". Parece que essas são opções frutíferas a ser adotadas (ver Bilgrami, 1993, p.62; sobre termos-tipo naturais, ver Bromberger, 1992a).

O estudo das fontes da semântica da faculdade de linguagem não é etnociência, e ambas as iniciativas, é claro, devem ser distinguidas da pesquisa naturalística na linha de tópicos que a linguagem natural e a ciência popular focalizam de sua própria maneira. A observação é um truísmo no caso de maçãs que caem, de plantas que se voltam para a luz e de meteoros que apontam para os céus; aqui ninguém espera que a linguagem comum ou a ciência popular tente ganhar entendimento teórico do mundo, além de seus pontos de partida intuitivos. Em contraste, é considerado um sério problema determinar se "o discurso mentalístico e as entidades mentais [irão] eventualmente perder seu lugar em nossas tentativas de descrever e explicar o mundo" (Burge, 1992, p.33). A crença de que o discurso mentalístico e as entidades irão perder seu lugar é "eliminacionismo" ou "materialismo eliminativo", o que Burges identifica como a linha principal do esforço de "fazer que a Filosofia se torne científica"; uma tese importante, ainda que talvez esteja errada.

A razão pela qual ela é importante não está clara. Se substituímos "mental" por "físico" na tese, ela perde seu interesse: "o discurso fisicalista e as entidades físicas" há muito tempo "perderam seu espaço em nossas tentativas de descrever e explicar o mundo", se com "fisicalista" e "físico" queremos indicar as noções do discurso comum ou da ciência popular, e com "tentativas de descrever e explicar o mundo" queremos dizer pesquisa naturalística. Por que devemos esperar qualquer coisa diferente de "discurso mentalístico e entidades mentais"? Por que, por exemplo, devemos assumir que a Psicologia "procura refinar, aprofundar, generalizar e sistematizar algumas das declarações do senso comum informado em relação à atividade mental das pessoas"? (Burge, 1986a, p.8).[2] Ainda que a Química, a Geologia e a Biologia não tenham preocupações comparáveis. Ninguém espera que o discurso comum sobre coisas que acontecem no "mundo físico" tenha qualquer relação particular com teorias naturalísticas; os termos pertencem a universos intelectuais diferentes. Esses fatos não são considerados para estabelecer um problema corpo a corpo, nem ninguém propôs uma tese sobre a "anomalia do físico" para lidar com eles. Então, o mesmo deveria ser verdadeiro em relação a declarações tais como "John fala chinês" ou "John pegou sua sombrinha porque acha que vai chover" – ainda que possamos esperar, em todos os casos, que a ciência possa produzir algum entendimento e esclarecer algo sobre os domínios abertos para a pesquisa pelas perspectivas do senso comum.

Não parece haver aqui nenhuma base para qualquer tipo de problema do corpo–mente e nenhuma razão para questionar a tese de Davidson de que não há leis físicas que conectem os eventos mentais e físicos num esquema explicativo apropriado; por razões semelhantes, não há leis físico-químicas que relacionem o discurso comum sobre coisas às ciências naturais, mesmo que os eventos particulares descritos estejam em sua linha descritiva potencial. As distinções entre o mental e outros aspectos do mundo a esse respeito não parecem garantidas, exceto em um ponto: nosso entendimento teórico da linguagem, da mente e das pessoas em geral é tão superficial, fora seus domínios limitados, que podemos usar apenas nossas fontes intuitivas ao pensar e falar sobre essas questões.

Não é que o discurso comum falhe em falar sobre o mundo, ou que as particularidades que ele descreve não existam, ou que as explicações sejam por demais imprecisas. Em vez disso, as

---

2 Burges está descrevendo o que ele considera "a psicologia como ela é", mas o contexto indica que algo mais é intencionado. Sobre a assunção, ver mais adiante neste capítulo.

categorias usadas e os princípios evocados não precisam ter nem mesmo vagas contrapartes na pesquisa naturalística. Isso é verdadeiro mesmo em relação a partes do discurso comum que têm um feitio quase naturalístico. A maneira como as pessoas decidem se alguma coisa é água ou chá não é uma preocupação da Química. Não é uma tarefa necessária para o bioquímico decidir a que ponto, na transição de simples gases a bactérias, encontramos a "essência da vida" e, se esse tipo de categorização fosse imposto, a correspondência às noções do senso comum não seria mais importante que para *os céus*, ou *energia*, ou *sólido*. Não é do interesse dos biólogos se o uso ordinário considera os vírus "vivos"; os biólogos vão categorizá-los escolhendo em termos de genes e condições sob as quais eles funcionam. Não podemos nos valer do uso ordinário para julgar se François Jacob está correto em afirmar que "para o biólogo os seres vivos são formados apenas com o que foi capaz de constituir um programa genético" (1974, p.304), ainda que "para o químico, em contraste, seja algo um tanto arbitrário fazer uma demarcação onde pode somente haver continuidade". De maneira semelhante, o conceito "ser humano", com suas curiosas propriedades de continuidade física, não faz parte das ciências naturais. Na verdade, a teoria da evolução e outras partes da Biologia tentam entender John Smith e seu lugar na natureza; entretanto, não fazem isso sob a descrição "ser humano" ou "pessoa" como interpretado em linguagem ou em pensamento comum. Essas noções são interessantes para a semântica e para a etnociência da linguagem natural, mas não para os ramos da biologia humana que procuram entender a natureza de John Smith e a dos que pertencem à mesma espécie, ou o que os distingue dos macacos e das plantas (para uma visão contrária em relação a esses exemplos, ver Putnam, 1992).

As ciências especiais também assumem seus próprios caminhos. Para tomar emprestado o exemplo de Jerry Fodor do meandro de um rio causando erosão em suas margens, as ciências da terra não se preocupam com as circunstâncias sob as quais as pessoas consideram-no o mesmo rio se o fluxo é revertido ou redirecionado em um curso diferente, nem lhes interessa se algo projetado do mar é denominado "ilha" ou montanha com uma base de água. O mesmo deveria se esperar do caso de noções tais como *linguagem* e *crença*, e de termos de campos semânticos relacionados em várias línguas e contextos culturais.

As ciências naturais particulares são em geral reconhecidas como amplos artefatos e conveniências, a cujas ligações não esperamos conferir natureza; o comentário de F. Jacob é típico. A observação não é controvertida para as "ciências duras", mas tem sido desafiada com vigor no caso da linguagem. Tem havido muito debate acalorado sobre qual é *realmente* a questão central da Linguística, e que categorias de dados podem ser sustentadas por ela. Faz-se uma distinção entre *evidência linguística*, apropriada para a *Linguística*, e *evidência filosófica* e outra evidência, que não são. Tais discussões, que podem ser encontradas em todas as disciplinas relevantes, são estranhas à pesquisa naturalística. Uma observação empírica não é apresentada com uma observação do tipo "eu sou a favor de X", onde X é Química, Linguística ou o que quer que seja. Ninguém pergunta se o estudo de uma molécula complexa faz parte da Química ou da Biologia, e ninguém deveria perguntar se o estudo das expressões linguísticas e de suas propriedades faz parte da Linguística, da Psicologia ou das ciências do cérebro.

Nem podemos saber com antecedência que tipos de evidência poderiam ser apresentadas nessas questões. Assim, uma pesquisa atual sugere que os estudos da atividade elétrica do cérebro podem fornecer evidência relacionando-se com ele, uma impossibilidade conceptual de acordo com uma parte considerável da literatura, que propõe outras disputas estranhas: por exemplo, que os estudos do deslocamento perceptual de cliques poderia fornecer evidência sobre frases-limite, enquanto as observações sobre a anáfora em japonês, que fornecem evidências muito mais fortes sobre bases naturalísticas, não constituem evidência para teses factuais de maneira alguma, por causa de alguma forma letal de indeterminação (por exemplo, Quine, 1987). Ou que devemos continuar – ou mesmo estar interessados – com a "visão da vovó" sobre o domínio da Linguística, ainda que não da Química (Devitt & Sterelny, 1989). Ou que os estudos sobre processamento, aquisição, patologia, danos, variabilidade genética e assim por diante não podem, em princípio, ser usados como evidência sobre a existência e sobre o *status* de elementos de representação linguística (Soames, 1989), ao contrário do que linguistas em ação há muito têm acreditado; por exemplo, Edward Sapir e Roman Jakobson, em obra clássica, ou recentes estudos sobre efeitos fundamentais no processamento e suas implicações concernentes a elementos não articulados. Todos esses movimentos refletem alguma forma de dualismo, uma insistência de que não podemos tratar o domínio do mental, ou pelo menos da Linguística, como fazemos com outros aspectos do mundo.

O dualismo metodológico tem algumas vezes sido defendido de modo explícito, ou ao menos é o que parece. Consideremos a tese de Michael Dummett de que os relatos científicos apresentam pouca explicação filosófica por razões conceptuais. Para usar seu exemplo, suponhamos que uma abordagem naturalística à Linguística seja bem-sucedida, muito mais do que se podia sonhar. Suponhamos que ela forneça uma explicação precisa do que acontece quando as ondas de som chegam ao ouvido e são processadas, que seja totalmente integrada com a teoria científica da ação, e que resolva o problema da unificação, integrando as teorias das células e os processos computacionais. Teríamos então uma teoria bem-sucedida do que Jones sabia quando adquiriu uma linguagem: o que sabia sobre rima, vínculo, uso apropriado de situações e assim por diante. Mas, escreve Dummett, não importando quão bem-sucedidas fossem essas descobertas, elas não iriam "contribuir em nada para a Filosofia", que exige uma resposta diferente para uma diferente questão: não como o conhecimento é estocado ou usado, mas "como ele é liberado". A explicação naturalística seria uma "hipótese filosófica", mas não uma "explicação filosófica", porque não nos informa sobre "a forma pela qual [o corpo do conhecimento] é liberado" (Dummett, 1991; 1993, p.xi). Para as ciências, a explicação informa tudo que pode ser perguntado sobre a forma pela qual o conhecimento é liberado, mas a Filosofia exige um tipo de explicação desconhecida na pesquisa naturalística.

Se entendida dessa maneira, a Filosofia parece excluir uma grande parte do cerne da filosofia tradicional: Hume é um exemplo disso, já que estava preocupado com "a ciência da natureza humana" e procurava encontrar "as fontes e os princípios secretos pelos quais a mente humana é acionada em suas operações" (1975 [1748], seç.19, p.14), incluindo aquelas "partes de [nosso] conhecimento" que são derivadas "da mão original da natureza" (ibidem, seç.85, p.108), uma iniciativa que comparou à de Newton. Se Hume tivesse atingido esses objetivos, teria estabelecido a "hipótese psicológica", conforme Dummett, mas ainda não teria contribuído com nada para a Filosofia. A "explicação filosófica" exige algo mais que uma descoberta das "fontes e dos princípios secretos" da mente e de como eles funcionam.

Se consigo, de fato, entender as proposições de Dummett, a explicação filosófica envolve de maneira decisiva o acesso à consciência. Imaginemos então uma criatura marciana M, exatamente como nós, com exceção do fato de que M pode tornar-se consciente de como sua mente é "acionada em suas operações". Quando perguntamos a M se está seguindo as regras da fonologia ao construir rimas, ou a Condição (B) da Teoria de Ligação, ao determinar a dependência referencial, M reflete e diz: "Sim, é exatamente isso que estou fazendo" – assumindo, por extensão, que é isso que você e eu estamos fazendo. Para M, teríamos uma "explicação filosófica"; entenderíamos a forma pela qual o conhecimento é liberado e poderíamos atribuir de maneira apropriada o conhecimento a M, mas não teríamos achado a solução para a "explicação filosófica" e para a atribuição do conhecimento para o ser humano que opera da mesma maneira que M, ainda que sem consciência. Do mesmo modo que Quine, John Searle e outros apresentam a questão, poderíamos dizer que M está seguindo regras e é dirigido por elas, enquanto os humanos não podem ser assim descritos. Para evitar consequências contraintuitivas imediatas, Searle insiste posteriormente na noção de "acessar em princípio", o que continua muito obscuro (ver aqui capítulo 4).

Essas propostas são substantivas ou apenas terminológicas? A última opção parece a correta; não vejo o que as questões substantivas suscitam. Poderia ser acrescentado que as propostas se desviam de maneira radical do uso comum, pois, quaisquer que sejam, elas valem a pena. No uso informal, dizemos que minha neta está seguindo as regras para o passado regular e para certos verbos irregulares quando diz *I brang my bike home* (Eu *trazi* minha bicicleta para casa), ainda que essas regras não estejam acessíveis à consciência, para crianças e adultos, mais que aquelas que Quine, Searle e outros desqualificam. O conceito "wittgensteiniano" de Saul Kripke de seguir a regra em termos de normas da comunidade é, de modo virtual, a contraparte do uso comum, o qual atribui de modo típico o comportamento dirigido por regras em casos de desvio de tais normas, como no exemplo que acabou de ser apresentado. Em contraste com isso, seria provável que apenas um linguista dissesse que minha neta está seguindo as regras da Teoria de Ligação, conformando-se à comunidade (de fato, a comunidade humana, muito provavelmente).

No estudo de outros aspectos do mundo, estamos satisfeitos com os argumentos da "melhor teoria" e não há categoria privilegiada de evidência que forneça critérios para as construções teóricas. No estudo da linguagem e da mente, a teoria naturalística não é suficiente; precisamos procurar "explicações filosóficas", delimitar a pesquisa pela imposição de algum critério, exigir que os postulados teóricos sejam baseados em categorias de evidência selecionada pelo filósofo e confiar em noções tais como o "acesso em princípio", que não tem espaço na pesquisa naturalística. O que quer que tudo isso signifique, há uma demanda fora do naturalismo, uma forma de dualismo que ainda precisa ser explicada e justificada.

As demandas filosóficas são algumas vezes motivadas pelos problemas de erro e de autoridade de primeira pessoa. Defendendo uma posição muito semelhante àquela antecipada aqui, Barry Smith conclui que ainda sente falta de "uma explicação filosófica satisfatória" por tais razões; essa explicação falha em "informar-nos o que vale como uso ... de palavras corretas, isto é, [o que significa] estar de acordo com certos modelos normativos de uso", e também falha em explicar nosso conhecimento autorizado de sintaxe e de significado em nossa própria língua. Assim, o "trabalho filosófico ... é vital para completar o projeto geral", trabalho que vai além da "psicologia científica" (incluindo a linguística internalista) (B. Smith, 1992, p.134-5).

Essas conclusões não me parecem garantidas. Consideremos um exemplo típico. Suponhamos que Peter, um falante normal de inglês, diga *John expects to like him* (John espera gostar dele). Concluo que ele tem a intenção de se referir a duas diferentes pessoas: John e alguém mais que selecionou por meio do pronome *him* (ele). Se Pedro enquadrasse a mesma expressão no contexto *Guess who _____* (Adivinhe quem _____), de maneira que dissesse *Guess who John expects to like him* (Adivinhe quem John espera gostar dele), não sei se ele teve ou não a intenção de se referir apenas a John. Em *John expects to like him, him* não é, em termos referenciais, dependente de John; em *Guess who John expects to like him*, a questão é aberta. Há uma boa explicação de tais fatos a partir de uma teoria linguística internalista, o que chamaremos de T.

Suponhamos T como verdadeiro em relação ao marciano M e a nós. M pode informar-nos que extraiu essas conclusões com base em T, o que pode reconhecer e até mesmo articular; eu não posso, mesmo que opere da mesma maneira que M. Dado o acesso da consciência de M às regras que segue, alguns são inclinados a sentir que temos uma explicação "facilmente autorizada" do indivíduo M sobre os fatos descritos de modo informal; mas a explicação naturalística internalista "faz um quebra-cabeça" ou um "mistério total" dessa autoridade de primeira pessoa no caso de Peter. Sem o acesso à consciência por parte de M, como Peter pode "entender ... expressões particulares", digamos aquelas em questão sobre as quais ele é "facilmente autorizado"?, pergunta Crispin Wright (1989, p.236). Ele sugere o projeto de Wright como um complemento necessário.

Coloquemos a questão de maneira diferente. O tipo de explicação que pode ser apresentado hoje, incluindo T, não "faz um mistério" da autoridade de primeira pessoa, ainda que *deixe* um mistério, tanto sobre M como sobre Peter. Para ambos, temos uma explicação que satisfaz as condições das ciências (questões de precisão e acuidade à parte), mas não temos qualquer esclarecimento sobre a natureza da consciência, algo não relevante para a questão de seguir a regra e da autoridade de primeira pessoa, ainda que seja interessante.

Peter segue as regras de T porque essa é a maneira como ele é construído, da mesma maneira que vê o pôr do sol e as ondas que batem contra as rochas; sua autoridade de primeira pessoa é exaurida por esse fato. Quanto ao que chamamos de "erro", há muitos tipos possíveis. Peter pode partir de alguns padrões externos – digamos, usando "ininteressado" para significar "desinteressado" ou seu dialeto nativo em uma aula formal. Ele pode escolher violar as regras, usando talvez a palavra "cadeira" para significar *mesa* em um código – sabendo que em sua própria língua ela significa *cadeira*. Ao fazer isso, usa faculdades da mente, além da faculdade de linguagem. Pode interpretar mal uma expressão, em que seu sistema de desempenho produz uma interpretação diferente daquela que sua linguagem interna impõe; categorias bem conhecidas de casos como esses têm sido estudadas de maneira produtiva. Passando para outras possibilidades, parece que não encontramos nenhum limite para a psicologia internalista.

Outros usam termos diferentes para o que aparentemente são os mesmos pontos. Assim, Thomas Nagel argumenta que uma completa teoria naturalística da linguagem, seu uso e sua aquisição, não iria descrever um "mecanismo psicológico", mas "apenas um mecanismo físico – pois ela seria incapaz de suscitar o pensamento da consciência subjetiva cujo conteúdo consiste das próprias regras" (1993, p.109). A distinção decisiva, mais uma vez, repousa no acesso à consciência em princípio. O ponto parece o mesmo que o de Dummett, mas com uma terminologia diferente: "psicológico" substituindo "filosófico". Aqui, o problema do entendimento do "acesso em princípio" e do "conteúdo de pensamento" é composto pela obscuridade da noção de "mecanismo físico", que tinha algum significado na Física pré-newtoniana, mas não depois dela.

A menos que se apresente alguma noção nova de "corpo", ou de "material", ou de "físico", não temos nenhum conceito de naturalismo além do naturalismo metodológico. O uso mais convencional refere-se a uma doutrina diferente: "naturalismo metafísico", que Burges descreve como "uma das poucas ortodoxias na filosofia americana" nos anos recentes (1992, p.32); em outras variantes, materialismo, fisicalismo, eliminativismo, "a naturalização da filosofia", e assim por diante. Essas doutrinas são inteligíveis apenas na medida em que o domínio do físico é de alguma forma especificado.

Um defensor expoente dessa linha, Daniel Dennett, formula a doutrina da seguinte maneira: a "naturalização da filosofia", que descreve como "uma das mais felizes tendências na filosofia desde os anos de 1960", propõe que as "explicações filosóficas de nossas mentes, nosso conhecimento e nossa linguagem precisam no final ser contínuas, ou estar em harmonia com as ciências naturais". Numa discussão sobre o naturalismo contemporâneo, T. R. Baldwin cita essa declaração para ilustrar a tese do "naturalismo filosófico" (1993, citando a introdução de Dennett de um livro de Ruth Millikan sobre o assunto). Como ocorre com outras, essa formulação apresenta alguns problemas. Quais as distinções entre as "explicações filosóficas" e as outras, em particular neste sentido "naturalizado" da Filosofia? E o que são as ciências naturais? Com certeza, não o que é entendido na atualidade, o que pode não ser "contínuo e harmonioso" com a Física de amanhã. Algum ideal pierceano, talvez? Isso não parece promissor. O que a mente humana é capaz de alcançar no limite? Esse pelo menos é um tópico potencial de pesquisa, mas nos deixa numa situação até mesmo pior no atual contexto. Que o "naturalismo metafísico" é entendido como desejo de uma eventual unificação do estudo do mental com outras partes da ciência, ninguém pode discordar, mas essa é uma tese de pouco interesse e não "uma tendência feliz da Filosofia".

Consideremos a versão desta doutrina expressa por Quine (a quem Burge identifica como a fonte da ortodoxia contemporânea). Em sua formulação mais recente, a "tese naturalística" propõe que "o mundo é aquilo que a ciência natural diz que ele é, na medida em que a ciência natural está certa". O que é "ciência natural"? A resposta completa de Quine é: "as teorias de *quarks* e coisas afins". O que deve ser considerado suficiente? Há sugestões nas respostas, mas parecem completamente arbitrárias, ao menos pelos critérios naturalísticos ordinários (Quine, 1992; para discussão mais ampla, ver aqui o capítulo 4).

Suponhamos que identifiquemos o problema do corpo–mente (ou talvez o cerne dele) como o problema de explicar como a consciência relaciona-se com as estruturas neurais. Se é assim, isso se parece muito com outros que surgiram ao longo da história da ciência, algumas vezes sem solução: o problema da explicação do movimento terrestre e planetário pela "filosofia mecânica" e seus contatos mecânicos, que Newton demonstrou ser insolúvel, e superado pela introdução do que era entendido como forças imateriais; o problema de reduzir a eletricidade e o magnetismo à Mecânica, insolúvel e superado pela assunção ainda mais estranha de que os campos são coisas físicas reais; o problema de reduzir a Química ao mundo das partículas duras em movimento, à energia e às ondas eletromagnéticas, superado com a introdução ainda mais esdrúxula da hipótese sobre a natureza do mundo físico. Em cada um desses casos, a unificação foi alcançada e o problema resolvido não por redução, mas por formas muito diferentes de acomodação. Mesmo a redução da Biologia à Bioquímica é uma parte de uma ilusão, já que apareceu apenas uns poucos anos depois da unificação da Química e de uma nova Física radical.

Esses exemplos de fato diferem do problema da consciência–cérebro de uma maneira importante: foi possível construir teorias inteligíveis de fenômenos irredutíveis que estavam longe da superficialidade, enquanto no caso da consciência não parece ter havido progresso muito além da descrição e da ilustração de fenômenos (freudianos, junguianos e outros talvez discordem). O assunto é visto de uma maneira mais acurada no caso da linguagem. O uso normal da linguagem envolve um "aspecto criativo" que, para os cartesianos, forneceu a melhor evidência para a existência de outras mentes. Nem as propriedades computacionais da faculdade de linguagem, nem os aspectos criativos do uso podem ser relacionados de maneira interessante a alguma coisa conhecida sobre células, mas os dois tópicos diferem pelo fato de que, para as propriedades computacionais, há teorias explicativas inteligíveis, enquanto para os aspectos criativos de uso há apenas descrição e ilustração. Se esse é o caso, o problema central não é real ou de aparente irredutibilidade, fenômeno comum na história da ciência, mas constitui o fato de que podemos apenas ficar estupefatos diante de aspectos da mente tais como a consciência e a expressão do pensamento que é coerente e apropriado mas não causado, uma característica distintiva do cerne dos problemas de Filosofia, argumentou Colin McGinn (1993).

Além disso, fora o fato de que a redução literal dificilmente constitui a norma de como a ciência procedeu em direção à unificação, há uma incerteza quanto a isso até mesmo fazer sentido como um projeto. Silvan Schweber escreve que uma recente obra sobre Física material condensada, que criou fenômenos, como a supercondutividade, que são "genuínas novidades no universo" (1993, p.35), também apresentou ceticismo anterior sobre a possibilidade de redução a "uma quase rigorosa asserção provada", levando a uma concepção de "leis emergentes" em um novo sentido (ibidem, p.36). Qualquer que seja a validade da conclusão, pelo menos fica claro que as doutrinas filosóficas não têm nada a dizer sobre isso; menos ainda no domínio da mente e do cérebro, no qual muito menos é entendido.

Uma abordagem naturalística apenas segue o curso pós--Newton, reconhecendo que não podemos fazer nada além de procurar a melhor explicação teórica do fenômeno da experiência e do experimento, para onde quer que a questão leve.

Como em outros ramos da ciência, esperamos deixar os conceitos do entendimento do senso comum para trás. Tomemos um exemplo concreto, o caso de uma mulher chamada "Laura", estudado por Jeni Yamada. As capacidades de linguagem de Laura estão aparentemente intactas, mas sua competência cognitiva e pragmática é limitada. Possui um amplo vocabulário que usa de maneiras apropriadas, ainda que, tudo indica, sem muito entendimento. Yamada sugere a analogia com crianças pequenas que usam as palavras relativas às cores em lugares próprios "para apurar o discurso", mas sem entender suas propriedades referenciais. Laura sabe quando deve descrever a si mesma e a outros como tristes ou felizes, mas, ao que parece, sem capacidade de se sentir triste ou feliz; ela é um tipo de behaviorista. Ela *sabe* ou *entende* ou *fala* inglês? A questão não tem sentido. Assunções usuais sobre pessoas não se sustentam no caso de Laura; as pressuposições de uso ordinário não são satisfeitas. As teorias naturalísticas da linguagem e da mente podem fornecer conceitos que se aplicam a Laura, mas fogem da linguagem comum. Esses conceitos, incidentalmente, são parte de uma teoria internalista da linguagem e da mente, o único caso que temos. Não podemos perguntar, por exemplo, sobre o "amplo conteúdo" do discurso de Laura, a menos que a noção técnica seja estendida a esse caso (Yamada, 1990). Tomemos um caso um tanto diferente: minha neta de 4 anos. Ela fala inglês? O que dizemos no discurso comum é que ela tem um conhecimento parcial da língua que irá, no fim, atingir, se os eventos seguirem o curso esperado, ainda que o que ela fala agora não seja uma língua, de maneira alguma. Mas, se todos os adultos morressem e as crianças da idade dela sobrevivessem de uma forma milagrosa, o que falam seria a língua humana normal, não as encontradas hoje. Esse aspecto teleológico da noção de senso comum de linguagem está entre as muitas curiosas e complexas características que traduzem o conceito inapropriado para a tentativa de entender a linguagem e seu uso, exatamente da maneira como a Biologia não se preocupa com a continuidade física de pessoas e as ciências da terra não dão importância para o que as pessoas chamam de o mesmo rio, ou uma montanha, ou uma ilha. São truísmos no caso do "físico"; e do "mental" também, postas de lado as assunções dualísticas.

A mesma coisa é defendida em relação à atribuição da crença. É um projeto razoável da ciência natural determinar se as pessoas (em particular as crianças pequenas) interpretam o que acontece no mundo em termos de noções tais como crença e desejo, caindo dos céus em direção à Terra, voltando-se para a luz, e assim por diante; e as condições sob as quais usam tais discursos intencionais e objetuais em várias línguas (talvez uma questão diferente, como observado). De modo muito independente, podemos perguntar se a teoria das pessoas, dos meteoros e das flores deveriam envolver tais noções. A resposta atual é "com certeza não", no caso de flores e meteoros, e desconhecida no caso de pessoas, porque não sabemos muita coisa sobre isso. Consideremos um terceiro tipo de problema, que não se insere no panorama: o de determinar quando *devemos* atribuir crença, ou levantar e girar e apontar em outra direção – quando *somos* justificados ao fazer isso? Para citar uma recente formulação, perguntamos quais são "as condições filosóficas necessárias para ser um verdadeiro crente"; o acesso à consciência é com frequência evocado neste ponto, e a indeterminação quineana é em geral defendida para suscitar a crença, ainda que não em outros casos, para os quais nenhuma "exigência filosófica" é suscitada de maneira alguma (Clark & Karmiloff-Smith, 1993). Ninguém procura esclarecer as condições filosóficas necessárias para o fato de um cometa estar apontando para a Terra – falhando em colidir, se tivermos sorte, outra atribuição intencional.

De maneira semelhante, somos convidados a explorar os critérios para determinar onde estabelecer a linha entre os cometas que apontam para a Terra e Jones, que anda em direção a sua carteira; de que lado devemos colocar os crustáceos grudados nas conchas e os insetos que voam em direção à luz? Tais questões não pertencem à etnociência ou ao estudo do léxico, nem à pesquisa naturalística, em outras partes das ciências. Mais uma vez, parece que a questão está relacionada com "explicações filosóficas", sejam quais forem.

As mesmas questões são apresentadas em debates sobre a manifestação da "inteligência" e do "uso da linguagem". No caso da visão, da locomoção e de outros sistemas, podem-se talvez procurar homologias ou conexões evolutivas. Mas as propriedades mentais não são abordadas dessa maneira. Alguma coisa diferente está em questão nos debates sobre se as máquinas pensam ou traduzem chinês ou jogam xadrez. Perguntamos se um marciano imaginário ou um computador programado poderia entender chinês, mas não perguntamos se uma criatura extraterrestre ou uma câmera pode ver, como os seres humanos. Há uma literatura substancial sobre se uma pessoa, executando de forma mecânica um algoritmo, com *inputs* e *outputs* codificados, pode, de maneira apropriada, ser considerada como traduzindo do inglês para o chinês, mas não existe nada sobre as questões análogas que poderiam ser levantadas sobre imitar as computações e os algoritmos que mapeiam a estimulação da retina à imagem visual ou procuram alcançar um objeto. Isso é considerado uma tarefa decisiva para a *teoria do significado*, para construir noções que se aplicariam a qualquer criatura, não importando como fossem constituídas, se reais ou imaginárias; mas de maneira alguma essa é uma tarefa para a teoria da visão ou da locomoção. É curioso que isso também não seja considerado uma tarefa para a teoria da fonologia, ainda que as questões não tenham muito mérito aqui – nenhum, eu acho. De maneira semelhante, ninguém pergunta o que seria considerado um sistema circulatório ou uma molécula em algum mundo de objetos diferentes ou de diferentes leis da natureza.

Essas discussões não são apenas dualísticas na essência, mas também, parece, sem qualquer propósito ou sem um problema claro: junto com os debates sobre se naves espaciais voam ou se submarinos se lançam ao mar, mas não nadam; nestes casos, questões de decisão, não de fato, ainda que assumidas como substantivas no caso da mente, sobre assunções que ainda têm que ser explicadas – e que, incidentalmente, ignoram uma advertência explícita de Alan Turing, no clássico artigo que inspirou muitos dos vigorosos debates do passado.

Quando voltamos para a linguagem, surgem questões relativas ao internalismo–externalismo; ainda que, mais uma vez, apenas para a teoria do significado, não para a fonologia, em que são colocadas da mesma maneira. Assim, somos convidados a considerar se os significados estão "na cabeça" ou são determinados por circunstâncias externas. A resposta convencional hoje é que são assim determinados por dois tipos de fatores: pelas características do mundo real e pelas normas das comunidades.

Qual noção de significado está sendo investigada? Algumas vezes, sugere-se que o alvo seja a reconstrução racional da prática de tradução real, mas as propostas não são avaliadas de modo sério desse ponto de vista e o significado do projeto também é obscuro. Outro objetivo estabelecido é determinar o significado de uma palavra (mas, ao que parece, não o som de uma palavra) em uma "língua pública compartilhada", noção que ainda precisa ser formulada de modo coerente.[3] Com certeza, o objetivo não é descobrir as características semânticas da palavra "significado" em inglês ou em expressões similares, se elas puderem ser encontradas em outras línguas. A pesquisa diz respeito à etnociência, uma investigação de nossas fontes conceptuais? As pesquisas conduzidas não parecem ser bem adequadas para esse propósito. As questões também não têm nada a ver com a pesquisa naturalística sobre a natureza da linguagem e seu uso, que irá se desenvolver de sua própria maneira. Quais são as outras possibilidades? A resposta não é clara.

Na verdade, alguns movimentos curiosos ocorrem neste ponto. Consideremos o conceito da Terra-Gêmea, experimento proposto por Hilary Putnam, que forneceu muito da motivação para assunções externalistas. Em uma versão, devemos explorar nossas intuições sobre a *extensão* ou *referência* da palavra "água" na Terra-Gêmea, onde falantes idênticos a nós usam-na para se referir a XYZ, que não é H_2O. Mas podemos não ter intuições sobre a questão, porque os termos *extensão, referência, verdadeiro de, denota,* e outros relacionados a ela, são inovações técnicas, que significam exatamente o que seus inventores informam-nos que significam: faria pouco sentido explorar nossas intuições sobre tensores ou indecidibilidade, no sentido técnico.

Suponhamos que coloquemos o conceito usando uma linguagem comum. Suponhamos, por exemplo, que Oscar Gêmeo venha à Terra, esteja com sede e peça por *aquilo*, apontando tanto para um copo de refrigerante como para o que sai da torneira – alguma mistura estranha de H_2O, cloro, e odeio pensar no que mais, diferindo de modo significativo de lugar a lugar (mas chamada de "água"). Estaria mascarando um equívoco em ambos

---

[3] Esses motivos estão por trás do importante artigo de Putnam (1975), à medida que é reiterado em Putnam, 1992.

os casos? Qual? Suponhamos que se refira àquilo que sai da torneira, que passou através de um filtro de chá no reservatório (e, portanto, é *água* para Oscar), e à substância idêntica em sua composição química, que tinha um saquinho de chá mergulhado nela (assim, isso não é *água* para Oscar, mas *chá*). Em qual caso (se é que há algum) Oscar Gêmeo está equivocado? Voltando ao "conteúdo da crença", se Oscar Gêmeo continua a pedir por aquilo que sai da torneira para saciar sua sede, chamando isso de "água", teria mudado suas crenças sobre água – de modo irracional, já que não há nenhuma evidência para tal mudança? Ou estaria se comportando de maneira racional mantendo suas crenças originais sobre água, as quais admitem que aquilo sobre a Terra seja água (em inglês gêmeo) em primeiro lugar? Se a última declaração é verdadeira, então as crenças sobre água são compartilhadas na Terra e na Terra-Gêmea, assim como em qualquer planeta, e as crenças podem diferir exatamente sobre a mesma substância, considerada tanto água como chá, na medida em que as circunstâncias variam, mesmo com o completo e preciso conhecimento de que os objetos de diferentes crenças têm exatamente a mesma constituição. Tenho minhas intuições, que minam as conclusões almejadas pelo conceito do experimento.

Há vários outros problemas. O problema da Terra-Gêmea é posto por se retirarem as pressuposições de discurso sobre as quais repousa o uso normal. É pertinente perguntar se Laura entende inglês. Além disso, se o argumento se aplica para "água", então por que não para "terra", "ar" e "fogo", que têm um *status* comparável em uma tradição anterior? O que é "mesma substância" nesses casos? Ou consideremos "os céus". Uso o termo com um caráter de índice, para me referir àquilo que vejo numa noite sem nuvens: algo diferente em Boston e na Tasmânia. Com as pressuposições ordinárias retiradas, como na Terra-Gêmea, talvez decida (em algumas circunstâncias) usar "água" da mesma maneira. As dimensões de escolha são tão variadas que não surpreende que "a maioria das opiniões não contaminadas previamente pela teoria filosófica" não forneça julgamentos claros nos casos-padrão, como Stephen Stich observou. Essa não seria uma objeção decisiva num contexto teórico mais rico, mas trata-se de um sinal de alerta que não deveria ser ignorado quando temos pouca coisa além dos exemplos apresentados (Stich, 1983; para algum comentário, ver aqui o capítulo 2).

A resposta de Putnam a tais problemas não me parece convincente. O pesquisador concorda que palavras não se referem a nada; assim, intuições sobre *referência de palavras* têm que ser reformuladas de alguma maneira diferente. Adota a posição pierceana de que "*referência* [no sentido de 'verdade de'] constitui uma relação tríplice (pessoa X refere-se a objeto Y pelo signo S)", onde Ys são "objetos reais no mundo" (Putnam, 1992, p.382). Além disso, "O fato de haver uma relação entre nossas palavras e as coisas no mundo é fundamental para nossa existência; o pensamento sem uma relação a coisas no mundo é vazio" (ibidem, p.384).[4] Assim, uma palavra refere-se a (é verdadeiro de) um objeto real no mundo quando as pessoas usam a palavra para se referir. Já que as pessoas usam a palavra "chinês" para se referir a uma língua falada em Beijing e Hong Kong, ela é um "objeto real no mundo" e parece que o mesmo deveria ser aplicado a "mente", "o homem médio", "Joe Sixpack", "livre comércio", "os céus" etc., tanto quanto para adjetivos e outras expressões relacionais.

Postas de lado tais conclusões muito ligadas a Whorf, surgem muitos problemas. Primeiro, se se aceita essa formulação, os argumentos externalistas caem por terra, incluindo o experimento da Terra-Gêmea, o caso da "divisão do trabalho linguístico"[5] e outros. Quando Oscar Gêmeo, ao visitar a Terra, pede

---

4 Uma nota de rodapé é omitida. A declaração sobre a vacuidade do pensamento parece forte demais, mas deixemos isso de lado.
5 Um termo questionável, pois Putnam parece ter descartado a exigência implícita de que é para os "especialistas" que submetemos e mesmo falamos nossa língua; o aspecto social, portanto, desaparece e estamos de volta às considerações sobre a "mesma substância".

um copo d'água, referindo-se àquilo que está no copo como "água", então concluímos, seguindo a revisão de Putnam, que *água* em inglês gêmeo é verdadeiro H_2O, de maneira que os significados estão armazenados na cabeça. Os outros argumentos falham por razões similares.

Segundo, a revisão não é útil, já que a tese pierceana envolve uma noção técnica inventada de *referência*, de maneira que estamos de volta onde estávamos, com intuições que não podemos ter. No uso ordinário, "referência" não constitui uma relação tríplice do tipo pierceano. Em vez disso, uma pessoa X refere-se a Y, por meio da expressão E, sob circunstâncias C, de maneira que a relação é pelo menos quádrupla; e Y não precisa ser um objeto real no mundo ou relacionado dessa maneira por X. De maneira mais geral, uma pessoa X usa a expressão E, com suas propriedades semânticas intrínsecas, para falar sobre o mundo a partir de certas perspectivas intricadas, focalizando sua atenção em aspectos particulares dele, sob circunstâncias C, com o "conteúdo de localidade" que eles induzem (no sentido de Bilgrami). De fato, os componentes de E podem não ter relação semântica intrínseca de maneira alguma em relação àquilo a que Jones está se referindo, como quando diz que a *performance* no Jordan Hall foi extraordinária, referindo-se a Boston e seu quarteto de cordas favorito.

Putnam escreve que acha que "Chomsky sabe muito bem que há uma relação entre os falantes, as palavras e as coisas no mundo". Assim, algumas vezes há, com abstração das circunstâncias de uso, mais ou menos no sentido no qual a relação se estabelece entre pessoas, mãos e pedras em que posso usar minha mão para pegar uma pedra. Mas isso deixa-nos bem longe de estabelecer qualquer coisa semelhante às conclusões a que Putnam quer chegar.

Não podemos extrair nenhuma "relação relevante entre as nossas palavras e as coisas no mundo" dos conceitos de linguagem natural e do senso comum de *referência* e de coisas semelhantes. Quando começamos a fechar a questão sobre a abordagem do uso e do pensamento real, as conclusões externalistas não se sustentam, com a exceção, na confusão dos usos, de que alguns conceitos terão as propriedades desejadas; em circunstâncias especiais, podemos de fato entender *água* no sentido de "mesmo líquido", onde "líquido" e "mesmo" são os tipos de noções que a ciência procura para descobrir e satisfazer outras assunções externalistas. Pensar sobre o mundo é, sem dúvida, "fundamental para nossa existência", mas essa não parece uma boa maneira de obter um melhor entendimento sobre o assunto.

A pesquisa filosófica parece estranhamente constituída de outros aspectos também. Assim, a palavra "água" é um conjunto de propriedades fonéticas, semânticas e formais, acessadas por vários sistemas de desempenho para articulação, percepção, para falar sobre o mundo e assim por diante. Se negamos que seu significado está na cabeça, por que também não negamos que seus aspectos fonéticos estão na cabeça? Por que ninguém propõe que o *conteúdo fonético* de "água" esteja determinado por certos movimentos de moléculas ou por convenções sobre "pronúncia própria"? As questões são consideradas absurdas ou irrelevantes. Por que também não o são no caso do significado?

A literatura sugere algumas respostas. Assim, as conclusões de Putnam sobre "água" e H_2O são em parte motivadas pelo problema da inteligibilidade no discurso científico. Como o autor aponta, não queremos dizer que Bohr estava falando coisas sem sentido quando usou o termo "elétron" na época da teoria pré-quântica, ou que todas as suas declarações eram falsas. Para evitar tais conclusões absurdas, Putnam argumenta que Bohr estava se referindo a átomos e elétrons *reais*, sobre os quais talvez alguns especialistas possam nos trazer informações (ou talvez não). Se a referência é determinada pelo significado, então os significados não estão na cabeça, como os experimentos da Terra-Gêmea supostamente demonstram.

Entretanto, o argumento não é persuasivo, por outras razões, além daquelas já mencionadas. Jay Atlas apontou que os engenheiros nucleares distinguem "água leve" de "água pesada", apenas a primeira sendo H_2O. Considerando-os especialistas, temos usado mal o termo "água" durante todo o tempo querendo dizer, de fato, água leve? (Para uma discussão extensiva, ver Atlas, 1989.) Antes de Avogadro, os químicos usavam "átomo" e "molécula" como termos intercambiáveis. Para traduzir de maneira inteligível o que estavam dizendo, temos que assumir que estavam se referindo àquilo que agora chamamos de "átomos" e "moléculas" (ou àquilo que *realmente* são, o que ninguém hoje talvez saiba)? Depois que o modelo de átomo de Bohr tornou-se disponível, foi proposto que os ácidos e bases fossem entendidos como receptores potenciais ou doadores de elétrons, o que fez que o boro e os ácidos clorídricos de alumínio, junto com o ácido sulfúrico, abrissem "toda uma nova área da Química inorgânica física", um padrão que a história das ciências observa (Brock, 1992, p.482). Os cientistas anteriores estavam *realmente* se referindo ao boro como um ácido? Para tomar um exemplo mais simples, mais próximo de nós, devemos assumir que os fonólogos estruturais, quarenta anos atrás, estavam se referindo ao que os fonólogos gerativos chamam de unidades fonológicas, ainda que tenham negado isso de modo veemente – e o fizeram de maneira correta? A fonologia estruturalista é, com certeza, inteligível; sem assumir que há entidades do tipo que ela postulou, muito da teoria pode ser reinterpretado hoje, com muitos resultados adiados.

O que se exige em todos esses casos é algum grau de estrutura compartilhada. Em nenhum deles há qualquer princípio para determinar como uma grande parte disso precisa ser compartilhada, ou que se exige a "similaridade de crença". Algumas vezes é útil notar semelhanças e ideias reformuladas, outras vezes não. O mesmo é verdadeiro em relação ao Bohr anterior e posterior. Não se exige nada mais definido para manter a integridade da iniciativa científica ou de uma noção respeitável de progresso em direção ao entendimento teórico.

Putnam objeta que mera similaridade estrutural "é muito diferente de dizer que uma ou outra teoria *descreve*, ainda que de modo imperfeito, o comportamento dos fenômenos extramentais indefiníveis a que nos referimos como *elétrons*" – ou *água leve, átomos e moléculas, ácidos e bases, fonemas* etc. Isso é verdadeiro, mas não é relevante. Em todos os casos, incluindo as teorias atuais, temos que acrescentar tudo que distingue as teorias sobre o mundo da ficção científica. Consideramos que essas teorias descrevem fenômenos extramentais, ainda que de maneira imperfeita, se elas envolvem Apolo e o Sol, os quatro humores de Galen e os átomos de Demócrito, os tubos de Descartes com espíritos animais ... e as tentativas atuais. Em nenhum caso, entretanto, há qualquer razão convincente para se adotar uma teoria da *referência real*, do tipo que tem sido a base de argumentos externalistas dessa natureza.

Deixando de lado essas considerações, as discussões sobre *referência* nas ciências não têm nenhuma base particular na linguagem humana e no entendimento do senso comum, a menos que acrescentemos a assunção mais ampla de que palavras como "elétron", "base", "*eigenvector*", "fonema" e assim por diante pertençam ao inglês e outras línguas naturais, junto com expressões nas quais elas apareçam, talvez também fórmulas, diagramas etc. Putnam assume que o léxico é homogêneo nesse sentido. Assim, ao defender o holismo do significado, argumenta que a teoria do significado precisa lidar com "o caso mais difícil"; apresenta o exemplo de "*momentum*", já certa vez definido de uma maneira agora tomada para expressar uma falsidade. Ainda que interpretemos isso, não há base na pesquisa da linguagem, a menos que assumamos que "*momentum*", no sentido físico, entra no léxico pelos mesmos mecanismos da faculdade da linguagem que permitem que uma criança escolha palavras como "casa" e "levantar", e que tenha as propriedades de entradas lexicais determinadas pela faculdade da linguagem. Isso parece duvidoso, para dizer o mínimo.

Putnam está correto em dizer "concordo que haja uma relação tal como a referência", no sentido técnico, ou pelo menos talvez haja, mas isso deixa de lado minha questão: é razoável supor que a pesquisa naturalística tenha como objetivo construir sistemas simbólicos, nos quais certas expressões têm a intenção de selecionar coisas no mundo.[6] Entretanto, não há razão para acreditar que tais esforços nos informem sobre a linguagem comum e sobre o entendimento do senso comum. Parece surpreendente que Putnam assuma a posição que assume, dada sua eloquente crítica ao "cientificismo".

Deixando de lado o significado, os conteúdos do pensamento são externamente determinados? Não podemos colocar essas questões sobre *conteúdo*, de modo amplo ou estreito; mais uma vez, são noções técnicas. Mas podemos perguntar se atribuímos pensamentos a pessoas em bases que não se relacionam com seu estado interno. Que fazemos isso está claro, sem necessidade de apresentar exemplos exóticos. Se Jones me fala que está de luto por aqueles que morreram nas trincheiras de Verdun cinquenta anos atrás, não posso dizer de forma apropriada que está de fato falando sobre (pensando sobre) a Primeira Guerra Mundial, e não sobre a Segunda Guerra Mundial; ou, como uma alternativa, que está enganado sobre a Segunda Guerra Mundial, que é sobre o que está falando (pensando). No primeiro caso, estou atribuindo a ele um estado que não é interno; a atribuição é baseada em minhas crenças, não nas dele. Não há uma questão real quanto a se a Psicologia lida com o estado de Jones como especificado neste caso. Isto é, mais uma vez, uma questão de decisão; neste caso, é sobre o termo técnico inventado "psicologia". De maneira semelhante, se Anna Karenina é modelada numa pessoa real, Tolstói talvez tenha pensado, falado, tido crenças etc. sobre ela e sobre

---

6 Irrelevante aqui, poderia ser que uma noção técnica de *referência* devesse ser introduzida no estudo da sintaxe de representações mentais, muito como as relações entre características fonéticas são introduzidas em fonologia.

alguns de seus conhecíveis leitores também; e quanto a Smith, que não sabe nada sobre isso, talvez decida de uma ou de outra maneira, de acordo com a variação das circunstâncias. Ainda que isso leve a algum resultado, não nos diz nada sobre a matéria do assunto "real" da Psicologia, embora esses sejam tópicos razoáveis para a pesquisa internalista sobre como as pessoas falam sobre o mundo, pesquisa que procura descobrir os estados internos que levam as pessoas a descrever os outros de várias maneiras, à medida que interpretam as circunstâncias de maneira variada.

Neste contexto também, os experimentos do pensamento designados para dar suporte às conclusões anti-internalistas frequentemente parecem baseados em assunções questionáveis. Tomemos, por exemplo, o caso do grilo de Lynne Rudder Baker, um pouco simplificado (1988). Suponhamos que Jones fale um inglês comum e Smith também, com exceção de que, em sua comunidade de discurso, grilos são chamados de gafanhotos. Suponhamos que J aprenda sua língua de Jones e que S, de Smith, e que eles aprendam o termo "gafanhoto", a partir das mesmas figuras, ambíguas entre gafanhotos e grilos", junto com "a informação de que, por acaso, se referem a ambos, gafanhotos e grilos". Já que as intenções dos instrutores são diferentes, "parece correto", Baker conclui, que J tenha "adquirido a crença de que os gafanhotos são uma ameaça e [S] adquirido a crença de que os grilos são uma ameaça" (1987, p.121), ainda que J e S estejam no mesmo estado interno.

Sob tais assunções, J e S irão generalizar da mesma maneira: se apresentados a um gafanhoto não ambíguo, cada um irá chamá-lo de "um gafanhoto", ainda que S esteja cometendo um erro, porque as crenças que expressa são sobre grilos, não sobre gafanhotos. Suponhamos que S se mude para uma ilha com falantes de uma língua não aparentada e que seus descendentes aprendam de modo exato sua língua, e que todos os registros e cognatos desapareçam; de maneira semelhante, J. Os descendentes de J e de S são agora indistintos em sua língua e seu uso, e a história é irrecuperável, de modo que eles nunca aprendam de maneira diferente. Contudo, deveria parecer correto que tivessem crenças diferentes, e que a descendência de S estivesse cometendo muitos erros ao usar sua palavra "gafanhoto", sempre falando e pensando em grilos. Na verdade, seria possível que fôssemos do tipo dos descendentes de S, que em algum lugar da névoa da pré-história nossos ancestrais adquiriram a palavra que se tornou "gafanhoto" sob as condições de S, em que seus instrutores tiveram a intenção de se referir a algumas espécies diferentes X, de maneira que as crenças que expressamos ao usar a palavra "gafanhoto" sejam, na verdade, sobre X e, com frequência, equívocos.

Nada disso parece correto para mim, de maneira nenhuma, nem mesmo o primeiro passo. Mas também não está claro por que isso tem importância. Suponhamos que aceitemos as intuições de Baker. O que elas nos informariam sobre linguagem, crença e pensamento? No máximo, que algumas vezes talvez atribuíssemos crenças (etc.) a X a partir das crenças e intenções de outras pessoas; mas isso fica claro a partir de casos simples e comuns. Mais uma vez, a pesquisa sobre as maneiras como atribuímos crença, à medida que as circunstâncias variam, é um tópico legítimo da semântica linguística e da etnociência, mas o estudo de como as pessoas alcançam o estado cognitivo, como interagem e assim por diante irá continuar num percurso separado.

Um argumento externalista padrão é que, a menos que o mundo externo determine o conteúdo do pensamento de um agente, "é um mistério total como os pensamentos do agente podem estar publicamente disponíveis a outro" (Bilgrami, 1992, p.4). Para a Psicologia, a assunção não é necessária. Não precisamos apelar para entidades no mundo externo que correspondam às representações fonéticas na mente de Smith e Jones (digamos, alguns tipos de movimentos de moléculas associados com a entidade sintática "*stop* bilabial"), a fim de explicar a maneira como Smith entende o que Jones diz; e não se exigem mais objetos externos no caso de significados e pensamentos. Outras possibilidades estão com certeza disponíveis e provavelmente corretas. Assim, pode ser que Smith assuma que Jones seja idêntico a ele, module algumas modificações M, e então procure resolver M, tarefa que pode ser fácil, difícil ou impossível. Na medida em que Smith seja bem-sucedido, atribui a Jones a expressão que sua própria mente constrói, incluindo seu som e seu significado, sendo a comunicação uma coisa mais ou menos estabelecida.[7] E usando uma variedade de outras informações procura avaliar os pensamentos de Jones, talvez de uma maneira semelhante.

Sem dúvida, isso é Psicologia, e supõe-se que essas questões apareçam apenas em psicologia popular, ao menos para Bilgrami. Mas as conclusões não parecem mais bem fundamentadas aqui. Não temos nenhuma razão para acreditar que Mary interpreta as interações de Smith e Jones postulando entidades "publicamente disponíveis", que fixam pensamentos, significados e sons. Além disso, não está claro que um mistério sobre comunicação chegue a ser relevante mesmo para a psicologia popular, que não necessita e, em geral, não enfrenta a tarefa de resolver tais problemas.

Exemplos do tipo Terra-Gêmea servem como um ramo das teorias externalistas convencionais da linguagem e da mente. O outro ramo envolve deferência a autoridades e especialistas, a normas da comunidade e assim por diante. Os significados não estão "na cabeça" porque são fixados em tais termos, argumenta-se. Mais uma vez, podemos perguntar a que se liga o conceito do significado sob investigação. Com certeza, a nenhuma parte de

---

[7] Entretanto, não segue que "significado semelhante para nós apenas significa, se significa alguma coisa, que estamos nos comunicando com sucesso" (Quine, apud Dreben, 1992, p.305). De maneira semelhante, soar de maneira parecida para nós não significa apenas que estamos nos comunicando com sucesso. Em ambos os casos, há muito mais a dizer sobre o que é "semelhante" em termos de propriedades de linguagem e de mente compartilhadas, quando deixamos as críticas comportamentalistas antinaturalistas de Quine.

alguma pesquisa científica em linguagem e seu uso, ou a alguma entrada do léxico para "significado" e "linguagem" em inglês. Trata-se de uma etnociência especulativa, um estudo da "explicação psicológica do senso comum do comportamento humano", como Bilgrami (1992, p.3) descreve o projeto, ao rejeitar este ramo do argumento (de modo acertado, creio)? Talvez seja essa a intenção, mas, se é, as conclusões parecem muito variáveis, do mesmo modo que as condições variam, sem nada muito claro emergindo.

Não importa sobre o que seja a pesquisa, confia de modo decisivo na noção de "linguagem pública comum", que continua misteriosa. Se essa é a noção do discurso ordinário, ela é inútil para qualquer forma de explicação teórica. No estudo empírico da linguagem, há muito tempo se tem considerado garantido que não há nada no mundo que seja selecionado por termos como "chinês", ou "alemão", ou mesmo termos mais estreitos. Falar a mesma língua é muito semelhante a "viver perto" ou "parecer"; não há categorias a ser fixadas. O fato de que a linguagem ordinária não fornece nenhum modo de se referir àquilo que minha neta está falando é suficiente para a vida ordinária, mas a pesquisa empírica exige um conceito diferente. Nessa pesquisa, a faculdade de linguagem dela está em um certo estado que determina (ou talvez *seja*) a sua "linguagem". As comunidades, as culturas, os modelos de deferência e assim por diante são estabelecidos na vida humana de várias maneiras, sem nenhuma relação particular com aquilo que chamamos de "linguagens" no discurso informal. Não há resposta significativa à questão se Bert deveria se referir à dor em sua perna como artrite; ou se deveria usar a palavra "inintressado" para significar "não inclinado a", como o dicionário informa, ou "desinteressado", como virtualmente todo falante acredita; ou se deveria pronunciar palavras como em Boston ou em Londres.[8]

---

8 Essas observações, familiares no estudo da linguagem, devem distinguir-se da conclusão de Davidson: "não existe algo como uma linguagem" no sentido

O fato é que não há meios de dar sentido a este ramo da teoria externalista do significado e da linguagem, ao menos que eu possa perceber – ou a qualquer trabalho em teoria do significado e filosofia da linguagem que conte com tais noções, uma declaração que tem a intenção de fazer um recorte em uma faixa muito ampla. Em resumo, ainda que o naturalismo não atinja uma abordagem internalista, não parece deixar nenhuma alternativa realista. E, em pesquisa empírica real, essa abordagem é adotada de maneira regular, mesmo quando é negada, uma questão que discuti em outro lugar; como se sabe, para determinar o que os cientistas estão fazendo, investigamos suas práticas, não o que dizem sobre elas.

Como já observado antes, a questão da legitimidade das pesquisas que vão além dos limites internalistas não aparece. Isso deveria constituir o mais simples truísmo. De acordo com essa linha, sempre fico surpreso em ler que eu e outros negamos isso. Assim, um texto recente sobre Sociolinguística é aberto com a extraordinária declaração de que a "Linguística moderna tem assumido como algo garantido o fato de que os gramáticos não estão ligados às vidas sociais de seus falantes" (Romaine, 1994, p.vii), uma ideia absurda que não é defendida por ninguém, que o autor atribui a minha insistência em que "questões de poder ... não

---

geralmente assumido por "filósofos e linguistas", "tal coisa a ser aprendida, ensinada, ou que seja inata" (Davidson, 1986b, p.446). Todavia, Davidson tem em mente uma noção bem diversa de *linguagem*; e, embora ele esteja seguramente correto, ao dizer que "não existe tal coisa" o argumento para a conclusão ou acerca das noções do estudo empírico de linguagem é falho. Ele observa corretamente que, na comunicação atual, todas as conjecturas são utilizadas numa "teoria passageira", de caráter particularmente psicológico. Todavia, isso não implica a inexistência de uso para "o conceito de linguagem", para uma "máquina portátil de interpretação disposta para produzir o significado de um discurso arbitrário" etc. (ibidem, p.445). Iso equivaleria a insistir na inexistência do *fluxo a jato* com base apenas nos elementos caóticos presentes nos padrões climáticos. Para comentários acerca desse assunto, ver o capítulo 2 deste volume.

são o tipo de problemas que os linguistas deveriam focalizar" (p.1) – que não deveria me envolver em atividades que ocupam boa parte de meu tempo e de minha energia, por exemplo. O livro termina com a conclusão de que as "diferenças linguísticas representam e transmitem desigualdades de poder e de *status*" (p.225) – há, por exemplo, dialetos de prestígio – descoberta defendida para refutar minha restrição de que o estudo de tais questões não é iluminado por aquilo que é entendido no presente sobre a natureza da linguagem.

Pronunciamentos semelhantes a esse são abundantes na literatura, propostos de modo frequente com muita paixão e indignação. Parecem estar baseados em uma crença que, de fato, expressei: que as pessoas deveriam falar a verdade. Em particular, não deveriam exigir uma luz especial em áreas de interesse humano, a menos que as exigências fossem verdadeiras; e, se são, as pessoas deveriam comunicar esse conhecimento especial, o que em geral é fácil. Tomar uma atitude sobre tais questões serve apenas para intimidar e marginalizar, reforçando as "desigualdades de poder e de *status*". Além disso, tornar muito claros os limites do entendimento é uma responsabilidade séria numa cultura em que a especialidade, de modo frequente, não garante prestígio. Se a pesquisa em áreas de interesse humano básico pode ser extraída de descobertas autênticas sobre linguagem, visão, ou qualquer outra coisa, ótimo, mas ela deve ser demonstrada, não proclamada. Quanto à Sociolinguística, trata-se de uma pesquisa perfeitamente legítima, externalista por definição. Ela toma emprestados conceitos da pesquisa internalista sobre os humanos, mas, que eu saiba, não sugere nenhuma alternativa a ela. O quanto suas descobertas esclarecem problemas sobre poder e *status* é uma outra questão.

Para citar outro caso, Putnam interpreta meus comentários (na verdade, truísmos) sobre "linguagem pública compartilhada" tomando como implícito o fato de que, a menos que as "culturas possam ser definidas de maneira essencial", devemos "esquecê-

-las e retornar às questões sérias de modelagem de computador" (Putnam, 1992, p.385) – pelos quais parece estar indicando a pesquisa naturalística sobre a faculdade da linguagem, para a qual a modelagem de computador talvez ofereça alguma contribuição, ainda que nunca tenha sido um interesse particular meu. Mas os problemas enfrentados pela confiança acrítica nestas noções não são superados pela evocação da "cultura" ou de "artefatos culturais"; e o reconhecimento de fatos simples sobre o chinês, o inglês etc. – e sobre a irrelevância da cultura em relação aos assuntos em questão – de maneira alguma sugere a conclusão a que chega. As culturas não apresentam nada que possa ser chamado, de modo razoável, de "linguagens", e os "estudos culturais" não avançam na resolução dos problemas.

A declaração de Putnam de que "*As línguas e os significados são realidades culturais*" (ibidem, p.385, destaque dele) é acurada em um sentido: é a razão pela qual (como todos) descrevo a maneira como os termos são entendidos nas culturas que mais ou menos compartilhamos com base em estruturas de poder e autoridade, modelos de deferência, monumentos literários, bandeiras e histórias (com frequência míticas), e assim por diante. Termos como "linguagem" são usados de diferentes maneiras em outras comunidades de discurso; e nossos termos *crença*, *significado* etc. em geral não apresentam nenhuma contraparte próxima. Mas essas "realidades culturais" não contribuem para o entendimento de como a linguagem é adquirida, entendida e usada; como ela é constituída e como muda ao longo do tempo; como ela é relacionada a outras faculdades da mente e à ação humana em termos gerais. Nem o próprio estudo empírico da linguagem, nem os "estudos culturais (História, Antropologia, Sociologia, partes da Filosofia)" de Putnam, quando realizados de modo sério, fazem uso da noção de "linguagem pública compartilhada" de uso ordinário, fora o comentário informal; em vários contextos, um antropólogo pode falar do chinês, ou do japonês-chinês, ou da área cultural asiática, da cultura dos cientistas falando linguagens totalmente diferentes, da cultura dos moradores de favela de Nova York, do Cairo e do Rio, e assim por diante, um leque intricado que não apresenta relação interessante com a linguagem falada, ou com o que chamamos de "linguagens", no uso ordinário ou em nossas culturas literárias e outras.

Tais linguagens, com frequência, são "artefatos culturais", em um sentido mais estreito: "linguagens-padrão" parcialmente inventadas, que poucos podem falar e que até mesmo violam os princípios da linguagem. É em termos de tais artefatos que as "normas" e o "uso correto" são determinados em muitas culturas, assunto de pouco interesse para "estudos culturais", apenas porque são transparentes demais. Há pouco interesse em estudar o comportamento da Academia Francesa, por exemplo.

Em estudos culturais, como no uso informal, dizemos de forma muito inteligível que John fala a mesma língua que Bill, se parece com Bill e mora perto de Bill. Mas nós, portanto, não estamos enganados em acreditar que o mundo é dividido em áreas objetivas ou lugares, ou que há uma forma que John e Bill compartilham; ou uma língua comum. O problema não é de textura aberta ou falta de "limites de forma", como acredita Putnam, mais do que no caso da "área" ou da "era". "Línguas-padrão" constituem um fato muito determinado, de modo muito acurado (por exemplo, pela Academia Francesa). Em outros usos, os limites de "língua" também são razoavelmente definidos, determinados por assuntos como cores sobre mapas e coisas semelhantes, mas o uso ordinário não fornece nenhuma noção de "linguagem pública compartilhada" que se aproxime mais de satisfazer as exigências da pesquisa empírica ou das reflexões filosóficas sérias sobre linguagem e seu uso; nenhuma outra noção mais adequada foi proposta. Que eu saiba, nem há uma lacuna explicativa que seria preenchida pelo invento de uma noção como essa.

Um ponto central do artigo que Putnam comenta é que "Muitas questões, incluindo as de maior significado humano, podemos argumentar, não se inserem na pesquisa naturalística; nós as abordamos de outras maneiras" (ver aqui capítulo 2, p.53). Não há nenhuma implicação nisso, ou em qualquer outro lugar, de que devemos continuar com "a séria empreitada da modelagem do computador", mas apenas de que devemos continuar com "a séria empreitada", seja qual for seu domínio.

Há um problema com abordagens internalistas (ou individualistas) a outros domínios da Psicologia? Isso é bastante defendido, mas acho que sobre bases duvidosas. Tomemos o estudo da audição. Uma questão que perdura há muito tempo é a de como o córtex auditivo determina a localização de um som. Não parece haver nenhum "mapa auditivo", como há um mapa visual e um mapa somático-sensorial. Alguns trabalhos recentes sugerem que o córtex auditivo registra a localização do som não pela organização espacial dos neurônios, mas por meio de um modelo temporal de acionamento do tipo do "código Morse" (Barinaga, 1994). A discussão é expressa na mescla comum dos discursos informal e técnico. Alguém que esteja lendo isso talvez se engane em pensar que a percepção da teoria do sistema auditivo é externalista, fazendo uma referência decisiva a "resolver problemas" colocados pelo mundo externo dos sons. Isso é uma ilusão. O sistema auditivo não "resolve problemas" em nenhum sentido técnico do termo e, se soubessem como fazer isso, os pesquisadores talvez escolhessem estimular os receptores de modo direto, em vez de usar alto-falantes – da mesma maneira que fizeram no modelo do computador o qual, de fato, forneceu a principal evidência para a teoria da localização do som, que funcionaria tanto no caso de um cérebro em uma cuba como no de uma coruja virando a cabeça para procurar um rato na moita.

As mesmas considerações se aplicam ao estudo da percepção visual nas linhas inauguradas por David Marr (1982), que têm sido muito discutidas nesta conexão. Esse trabalho está principalmente preocupado com as operações realizadas pela retina ou, para dizer de modo vago, com o mapeamento das imagens retinais para o córtex visual. Os famosos três níveis de análise de Marr – computacional, algorítmico e de implementação – têm a ver com as maneiras de construir tais mapas. Mais uma vez, a teoria se aplica ao cérebro em uma cuba, exatamente como se aplica a uma pessoa vendo um objeto em movimento. O último caso foi de fato estudado num trabalho de Shimon Ullman (1979), colaborador de Marr. Seus estudos sobre a determinação da estrutura a partir do movimento usaram apresentações taquistoscópicas que levaram o sujeito a ver um cubo em rotação, ainda que não houvesse nenhuma coisa no lugar; "ver", aqui, é usado em seu sentido normal, não como um verbo de realização. Se Ullman tivesse estimulado a retina de modo direto, teria apelado para aquele uso; o mesmo aconteceria se tivesse estimulado o nervo óptico. A investigação, diz Ullman, "preocupa-se com a natureza das representações internas usadas pelo sistema visual e com os processos pelos quais são derivadas". A explicação é totalmente internalista. Não há nenhuma questão significativa sobre o "conteúdo" das representações internas de uma pessoa vendo um cubo sob as condições dos experimentos, ou se a retina está estimulada por um cubo em rotação ou por um vídeo de um cubo em rotação; ou sobre o conteúdo de uma "representação de" uma mosca em relação a um sapo ou de um ponto em movimento nos estudos experimentais padrão da visão de um sapo. Nenhuma noção como "conteúdo" ou "representação de" aparece na teoria, de maneira que não há respostas a ser dadas para sua natureza. O mesmo é verdadeiro quando Marr escreve que está estudando a visão como "um mapeamento de uma representação a outra, e no caso da visão humana a representação inicial está dentro, sem dúvida – ela consiste de leques de valores de intensidade de imagens como detectado pelos fotorreceptores na retina" (Marr, 1982, p.31) – em que "representação" não deve ser entendida de maneira relacional como "representação de".

As apresentações técnicas falam sobre algoritmos "sucumbindo" sob algumas condições, e dando a "resposta correta" em outras – em que "resposta correta" pode ser, por exemplo, a forte percepção tridimensional dada por um estereograma casual. Elas podem também falar de "percepção errada", no caso da pessoa ou do sapo nos experimentos, ainda que talvez não quando um fotorreceptor em uma luz de rua é ativado por um holofote em vez de pelo Sol. E falam do cérebro "resolvendo problemas" e se "adaptando a situações normais", nas quais o sistema visual "representa" características objetivas do mundo externo. Tais usos informais se amoldam ao ponto de partida de Tyler Burge: "a premissa de que nossa experiência de percepção representa ou é estabelecida sobre objetos, propriedades e relações que são *objetivos*" (1986c, p.125), premissa que vai além de uma abordagem individualista-internalista. Mas esses usos estão de acordo com a advertência de um astrônomo de que um cometa está apontando em direção à Terra, não implicando nenhum físico animista ou intencional.

O estudo internalista da linguagem também fala de "representações" de vários tipos, incluindo as representações fonéticas e semânticas na "interface" com outros sistemas. Mas aqui também não precisamos ponderar sobre o que é representado, procurando alguma construção objetiva a partir de sons ou de coisas. As representações são entidades mentais postuladas, que devem ser entendidas à maneira de uma imagem mental de um cubo em rotação, não importa que isso seja a consequência de apresentações taquistoscópicas, de um cubo real em rotação ou uma de estimulação da retina de algum outro modo; ou imaginado, para esse caso. Acessadas pelos sistemas de desempenho, as representações internas da linguagem entram em interpretação, pensamento e ação, mas não há razão para procurar qualquer outra relação com o mundo, como talvez sugerido por uma tradição filosófica bem conhecida e por analogias inapropriadas de uso informal. A má percepção não suscita dificuldades para essa abordagem; é uma questão de como as pessoas designam interpretações para interações que observam – para as reações de um sapo ou de uma pessoa em um experimento, um fotorreceptor que é "enganado" etc. – um tópico provável para a pesquisa internalista sobre a psicologia de uma pessoa que está decidindo como denominar uma "má percepção".

Para a Psicologia e para a etnociência, parece que há muito pouca coisa em jogo nesses debates. Suponhamos que Jones seja um membro de alguma comunidade comum e que J seja indistinto dele, com exceção de que toda a sua experiência deriva de algum *design* de realidade virtual; ou admitamos que J seja um gêmeo de Jones em um cenário de Terra-Gêmea. Tiveram experiências indistintas e irão se comportar do mesmo modo (na medida em que o comportamento deles é muito previsível); têm os mesmos estados internos. Suponhamos que J substitua Jones na comunidade, sem que ninguém o saiba, com exceção do cientista observador. Sem a consciência da mudança, todos irão agir como antes, tratando J como Jones; J também irá continuar como antes. O cientista que procura a melhor teoria para tudo isso irá construir uma explicação individualista estreita de Jones, J e dos outros na comunidade. A explicação não omite nada, incluindo a maneira pela qual os membros da comunidade atribuem estados mentais (crenças, significados, conteúdos de percepção etc.), se é que o fazem.

Suponhamos que a comunidade possua um filósofo F com as intuições internalistas da recente discussão. A teoria irá designar a F o estado interno correspondente. Agora, irei predizer de modo acertado que F, tomando J por Jones, atribuirá a J os estados mentais que atribuiu a Jones; e que, se consciente do intercâmbio J–Jones quando ele ocorre, F atribuirá diferentes estados mentais a J. Não compartilhando as intuições de F, não sei como ele atribuiria estados mentais na medida em que J mora na comunidade, em um mundo de coisas "objetivas" (agora J passa a compartilhar as crenças de Jones?). Mas, seja qual for a resposta, a teoria descreverá, de acordo com isso, os estados internos de F. Se for um membro da comunidade também, a teoria designará para mim um estado interno diferente, no qual respostas fixas não são dadas sobre a atribuição de crenças e significados a J (e nada interessante sobre conteúdos, perceptual e outros, porque considero as inovações técnicas o que os *designers* dizem que são), com a emissão de vários julgamentos à medida que as circunstâncias variam.

Essa explicação lida com Jones, com J, com outros membros da comunidade e com pessoas com várias intuições sobre a atribuição de estado mental; a explicação é incompleta, na medida em que essas intuições são desconhecidas; por outro lado, nada parece faltar nelas. Assim, ela pode ser de pronto estendida ao uso de outras línguas e culturas, à medida que diferem. Ela pode ser facilmente convertida em uma teoria não individualista, mais embaraçosa, sem acrescentar qualquer nova compreensão. O passo seria inapropriado para a pesquisa naturalística e não está claro a que outro propósito poderia servir.

Um discurso sobre órgãos ou organismos "resolvendo problemas", ou sendo adaptados para suas funções, deve ser entendido de maneira semelhante: como taquigrafia metafórica. Não há nenhuma questão sobre se as asas de uma borboleta são projetadas para "resolver o problema" de voar; elas evoluíram como termorreguladores e ainda servem a esse propósito. Mesmo que aprendamos que elas atingiram seu estado atual antes de estarem acostumadas a voar, o fato é que ainda têm atualmente a função de voar e serviriam a esse propósito. O sistema visual humano é mal adaptado para enxergar no escuro, mas isso não é uma falha. De um ponto de vista de engenharia, a coluna dos grandes vertebrados é mal projetada, mas isso não é um sucesso nem uma falha. As línguas humanas são em parte inúteis, mas não há nada de mau nisso; as pessoas usam as partes úteis. Descobriu-se muito recentemente que enquanto os insetos parecem adaptados de modo maravilhoso a tipos particulares de plantas que florescem, na verdade eles atingiram virtualmente sua atual diversidade e sua estrutura milhões de anos antes que existissem as plantas que florescem. Quando apareceram, "já os estava esperando uma infinidade de soluções aguardando que os problemas fossem resolvidos", escreve Richard Lewontin (1990), com a intenção de sublinhar a falta de significado dessas categorias intuitivas para a Biologia. De forma correspondente, é uma interpretação equivocada do discurso informal concluir que a teoria da visão de Marr atribui "estados intencionais que representam propriedades físicas e objetivas", porque "não há outra maneira de tratar o sistema visual, senão resolver o problema da maneira que a teoria vê como solução" (Burge, 1986a, p.28-9). A própria teoria não tem lugar para os conceitos que entram na apresentação informal, almejada para a motivação geral. A declaração de que "a ideia de que classificamos nossa fenomenologia perceptual, sem especificar as propriedades objetivas que a provocam, está totalmente fora de tom com as atuais teorias empíricas de percepção e também com o senso comum" (ibidem, p.38) é correta em algumas circunstâncias em relação ao senso comum, mas enganosa em relação às teorias empíricas da percepção. Essas teorias estão preocupadas em saber como as coisas funcionam e com explicações perceptuais e classificações intuitivas, apenas como evidência desse assunto.[9] (Ver também Labandeira & Sepkoski, 1993; Burge, 1986a.)

Ao estudar qualquer sistema orgânico, um biólogo leva em consideração as interações ambientais e a lei física que provavelmente influenciaram mutações, os processos reprodutivos e o curso do desenvolvimento. Como motivação e guia intuitivo, talvez o biólogo fale em sistemas que "evoluíram para resolver certos problemas causados pelo meio ambiente", com "Diferentes espécies [estabelecendo] diferentes problemas e resolvendo-os de modo diferente" (Burge, 1986a, p.28). Mas esse é um discurso

---

9 As discussões na literatura sobre "o que Marr quis dizer" são um tanto estranhas; o que importa é o que um cientista faz, não o que ele talvez tivesse em mente. Para o que me parece uma acurada explicação da real teoria de Marr, ver Egan, s.d.

informal, e se for descoberto que o curso da evolução não foi aquilo que havia sido pensado, como no caso dos insetos e das flores, a verdadeira teoria do processo sensorial e de outros sistemas não será modificada, com diferentes atribuições e individuação, e descrições revisadas de conteúdo intencional, equívocos, funções, propósitos, problemas resolvidos e assim por diante. De maneira semelhante, suponhamos que tenha sido descoberto que nossos ancestrais haviam sido construídos em um laboratório extraterrestre e enviados à Terra por uma nave espacial trinta mil anos atrás, de maneira que a seleção natural não tenha desempenhado nenhum papel na formação do rim, do sistema visual, da competência aritmética ou de qualquer outro aspecto. As seções técnicas dos livros didáticos sobre a fisiologia do rim não seriam modificadas, nem a verdadeira teoria das funções computadas pela retina ou outros aspectos do sistema visual humano.

A crítica do internalismo (individualismo) não ganha mais força a partir da observação de que, em ambientes normais, processos internos estão com certeza correlacionados com propriedades periféricas (limites de objetos e assim por diante). Em outros ambientes, elas estão correlacionadas com diferentes propriedades, as quais podem ser periféricas ou de estimulação direta da retina (ou interna mais profunda). Podemos escolher dizer que "onde as restrições que, em geral, capacitam um organismo a computar uma função cognitiva não são satisfeitas ele falhará em representar seu ambiente" (Egan, s.d.); mas essa "falha" é nossa maneira de descrever algum fim humano que impomos por razões não relacionadas à pesquisa naturalística, como no caso da falha de um cometa em atingir Júpiter, como esperaríamos que atingisse. Nem é relevante que a consideração sobre "representação" em ambientes normais permita que associemos os sistemas sob análise com a função cognitiva da visão descrita de modo informal. Não é tarefa da ciência se conformar a categorias de intuição, ou decidir se é ainda "visão" em ambientes anormais, ou se partes do cérebro em geral usadas para outros propósitos assumem algumas das análises das imagens virtuais, como algumas vezes fazem. O estudo da percepção começa com "tarefas cognitivas", apresentadas de maneira informal, mas se preocupa pouco se algo similar a elas é descoberto à medida que progride. A discussão informal dos processos evolutivos faz uso de locuções como "resolver problemas", mas uma vez mais isso não deve ser considerado de maneira muito séria. A lei física fornece canais estreitos dentro dos quais organismos complexos podem variar e a seleção natural é, sem dúvida, um fator na determinação da distribuição de traços e propriedades de acordo com essas restrições. Um fator, não o fator, pelo menos se seguirmos as críticas de Darwin. Muito preocupado com a má interpretação de suas ideias, Darwin negou com firmeza que tivesse atribuído "a modificação das espécies apenas à seleção natural", enfatizando na última edição de *A origem das espécies* que "na primeira edição desta obra, e subsequentemente, coloquei numa posição de destaque – de modo específico, no final da Introdução – as seguintes palavras: 'Estou convencido de que a seleção natural foi o principal, mas não o meio exclusivo de modificação'. Isso não ajudou em nada. O poder da má interpretação constante é grande" (apud Gould, 1982, p.45). Darwin tomou nota de modo explícito de uma gama de possibilidades, incluindo modificações de não adaptação e funções não selecionadas, determinadas a partir da estrutura.

Não podemos estimar de modo preciso o peso a ser atribuído à seleção natural como um mecanismo de evolução, na medida em que mais é ensinado sobre sistemas complexos, sobre a operação da lei física, sobre os fatores em auto-organização espontânea, tanto em seres vivos como em outros sistemas físicos e assim por diante (ver Waldrop, 1990; Bradley, 1994).[10] O *status* da abor-

---

10 As propostas relatadas em Bradley (1994) foram minadas, mas permanece o problema de explicação para assimetrias prevalecentes indo desde a "dureza molecular" de aminoácidos e DNA até a da locação e a orientação de órgãos.

dagem naturalística não é afetado por tais considerações, não importa que estejamos pensando em formigas, em rins ou em linguagem e mente. De modo virtual, cada aspecto do estudo da linguagem e da mente parece envolver assunções não naturalísticas injustificadas. (Para discussão mais extensiva, ver aqui o capítulo 4). Se essa discussão está na direção correta, podemos querer perguntar por que tais ideias parecem tão convincentes. A resposta poderia ser que nossa imagem comum do mundo, de acordo com o senso comum, é muito dualística, impossível de ser erradicada, assim como não há remédio para vermos o pôr do sol, ou para compartilharmos a crença de Newton na "filosofia mecânica" que ele minou, ou para assistir à onda que "deixa o lugar de sua criação", como observou Leonardo, independentemente do que podemos saber em algum outro canto de nossas mentes. Se isso é assim, e se o dualismo metodológico foi minado, o que ficou foi um tipo desse dualismo, um resíduo ilegítimo de senso comum que não devemos permitir que bloqueie nossos esforços para entender que tipo de criaturas somos.

7
Explorações internalistas

Enquanto escrevo, o céu está escurecendo e no rádio há um alerta de que uma tempestade caminha em direção a Boston, e se espera que junto com ela venham chuva pesada e ventos fortes, enchentes de rios e de áreas da costa, estrago de árvores e casas, e queda de energia elétrica. Chamemos essa declaração de D (e consideremos que seja falada). Ela é manifestada em um meio externo e entendida de várias maneiras pelo falante e pelos ouvintes. De modo informal, dizemos que ela tem som e significado. D está também relacionada a estados interiores do falante e dos ouvintes, estados relevantes para as maneiras como eles a interpretam. A comunicação depende da similaridade entre esses estados. Dessa maneira, a linguagem se engaja no mundo. Esses tópicos têm sido estudados por milênios, de muitos pontos de vista. Também constituem matéria de interesse da vida comum e há variantes culturais e práticas linguísticas preocupadas com eles, algumas vezes chamadas de "senso comum" ou de "ciência popular". Com certeza, o estudo dos tópicos em si mesmos não é o estudo de tais práticas. As ciências da terra não são limitadas pelas ideias e atitudes expressas em D, e o mesmo se sustenta para a "ciência da natureza humana" de Hume, a qual procura descobrir "as fontes e os princípios secretos pelos quais a mente humana é acionada em suas operações" (1975 [1748], seç.9, p.14). Enquanto os problemas estão claros o suficiente para as ciências da terra, são mais complexos quando nos voltamos para a ciência da natureza humana, que apresenta entre suas preocupações a investigação do senso comum (o que talvez chamemos de etnociência). Contudo, ela continua em seu próprio curso. A pesquisa pode começar com noções ordinárias de *linguagem, som, significado, vento, rio* etc., mas sem esperar que sejam guias confiáveis, além de um nível superficial.

Vejo a "ciência da natureza humana" de Hume como individualista e internalista. Em nenhum momento ela chega perto de exaurir o estudo de como os humanos funcionam nos mundos físico e social. As pesquisas mais abrangentes pressupõem, ainda que apenas de maneira tácita, ideias sobre os estados internos que fazem parte do pensamento e da ação e em geral usam o que podem do estudo internalista dos sistemas da mente/cérebro. Um intercâmbio flui em outras direções também, como no estudo de outros organismos. No caso da linguagem humana, os menores análogos mais distantes talvez sejam os insetos (ver Griffin, 1994; Austad, 1994). A investigação de propriedades como a "referência deslocada" na comunicação das abelhas irá tratar de sua natureza (interna), de sua organização social e de seu ambiente físico, pesquisas que se auxiliam mutuamente.

Os conflitos aparentes devem ser resolvidos pela clareza sobre a iniciativa que está sendo tomada. Tomemos, digamos, a discussão do conteúdo amplo e estreito, da especificação das representações mentais ou da individuação do pensamento e da crença. Se a pesquisa se insere no campo da etnociência, perguntamos como as pessoas pensam e falam sobre tais assuntos – reconhecendo, entretanto, que a questão não pode ser posta de modo direto para o "conteúdo" e para a "representação mental", usados aqui em um sentido técnico; reconhecendo que "pensamento" e "crença" são palavras do inglês sem contrapartes próximas até mesmo em línguas similares, qualquer que seja a significação que possam ter (para comentário, ver Rhum, 1993); e reconhecendo ainda as explicações do senso comum de que as pessoas não devem ser interpretadas como uma forma de explicação teórica. Encontramo-nos aqui em um terreno muito inexplorado. Na ciência da natureza humana, surgem questões diferentes. Olhamos para o panorama teórico, no qual noções como *conteúdo* e *pensamento* são formuladas, e acessamos sua adequação descritiva e sua força explicativa. Não surpreende que as noções do senso comum não sejam muito úteis e que os resultados continuem limitados.

De acordo com isso, devemos ser cautelosos em colocar muito peso em como "a ciência cognitiva apela para o significado das representações mentais" para expressar generalizações sobre processos e ação cognitiva, e "para ajudar a explicar essas generalizações". De maneira semelhante, a alteração de *"linguos*semântica" para *"psicos*semântica" baseada em que "os tipos naturais psicológicos" provavelmente "cumpram melhor os propósitos da explicação psicológica" (Lormand, 1996, p.52, 53) é significativa apenas nos universos alcançados pela explicação psicológica. Em alguns domínios (por exemplo, a percepção visual) ela está muito distante e é rara ao lidar com o comportamento.

O termo "ciência cognitiva" é algumas vezes usado para o estudo empírico das capacidades cognitivas (visão, linguagem, raciocínio etc., componentes da natureza da ciência humana que talvez não formem uma disciplina unitária); e algumas vezes para a reflexão sobre a natureza da mente. No último sentido, pode ser plausível sustentar que "a inovação metodológica central de Kant tenha se tornado um ou talvez o principal método da ciência cognitiva" (Brook, 1994, p.12); mas não o primeiro. Em ambos os casos, a "Primeira Lei da Não Existência da Ciência Cognitiva", de Jerry Fodor (Fodor, 1987, p.107), é pertinente, ainda que por razões diferentes.

As generalizações psicológicas também aparecem em muitas variedades. Consideremos, por exemplo, as descobertas sobre "o que as crianças sabem": o suficiente para distinguir a fala da mãe de uma diferente, poucos dias depois do nascimento; individualizar objetos físicos em termos de um destino comum e outras propriedades complexas, não muitos meses depois; e muito mais (ver Mehler & Dupoux, 1994; Spelke, 1990). A ciência da natureza humana tenta explicar tais realizações falando em estados interiores, resolvendo fatores inatos e ambientais, construindo uma teoria explicativa em qualquer nível apropriado. Aqui temos programas de pesquisa substantivos relacionados com um organismo biológico particular. Chamemos esta categoria de generalização PG_1.

Consideremos a generalização psicológica PG_2: se Peter quer X, pensa que para obter X exige-se que faça Y; como é facilmente capaz de Y, então ele tipicamente faz Y. PG_2 difere de PG_1 de várias maneiras. Ele pretende explicar o comportamento; as generalizações de PG_1 não. O conteúdo empírico de PG_1 é fácil de ser detectado; o de PG_2 não, o que não ocorre em nenhum organismo que escolhamos descrever em tais termos. Diferente de PG_1, PG_2 é avaliado pela reflexão, não pela pesquisa empírica, e não abre nenhum programa de pesquisa – com exceção, talvez, do programa sobre o uso comum dos termos e conceitos de racionalidade. PG_1 se insere na natureza da ciência humana, mas isso é menos claro para PG_2. A ideia de que a "ciência cognitiva" tenta expressar e explicar PG_2 é correspondentemente obscura, assim como os esforços para fundamentar tais "leis internas" e explorar sua implementação em mecanismos computacionais e em outros.

O estudo de PG_1 se insere em outros ramos da ciência. "Deixemos que a afinidade química seja recebida como um primeiro princípio, o qual não podemos explicar mais que Newton poderia explicar a gravidade", recomendou Joseph Black, físico britânico do século XVIII, e "vamos adiar a explicação para as leis de afinidade, até que tenhamos estabelecido um corpo tal de doutrina como ele estabeleceu em relação às leis da gravidade" (apud Schofield, 1970, p.226). A unificação com a Física fundamental precisou esperar até o século XX, enquanto a Química continuou a estabelecer um rico corpo de doutrina, e seus "triunfos [não foram] ... construídos sobre nenhum fundamento reducionista, mas, em vez disso, alcançaram um isolamento da nova ciência da Física emergente" (Trackray, 1970, p.279). Um curso semelhante é razoável em relação a PG_1.[1] Entretanto, PG_2 sugere poucos modos de proceder para um corpo de doutrina e, daí, para uma eventual unificação.

Realidade mental e física

Quando a Química tinha alcançado um "corpo de doutrina" suficiente, alguém talvez tivesse resolvido chamar seus constructos de *físicos* (ainda que alguns cientistas eminentes não tenham adotado essa nomenclatura), ainda mais depois que a Física tinha mudado o suficiente para permitir a unificação, deixando de maneira ainda mais radical as noções do senso comum do físico, de maneira que "se libertar" das "imagens intuitivas" e que "desista totalmente da visibilidade", na expressão de Heisenberg (apud Holton, 1996). As lições continuam em relação aos aspectos mentais do mundo, incluindo representações e processos mentais que talvez fossem postulados pela ciência da natureza humana.

O dualismo cartesiano suscitou questões substantivas: foi proposto um conceito mecânico de *físico* e foram apresentados argumentos para demonstrar que isso estava incompleto. As questões – embora não os problemas que as tinham suscitado – dissolveram-se com o colapso do mecanismo e "nos acostuma-

---

[1] Sobre algumas analogias e vários problemas mencionados muito rapidamente aqui, ver Chomsky, 1995a.

mos com as noções abstratas de forças, ou, em vez disso, com uma noção vacilante numa obscuridade mística entre abstração e compreensão concreta", como Friedrich Lange (1925, p.308), em seu clássico estudo acadêmico, sumarizou este "ponto vital" para a história do materialismo, que priva a doutrina de muita significação. Um século antes, Hume tinha considerado a visão reducionista de que, ao demonstrar "as imperfeições da filosofia mecânica", Isaac Newton tinha "restaurado os últimos segredos [da Natureza] em relação a essa obscuridade, na qual sempre permaneceram e sempre permanecerão" (Hume, 1841, v.6, p.341). Os esforços para lançar mão do componente da obscuridade chamado *mental* levaram alguns à conclusão de que "é a organização do próprio sistema nervoso" que "exerce, de modo livre, no estado de saúde todas as propriedades" da mente (La Mettrie, apud Wellman, 1992, p.147). No entanto, os problemas que haviam perturbado os cartesianos nunca foram enfocados, e nenhum "corpo de doutrina" substancial foi desenvolvido. (Para discussão, ver Chomsky, 1966; 1968 e publicações posteriores, incluindo Chomsky, 1995a; sobre os esforços de Newton com o problema básico, ver Dobbs & Jacob, 1995.)

Além desse panorama teológico, desde Newton não surgiu nenhuma alternativa razoável para a sugestão de John Locke de que Deus talvez houvesse escolhido "adicionar à matéria uma faculdade de pensamento", assim como "anexou efeitos ao movimento, os quais, de forma alguma, podemos conceber que o movimento seja capaz de produzir" (1975, liv.IV, cap.3, seç.6, p.541). Como Joseph Priestley mais tarde elaborou, extraindo "a conclusão óbvia para o debate sobre o pensamento-matéria" (Yolton, 1983, cap.I, VI; de modo especial, p. 113), consideramos aquelas propriedades "denominadas mentais" o resultado de "uma estrutura orgânica tal como a do cérebro", adicionada a outras, nenhuma das quais precisando ser compreensível no sentido buscado pela ciência anterior. Enquanto o materialismo europeu assumiu uma política diferente, em seu coração "subjaz a asserção, baseada em uma leitura da Física de Newton, de que o movimento é inerente à matéria, que toda a natureza é viva e que a alma e o corpo são um, tudo material, tudo deste mundo" (M. Jacob, 1991, p.200; Chomsky, 1995a). Com a noção do *físico* abandonada, para nunca ser substituída, não podemos ir mais longe do que questionar se os aspectos mentais do mundo, ou outros, "podem ser acomodados no panorama da explicação física, concebida" na atualidade e assumir como:

> plenamente certo que haverá uma explicação física para os fenômenos em questão, se é que de fato eles podem ser explicados, por uma razão terminológica desinteressante, especificamente de que o conceito de "explicação física" irá sem dúvida ser estendido para incorporar o que quer que esteja neste domínio, da mesma maneira como ocorreu para acomodar ... várias outras entidades e processos que teriam ofendido o senso comum de gerações anteriores. (Chomsky, 1968, p.98)

O estudo da linguagem tenta desenvolver corpos de doutrina com um olhar para a eventual unificação. Seus constructos e princípios podem ser "denominados mentais" e assumidos como "o resultado de estrutura orgânica" – como continua a ser descoberto. Em relação a esses aspectos sobre a maneira como a linguagem se engaja no mundo, há um pouco mais a dizer.[2]

A faculdade da linguagem

Há razão para acreditar que os humanos têm um "órgão" especializado dedicado ao uso e à interpretação da linguagem,

---

2 John Searle e eu discutimos esses problemas por alguns anos. Parece que concordamos sobre a incoerência de monismo, dualismo, materialismo etc. (comparar Searle, 1992, p.25 com Chomsky, 1968, p.98), e sobre a acuidade

que podemos chamar de "a faculdade de linguagem" (FL). Podemos considerar a FL comum à espécie, assumindo estados que variam de modos limitados com a experiência. Interagindo com outros sistemas (cognitivo, sensório-motor), esses estados contribuem para a determinação do som e do significado das expressões. O estudo desses tópicos talvez não capte as noções do senso comum de som e significado, da reincidência do significado, da repetição etc. e não se sabe com clareza se elas valem como teorias de som e significado, como nos casos do movimento, dos rios, da vida e assim por diante.

A fim de tornar a discussão mais concreta, consideremos as expressões do exemplo (1):

a. *John was (too) clever to catch.**
b. *John was (too) clever to be caught.***
c. *John was (too) easy to catch.****
d. *John was (too) easy to be caught.*****

Se a FL de Peter tivesse atingido o estado apropriado, ele saberia que com *"too"* (demais) incluído, (1a) e (1b) seriam verdadeiras, se John fosse tão esperto que não pudéssemos pegá-lo (John), e que, com o "demais" apagado, (1a) seria um "desvio", exigindo alguns modos não padrão de interpretação (enquanto [1b] seria interpretado de modo diferente). Ele, além disso, sabe que (1c) seria verdadeira, se fosse (por demais) fácil pegar John (que não é "fácil"); e que com ou sem o "demais" as analogias óbvias falhariam, pois (1d) também é um desvio. O estudo da FL procura colocar em compasso tais observações sob generaliza-

---

essencial de concepções do século XVII sobre mente-corpo do tipo que acabei de mencionar. Mas não sobre como explicar as propriedades de linguagem; ver abaixo.

* John era esperto demais para se pegar.
** John era esperto demais para ser pego.
*** John era fácil demais de se pegar.
**** John era fácil demais para ser pego.

ções mais amplas da categoria PG₁, e descobrir os princípios e estruturas que estão por trás delas. Mesmo sem explicar o comportamento de Peter, esses elementos de estados internos devem contribuir para uma explicação de como ele pensa e age, na medida em que essa explicação existe. Há uma teoria razoavelmente bem-sucedida que focaliza tais fatos sobre a assunção de que a FL é um sistema computacional com princípios não muito variáveis. Na tentativa de adotá-la, atribuímos a Peter estados mentais correspondentes, representações e processos (aos quais ele tem acesso consciente).³

Suponhamos que a FL de Peter seja um estado. Podemos então dizer que Pedro tem (fala, entende, ...) a língua L. Aqui o termo "língua" é usado no sentido técnico: chamemos L de uma "Língua-I" – "I" para sugerir interno e individual, e também intencional, em que L é um procedimento específico que gera de modo infinito muitas expressões de L. Uma expressão da Língua-I de Peter, que podemos chamar de RA$_p$, entra para determinar como Peter talvez interprete o anúncio de rádio relatado na declaração D anterior. A RA$_p$ se assemelha a expressões geradas pelas mentes do anunciante e de outros ouvintes, se eles entendem o anúncio mais ou menos como Peter. Poderíamos chamar de "Linguística-I" a parte da ciência da natureza humana que se preocupa com a FL, com os estados que ela assume e com as expressões que essas línguas-I geram.

A noção de Língua-I parece ser tão próxima quanto é a Linguística-I das várias noções de senso comum da linguagem. Ainda que não tragam problemas para a vida comum, são intricadas e obscuras. Uma descrição do uso do inglês comum, tão boa quanto eu saiba, é a que considera a língua "um objeto (intencional) de

---

3 Observe que não concordo que a escolha repouse entre interpretar *"domínio* e *entendimento* como estados conscientes" (Gaifman, 1996, p.387), endossando uma visão que ele atribui a Michael Dummett. Entendimento (de (1), S etc.) parece envolver estados e processos que não se inserem em nenhuma categoria.

crença (mútua), estudada de maneira adequada, no campo hermenêutico em uma sociologia da linguagem" (Pateman, 1987, p.73), ainda que a noção não seja provavelmente mais útil para a sociologia da linguagem, além da superfície, do que as expressões de D são para as ciências da terra: por exemplo, o termo "área costal", que tem um certo *status* de "língua", exceto por ser muito menos amorfo, alternante e de relativo interesse de modo multidimensional. Os termos comuns são usados de maneira frequente como taquigrafia, como nas propriedades gerais discutidas do chinês *versus* italiano (pois nenhuma delas se comporta como a crença mútua). Também dizemos que Peter fala ou não a mesma língua que eu, ou que mora no mesmo lugar. O mundo, porém, não consiste de tais áreas ou línguas em qualquer sentido que interesse às ciências da terra ou à Linguística-I.

Até mesmo falar de Peter como tendo a Língua-I L constitui uma grande simplificação; o estado de faculdade de linguagem de qualquer pessoa constitui uma certa mistura de sistema que não é mais provável de produzir entendimento teórico do que a maioria de outros fenômenos complexos do mundo natural. Peter é considerado multilíngue quando por alguma razão acontece de interessar-nos pelas diferenças entre suas línguas; de outro ponto de vista, todo mundo é multilíngue.

No uso do inglês, ter uma língua corresponde a "saber uma língua", um fato que tem levado a tentativas de impor várias concepções da natureza do conhecimento e de determinar qual entidade Peter representa numa relação cognitiva quando tem L. Por razões discutidas em outra parte, acho que as questões são mal concebidas, ainda que outras sejam bem estudadas. Assim, quando Peter tem L, ele sabe muitas coisas: por exemplo, que *chase* rima com *lace* e se liga a *follow*. Explicar tudo isso constitui uma atividade significativa e importante; e há outras sobre a natureza de conhecimento de X, o conteúdo cognitivo de saber como, as relações de conhecimento para a habilidade, e assim por diante. (Para alguma discussão, ver Chomsky, 1975; 1986.)

As expressões de L são construídas a partir de itens lexicais, cada um deles um conjunto de propriedades; as palavras mais simples de S aparecem próximas. Falamos de maneira informal do som e do significado de uma palavra, da maneira como ela é pronunciada e do que ela significa. As paráfrases mais próximas da Linguística-I referem-se às propriedades de um item lexical LI envolvidas em som e significado: suas características fonológicas e semânticas (que podem ser chamadas de *som-I* e *significado-I*, respectivamente). LI consiste dessas características, junto com características formais (não necessariamente distintas) envolvidas nos processos computacionais que formam estruturas maiores. E ela pode ter uma estrutura interna mais complexa. Não há um substrato separado, a palavra, no qual as propriedades inerentes, e qualquer mudança de característica, produzem uma LI diferente. Deixando de lado muitos aspectos interessantes, vamos assumir que a língua inclua um léxico que é o conjunto de LIs, e que o léxico seja acessado pelos procedimentos computacionais que formam expressões.[4]

O significado das palavras omitiu uma grande parte da atenção e da controvérsia; que algo como o significado-I ("representação semântica", "conteúdo estreito") até mesmo exista é agora em geral negado. As questões comparáveis sobre o som-I foram levantadas de modo raro. As disciplinas empíricas me parecem estudá-las da mesma maneira: em particular, assumindo que ambas envolvem características universais invariáveis, das quais as LIs são constituídas (e daí não são de modo radical holísticas). Farei uma tentativa de assumir a legitimidade da postulação de som-I e significado-I, retornando às razões para negar isso.

A FL atinge o estado L com pouco, se com algum, efeito de instrução, treinamento ou decisão, passando por estágios caracte-

---

4 Sobre como ela é acessada, há várias ideias. Para uma discussão crítica de algumas delas e uma "inserção tardia" alternativa, ver Halle & Marantz, 1993. Ignorarei todas essas questões aqui.

rísticos e se estabilizando de modo parcial em períodos fixos. Para tomar emprestada uma expressão de Hume, as operações da mente continuam "por meio de transição natural, que precede a reflexão e não podem ser evitadas por ela" (1948 [1740], liv.I, parte III, seç.13, p.147). Em relação a isso, a FL parece muito similar a outros organismos que possuem corpo. O léxico continua a mudar de certas maneiras, e está sujeito a um grau de escolha consciente (como estão outras partes da linguagem, de maneira marginal). Assim, o léxico de minha língua inclui a palavra *dour*, que rima com a última palavra de S, *power*. A língua de Peter pode ter uma palavra diferente com o mesmo significado mas rimando com *poor*. Talvez abandone meu uso e adote o de Peter, ou adote um significado um pouco diferente enquanto mantenho o som-I fixo; por decisão, ou sem ela, e além da consciência. Tais eventos se inserem no que Tyler Burge chama de "vasta rede de interdependência imperfeita, estabelecida pelos modelos de deferência que levam de volta a pessoas que evitariam o assentimento de outras" (1986b, p.702, 703), e que, junto com várias relações de poder, sociais, de organização, fatores de personalidade e muito mais, "estabeleceram uma norma para o entendimento linguístico convencional", como interpretado de modo informal. Se "elas também fornecem significado linguístico", como Burge sugere, parece-me uma questão de terminologia, não de fato. Além disso, não está claro para mim como poderíamos aprender sobre complexos tão heterogêneos dividindo em partes aquilo que se abriu a uma pesquisa mais detalhada. De qualquer maneira, a Linguística-I não vai mais longe do que dizer que, no caso em questão, acrescentei um novo item ao meu léxico, abandonando talvez o uso de um mais antigo, e de maneira mais geral procura apenas isolar certos fatores, decisivos me parece, que entram na admirável complexidade das questões humanas.

De modo frequente, defende-se que "os julgamentos espontâneos das pessoas, ou suas intuições, como os filósofos as denominam", constituem a questão substantiva para a Linguística e para a teoria da referência, que tem como objetivo sistematizar as "intuições gramaticais" e as "intuições de referências".[5] Podemos definir projetos à vontade, mas é difícil ver o interesse em sistematização de algumas categorias de julgamentos ou de outros dados selecionados. Tomemos o estudo da referência em seus dois aspectos: o estudo de como as pessoas usam a linguagem para falar das coisas e de suas ideias em relação a tais assuntos. Para esses esforços, julgamentos podem quem sabe fornecer uma evidência, talvez confiável ou útil, talvez não. Uma investigação séria de cada tópico talvez explore as similaridades que perpassam a cultura, a pobreza de considerações de estímulos, o experimento psicolinguístico, a exploração do cérebro ou qualquer coisa que possa ser projetada. Nem o esforço constitui o estudo de julgamentos, ainda que possamos pensar neles como estudos de intuição em um sentido diferente: eles são, de fato, um tópico para o qual os julgamentos intuitivos servem, na melhor das hipóteses, como uma fonte de informação. (Stich [1986] vê a questão de uma maneira um pouco diferente.)

Os julgamentos intuitivos são dados, nada mais; talvez se tornem uma evidência no panorama de alguma teoria explicativa. Os julgamentos relatados em conexão com (1) foram usados como evidência para apoiar a conclusão de que o complemento do adjetivo é de uma cláusula com três categorias vazias: o sujeito nulo, um operador vazio O e um atributo de O, noções explicadas na teoria e justificadas de modo independente, se a explicação do exemplo (1) tiver qualquer força. Sobre essas questões, os falantes não têm julgamentos intuitivos mais que os têm sobre tensores e indecidibilidade.

Os julgamentos intuitivos lançados com expectativas comuns têm que ser considerados com atenção especial. Suponhamos que perguntemos a Peter se um marciano fala sua língua e se ele com-

---

5 Stich (1996, p.38 et seq.) relatando – não defendendo – formulações-padrão, as quais distingue de (I-)linguística e de "protociência" de referência.

partilha seus julgamentos relacionados ao exemplo (1) e outras expressões, mas usa princípios diferentes ou tem uma bioquímica diferente; ou se um duplo de Peter criado neste momento pode falar sobre rios ou água. Os julgamentos tornam-se obscuros, enfraquecendo até chegar à insignificância, da mesma maneira que os pensamentos anulam crenças de pano de fundo, pressupostas no uso comum da língua, movendo-se para os domínios da Terra-Gêmea, Homens do Pântano e outros mundos estranhos (ver Stich, 1983, p.62; Fodor, 1994, Apêndice B).[6]

Suponhamos que adotemos um cenário de "mundos estranhos" para investigar o que está sob o conceito de Peter: seu conceito de *água* inclui Terra-Gêmea XYZ, por exemplo? Ele diria – ou estaria certo em dizer – que na Terra-Gêmea água é XYZ, diferente daqui? Que a Terra-Gêmea não tem água, apenas XYZ? Ou também diria que as condições do experimento do pensamento foram alteradas? Ou, talvez, que não há nada coerente? As respostas talvez forneçam algumas evidências para alguma explicação dos estados e práticas linguísticas de Peter, e de seus modos de pensamento, e talvez se relacionem com a questão do estado inicial sobre conceitos, se essa noção técnica aparece na explicação teórica. De modo isolado, os julgamentos iriam nos informar pouco, até mesmo se fossem estáveis, à medida que as condições do pensamento variassem, o que não parece ser o caso.

O estudo da semântica popular não deveria assumir, nem de longe, que as práticas e as convenções de alguma tradição cultural são um bom guia para o entendimento do senso comum, do investigador ou de qualquer outra pessoa.[7] Pelo menos, ele de-

---

6 Observemos que não há nenhuma contradição em aceitar a observação causativa de Wittgenstein sobre essas questões junto com conclusões bem fortes sobre invariantes de som e significado.

7 Thomas Reid é reconhecido como o melhor entre os que argumentam à maneira da filosofia da linguagem comum moderna que a concepção de uma ideia como "objeto que a mente contempla" é baseada em uma interpretação equivocada de gramática de superfície; seu argumento poderia ser estendido

veria tentar descobrir os análogos da FL e da Língua-I neste domínio, procurando identificar os componentes inatos.

Suponhamos que Peter diga que Joe Sixpack votou por um salário porque está preocupado com a saúde de seu filho. Temos o direito de concluir que Peter acredita que o mundo seja constituído de entidades tais como Joe Sixpack, salários e saúde, e relações como votar a favor de, e estar preocupado com, entre outras coisas? A inferência paralela seria legitimada quando Peter dissesse que Tom visitou Boston? Se Peter diz que o banco se mudou para o outro lado da rua e depois foi destruído pelo fogo, acredita que entre as coisas no mundo há algumas que podem ser destruídas mas ainda estar entre nós, de maneira que podem se movimentar? Questões semelhantes podem ser formuladas sobre os termos de S. A etnociência está preocupada com as concepções científicas populares sobre tais assuntos. A ciência da natureza humana tenta descobrir o que de fato está acontecendo, para desembaraçar "a anatomia da mente", na expressão de Hume, e as maneiras como suas estruturas e seus processos estão implicados em pensamentos e ação. As pesquisas são diferentes, ainda que talvez usem dados similares (talvez julgamentos intuitivos).

De maneira semelhante, a pesquisa sobre o significado de *significado* ou de *som* talvez esteja preocupada em descobrir:

1. as características semânticas (Significado-I) dos itens lexicais "significado" e "som" em algumas variedades do inglês;

2. as ideias que as pessoas têm sobre o domínio geral de significado e som; ou

3. a melhor teoria da linguagem e seu uso.

(1) é uma questão sobre algumas palavras inglesas (muito idiossincráticas); (2) se insere no domínio da etnociência; e (3)

---

ao pensamento, à crença e a outros casos. Sobre ideias como objetos de pensamento ou modos da mente no pensamento dos séculos XVII e XVIII, ver Yolton (1984), que argumenta que Reid e outros comentaristas têm lido de modo equivocado a tradição; ver abaixo.

no da ciência da natureza humana. Questões sérias são postas de modo perfeito por (1) e (2). Assim, tomando (1), achamos que os nomes não têm significado: a questão "o que 'Stalin' significa?" faz sentido apenas se alguém está perguntando algo sobre etimologia. Achamos em seguida que a expressão "o que a expressão E significa?" compartilha propriedades com "o que John considera?" e "como John se sente?" em vez do que "o que John comeu (digamos, significa)?", sugerindo que o que E significa talvez tenha algum tipo de qualidade adverbial. O estudo de (1) e (2) tem pouca importância óbvia para (3). O mesmo se pode dizer do estudo do pensamento, da crença, dos conceitos etc.

Interpretação de níveis de interface

Voltemos a questões inseridas em (3); questões sobre a FL e os estados que ela assume, e como estão integradas a outros componentes da mente/cérebro no uso da linguagem.

Uma assunção-padrão, que faz uma adaptação das ideias tradicionais, é que uma expressão E de L é um par <FON, SEM> onde FON(E) é a informação relevante para o som de E e SEM(E) para o seu significado. FON e SEM são construídos pelas operações computacionais sobre itens lexicais. Suponhamos que E seja uma palavra em isolamento. O FON(E) é, em geral, distinto de seu som-I em virtude de operações fonológicas, mas o SEM(E) poderia ser idêntico ao significado-I de E, dependendo dos fatos sobre a decomposição lexical e coisas do tipo. FON(E) e SEM(E) são elementos do "nível fonético" e dos "níveis semânticos", respectivamente; são representações fonéticas e semânticas. Os termos têm seu sentido técnico; não há nada "representado" no sentido de teorias representativas de ideias, por exemplo.[8] Esses

---

8 No trabalho mais antigo do tipo considerado aqui, foi assumido que uma Língua-I gera "marcadores" nos vários níveis linguísticos (fonético, da palavra, da estrutura da frase etc.), cada um "representando" FON(E) como um

níveis são a "interface" entre a FL e outros sistemas, fornecendo a informação usada pelo aparato sensório-motor e outros sistemas de uso da linguagem.

Há uma grande quantidade de trabalhos esclarecedores sobre tais representações e como são construídas pelas operações da Língua-I. (Sobre o lado semântico, ver, entre outros, Larson & Segal, 1995; Pustejovsky, 1995 e fontes citadas.) Esse trabalho poderia ser considerado um estudo de sintaxe no sentido técnico; trata das propriedades e organizações de objetos simbólicos. Sobre o lado do som, o trabalho é, algumas vezes, chamado de fonética, mas com o entendimento de que o estudo de características fonéticas, estruturas silábicas e métricas, e assim por diante, contribui apenas para a investigação mais geral de como a informação tornada disponível pela Língua-I é usada pelos sistemas sensório-motores, e como o complexo todo se relaciona com eventos externos. Esses são os tópicos da acústica e da fonética articulatória, que vão bem além da Língua-I. A mesma prática seria apropriada, creio, em relação ao trabalho com frequência chamado de "semântica das línguas naturais" e de "semântica lexical". Pode estar relacionado como parte da sintaxe, mas orientado a uma interface diferente e a diferentes aspectos do uso da linguagem. Na medida em que a relação de rima que se estabelece entre *chase* e *lace* é baseada em propriedades de Som-I, e a relação de ligação que se estabelece entre *chase* e *follow* sobre

---

predicado ligado a isso. Assim FON(E) *é um* ..., onde ... é sua "representação" fonológica (palavra, estrutura da frase etc.) (para detalhes, ver Chomsky, 1975 [1955]). FON(E) (daí, indiretamente, marcadores em todos os níveis) poderia ser considerado para "representar" as declarações de maneira semelhante. Como as declarações estão associadas com estados dos falantes, a predicação poderia ser construída como ligada a eles, o curso assumido por Bromberger & Halle (1996), na discussão dos níveis fonológicos em termos de intenções dos falantes (entendidas como sobrevindo nos estados do cérebro). Seu propósito é comparar as teorias em competição, uma boa razão para um trabalho de estabelecer fundamentos mais cuidadosos, o que, ao contrário, raramente tem sido assegurado.

as propriedades de Significado-I, ambas se inserem na sintaxe, em um sentido tradicional.

De modo virtual, todo trabalho em sintaxe no sentido mais estreito tem estado, em essência, relacionado a questões de interpretação semântica (e, é claro, de fonética) e motivado por elas. De maneira frequente, o fato tem sido mal entendido porque muitos pesquisadores escolheram chamar esse trabalho de "sintaxe", reservando o termo "semântica" para relações de expressões a algo extralinguístico.[9] O trabalho mais antigo na Linguística-I moderna (gramática gerativa) estava preocupado com os significados de expressões tais como as do exemplo (1), na página 290, reavivando preocupações da gramática tradicional. Podemos de maneira útil distinguir aspectos de Língua-I mais relevantes para o som ou para o significado, mas a fonética e a semântica, no sentido de como a linguagem se engaja no mundo, vão além disso.

Questões sérias sobre o quadro geral aparecem em cada ponto, desde a assumida arquitetura da mente até os detalhes de implementação. Uma categoria de questões tem a ver com a localização da interface. Do lado fonético, deve-se determinar se os sistemas sensoriais motores são em parte linguagem específica, e, daí, estão dentro da FL, de maneira que o nível de interface deveria estar "além" do que é visualmente considerado a representação fonética; há um considerável desacordo sobre essa questão. Do lado semântico, as questões têm a ver com as relações entre a FL e os outros sistemas cognitivos. Em qualquer nível, podemos oferecer apenas sugestões razoáveis, tomadas como primeira abordagem do assunto.

As questões da relação língua–mundo na interface fonética têm sido estudadas de modo intenso, com tecnologia sofisticada, mas os problemas são difíceis e o entendimento continua limi-

---

9 Por razões semelhantes, enquanto a tese da "autonomia da sintaxe" tem sido rejeitada de modo vigoroso, esta nunca tem sido defendida, que eu saiba; nem formulada em qualquer modo inteligível por seus oponentes.

tado. As questões sobre o uso de representações semânticas são muito mais obscuras. Muito menos é conhecido sobre os sistemas externos de linguagem; muito da evidência sobre eles é tão intimamente ligado à linguagem que é muito difícil determinar quando se apoiam na linguagem, quando em outros sistemas (na medida em que são distintos). Além disso, a investigação direta do tipo possível para os sistemas sensório-motores está ainda no início. Entretanto, há uma enorme quantidade de dados sobre como expressões são usadas e entendidas em circunstâncias particulares, de maneira que a semântica da linguagem natural é uma das áreas mais vivas do estudo da linguagem, embora questões de uso de linguagem continuem indefiníveis.

Itens lexicais

Tomei o par <FON, SEM>, construído a partir de itens lexicais LI, cada um sendo um complexo de propriedades, incluindo Som-I e Significado-I. FON e SEM são interpretados pelos sistemas externos de linguagem. Nesses níveis de interface, talvez não haja nenhuma subunidade que corresponda a LI. Para a interface fonética, esse aspecto não apresenta controvérsia. Uma boa quantidade de trabalhos em sintaxe/semântica assume que as LIs podem ser decompostas e reconstruídas no curso da computação do SEM. Por exemplo, itens como *quem* e *ninguém* talvez produzam construções operador-limitador-variável no nível do SEM, algo como: [[QUx, x uma pessoa] [John viu x]]. E talvez haja outras maneiras nas quais as propriedades semânticas de LIs são modificadas ou distribuídas. Entretanto, para palavras simples podemos, de maneira geral, assumir que SEM = Significado-I (talvez um reflexo de nossa ignorância).

Em relação ao componente semântico de LIs, as alternativas para esse quadro são comuns. As questões também tendem a ser abordadas de uma maneira um tanto diferente em estudos mais empiricamente orientados e em discussões conceptuais sobre a natureza e sobre a referência. A última relaciona palavras e outras expressões como unidades fonéticas (ou ortográficas), ou como dissociadas, tanto de som como de significado; em harmonia com isso, uma palavra pode mudar seu significado, talvez até mesmo em ambos, som e significado, e ainda ser a mesma palavra. Não é óbvio que essas convenções façam sentido. Pelo menos, elas precisam ser explicadas e justificadas. A tese mais simples é que uma expressão E não tem existência fora de suas propriedades nos níveis de interface, FON(E) e SEM(E) (se elas existirem).

É uma heurística útil, acho, procurar analogias entre os lados do som e do significado tão longe quanto eles vão de maneira plausível. De modo específico, podemos perguntar se pode haver algum esclarecimento em questões de semântica por se olhar para os análogos fonéticos, os quais, com frequência, parecem menos problemáticos.

Consideremos uma alternativa "mentalês" para o quadro esboçado até aqui. Em vez de tomarmos LI incluindo o Som-I e o Significado-I, assumamos que um ou outro está faltando, ou talvez os dois. De acordo com isso, tanto o SEM como o FON, ou ambos, estão faltando nos níveis de interface. Aprender uma língua é adquirir regras que mapeiam a LI em outro sistema da mente, o mentalês, que é interpretado para produzir (aspectos de) som e significado. Se o Som-I está faltando, então a LI é mapeada em mentalês-S. Ou ambos. A própria linguagem não tem fonologia/fonética, ou não tem semântica, ou nenhuma delas. São propriedades do mentalês.

Do lado fonético, não há propostas como essas, ao menos que eu conheça. Do lado semântico, elas são comuns. Qual é seu conteúdo substantivo em cada lado?

Para concretizar essas ideias, consideremos, uma vez mais, as palavras dadas no exemplo (2), ou as palavras *"persuade"* [persuadir], *"force"* [forçar], *"remind"* [lembrar] para X no exemplo (3):

(2) *chase, lace, follow*
(3) *John X-ed Mary to take her medicine.**

Suponhamos que os correspondentes LIs não apresentem o Som-I e que Peter aprendeu como mapeá-los em regiões de mentalês que têm interpretação fonética. Peter sabe muita coisa sobre as regiões e suas interpretações. Assim, *chase* rima com *lace*; *persuade* e *force* começam com constrição labial, ainda que de diferentes maneiras e *remind* não etc. As abordagens-padrão designam essas propriedades a FL, considerando-as representadas em FON. A alternativa mentalês-F acrescenta uma dose extra de complexidade e suscita novos problemas, como, por exemplo: que componente de LI indica a região de mentalês-[P] para a qual ele é mapeado, se não o Som-I (como assumido de modo convencional?). A que ponto, na computação de uma expressão, ocorre o mapeamento de mentalês-F? Como as propriedades universais e particulares de som são expressas na interpretação de mentalês-F? Por boas razões, tais questões não foram levantadas e, assim, podemos deixá-las de lado.

Consideremos o análogo semântico. Assumamos agora que as LIs têm apenas Som-I e propriedades formais não interpretadas, e que Peter aprendeu como mapeá-las em regiões de mentalês-S, as quais têm interpretação semântica. (Para várias versões desses pontos de vista, ver Fodor, 1990, cap.7, uma resenha de Schiffer, 1987.) Peter sabe muita coisa sobre essas regiões/interpretações também. Assim, se Tom persegue Bill, então Tom seguiu Bill com uma determinada intenção, algo não controvertido; se X = "persuadir" no exemplo (3), então os esforços de John tiveram um sucesso parcial (Mary chegou a pretender tomar o remédio, mas talvez não o tenha feito); se X = "Força", John foi bem-sucedido, mas de modo diferente (Mary tomou o remédio, fossem quais fossem suas intenções); se X = "lembre", John tal-

---

* John X[+ desinência referente ao passado] Mary a tomar seu remédio.

vez tenha falhado (Mary talvez não tenha prestado atenção), mas se ele foi bem-sucedido então Mary chegou a se lembrar de tomar seu remédio. O primeiro quadro designa as propriedades relevantes a FL, considerando-as representadas em SEM, em virtude de operações em LIs e de construções nas quais elas aparecem. A alternativa mentalês-S acrescenta uma camada extra de complexidade e suscita novos problemas análogos aos da contraparte fonética. Se consideramos que as LIs não têm nem Som-I nem Significado-I, então os dois tipos de problemas aparecem.

Podemos ser enganados pelos exemplos simples, digamos "a neve é branca", ou por frases descritivas de S: "o céu está escuro" etc. Mas os problemas multiplicam-se até mesmo com extensões mais leves do paradigma. Consideremos "a chuva parece pesada", "o vento parece forte", ...; e, em geral, o exemplo (4):

(4) X (*is, looks, tastes, sounds, feels, smells, ...*) Y*

Até mesmo sentenças simples como essas impõem problemas de tradução, mesmo para línguas semelhantes. Como elas devem ser traduzidas em mentalês universal?[10]

As respostas a tais questões talvez produzam consequências empíricas em teorias de linguagem mais articuladas e de mentalês, justificando talvez a complexidade adicional. De modo isolado, as propostas dificilmente poderiam ser avaliadas.

Suponhamos que desenvolvamos teorias *denotacionais* de interpretação, tanto diretamente para as expressões linguísticas como para as traduções mentalesas. Em relação ao som, uma assunção-padrão é que ao produzir ou perceber E os sistemas sensó-

---

* é, parece, tem determinado gosto, soa, sente, cheira.
10 Por razões semelhantes, a Teoria de sentenças-T apresenta problemas quando o objeto e a metalinguagem diferem, de maneira que a informatividade de sentenças-T não homófonas não fornece boas bases para justificar a abordagem. Quaisquer que forem seus méritos, que são reais, deixam intocada a questão de como a linguagem se engaja no mundo, muito do coração da teoria tradicional do significado. Ver também Fodor, 1990.

rio-motores acessam FON(E). Em vez disso, suponhamos agora que LI não tenha Som-I mas *denota-F* algum objeto que é externo à pessoa; chamemos isso de *valor fonético* VF de LI (de modo alternativo, de sua imagem mentalês-F), e suponhamos que alguma computação em VFs produza o componente linguístico do som E, VF(E). O VF poderia ser alguma coisa sobre os barulhos associados com as expressões vocais (ou possíveis expressões) de E, à medida que as circunstâncias variam (talvez também à medida que os falantes variam, na medida em que são semelhantes de modo suficiente); talvez uma construção com base em movimento de moléculas. A proposta pode ser elaborada por se considerar o VF determinado pelos fatores sociais e físicos de vários tipos. Poderíamos oferecer uma explicação da comunicação, da tradução, da aquisição e de outros processos nestes termos. Assim, Peter é capaz de se comunicar com Tom porque o mesmo VF é denotado por suas expressões na língua que compartilham (mas sabem apenas de maneira parcial).

A proposta deixa todos os problemas no mesmo lugar, acrescentando muitos outros. Não entendemos nada mais que antes sobre a relação de E com suas manifestações externas. A explicação da comunicação e de outros processos é inútil. Não há razão para supor que tais VFs figurem nos processos pelos quais a mente de uma pessoa construa alguma versão do que uma outra está dizendo. Por essas razões, não há propostas junto com essas linhas.

Consideremos o análogo semântico.[11] Suponhamos agora que LI não tenha Significado-I, mas que ele (ou sua imagem de mentalês-S, talvez uma "ideia" ou "conceito") *denota-S* um *valor*

---

11 Isso não deve ser confundido com a postulação da semântica (ou fonética). Valores como entidades mentais, com (LI, Valor) relações que têm propriedades formais de *referir* e *denotar* em seu sentido técnico. Isso tem que ser acessado junto com a postulação de outros objetos sintáticos. Parece-me apropriado (ainda que não convencional) construir muito trabalho em semântica da língua natural nestes termos.

semântico VS(LI) externo à pessoa, alguma construção da qual se tem falado quando E é pronunciada (falantes e circunstâncias variando), talvez em parte determinada por propriedades sociais e físicas. Podemos uma vez mais oferecer uma explicação de comunicação, tradução, aquisição e outros processos nestes termos. Assim, Peter é capaz de se comunicar com John porque suas expressões denotam-S os mesmos VSs na língua compartilhada que sabem de maneira parcial.

Consideremos agora o VS para "Joe Sixpack", "salário", "perseguir", "persuadir", "parece", como as palavras de S, e assim por diante (ou para as imagens mentalês-S) como Joe Sixpack, salário, perseguindo, persuadindo, parecendo, o céu, Boston, rios, estrago, perda, poder, ..., ao acrescentarem alguma coisa sobre "quem", "ninguém", e assim por diante. Para explicar as propriedades semânticas de E = "o chinês é a língua de Beijing e de Hong Kong", consideramos os VSs como chinês, língua, Beijing etc. Perguntaríamos se o objeto externo VS (*the fate of the Earth*) (*o destino da Terra*) = VS (*the Earth's fate*) (da Terra o destino) para a língua comum (ou para alguém que se pode considerar que "saiba" essa língua). Poderíamos continuar a explorar os julgamentos intuitivos, o que quer que possam significar em seu leque quase técnico.

Até aqui, pelo menos, o projeto original não é antecipado, mas apenas restabelecido, com muitos problemas novos. Não aprendemos nada mais sobre como as expressões são usadas e interpretadas. Adotemos uma ou outra proposta, devemos ainda explicar as propriedades de expressões: aquelas dos enunciados (1)-(4), por exemplo. Os casos fonéticos e semânticos não são os mesmos, é claro; apenas similares, mas naquilo que podem ser meios de informação.

Suponhamos que sigamos um curso diferente, dizendo que as propriedades de rima, dos modelos de inferência etc. não se relacionam com a linguagem (ou com suas imagens mentaleses), mas tenham a ver com crenças sobre Valores: a crença externa de que o VF (*chase*) rima com o VF (*lace*) tem um *status* diferente de outras crenças sobre VFs (digamos, sobre sua frequência). Isso ocorre de modo semelhante para outras propriedades. Tal proposta nunca foi cogitada e mais uma vez podemos deixar a questão de lado.

A contraparte no lado semântico seria defender que as propriedades dos exemplos (1)–(4) são explicadas em termos das crenças de Peter sobre o mundo; talvez a força da crença, segundo Quine. Tais propostas são conhecidas, até mesmo próximas da ortodoxia. Para avaliá-las, temos que descobrir mais sobre como as crenças são fixadas dessas maneiras muito intricadas e surpreendentemente uniformes dentro e entre as línguas, entre outras questões. Até que sejam focalizadas, as propostas são virtualmente sem substância.

No momento, parece razoável concluir que a situação está muito mais do lado fonético: as propriedades semânticas das palavras e as construções são determinadas pelas maneiras como são constituídas, com uma rica contribuição inata. O problema é descobrir as propriedades do Som-I e do Significado-I (se para as LIs ou para suas contrapartes mentalesas-S), as maneiras como elas podem ser combinadas, as computações que produzem as representações de interface e como são interpretadas pelos sistemas externos de linguagem. Em ambos os domínios, há muitos problemas em aberto, mas um progresso substantivo também.

Consideremos uma abordagem diferente: o som e o significado de uma expressão se reduzem em parte a relações do tipo discutido em conexão com os exemplos (2) e (3). Para a LI, temos algum modelo (finito) de relações com outras expressões, relações fonéticas R_f e relações semânticas R_s, talvez suplementadas com propriedades denotativas–FeS. De maneira semelhante, para expressões mais complexas. Para *chase*, a R_f consiste das propriedades *rima com "lace", começa da mesma maneira que "child", tem o mesmo número de sílabas que "pin"* etc.; e a R_s consiste da rela-

ção "seguir", "tem a intenção de" etc., e outros papéis conceptuais e de inferência.
Do lado fonético, a iniciativa mais uma vez parece sem sentido. A abordagem padrão característica-composição é suficiente para expressar a R_f junto com outros fenômenos: a relação de componentes de *chase* para gestos e barulhos articulatórios, suas propriedades distribucionais (por exemplo interações consoante-vogal) e assim por diante. Além disso, a R_f (*chase*) compartilha propriedades com a R_f (P) para palavras P. Muitos fatos deste tipo são exprimíveis sob a visão-padrão de que a LI é constituída de suas propriedades, as quais entram para determinar suas relações fonéticas com outras expressões e muito mais. Por essas razões, a proposta nunca foi cogitada.[12]

Do lado semântico, mais uma vez, há propostas como essas, e questões semelhantes aparecem. Assim, a R_s (*persuadir*) compartilha propriedades com a R_s (*aparece*): trata-se de propriedades "causativas", com resultados não triviais. Uma versão da LI deveria expressar esses fatos. Ela deveria também captar propriedades distribucionais que não são (de modo preciso) estabelecidas em termos de papéis de inferência e conceptuais; por exemplo, o fato de que "negar", "dúvida", "recusar" e assim por diante ocorrem com itens de polaridade ("qualquer", "sempre" etc.), de maneira que "declara", "acredita", "aceita" não ocorrem, e que nesses aspectos as primeiras são semelhantes a "não", "poucos" (*versus* "muitos"). Abordagens-padrão procuram propriedades de Significado-I e SEM, em termos dos quais um amplo leque de fatos pode ser expresso e explicado, incluindo inferências e suas propriedades compartilhadas e dissimilares.

Assim concebida, a interpretação semântica e a fonética são um pouco análogas. A expressão E consiste das representações da interface FON(E) e SEM(E), computadas de LIs. A FON(E) for-

---

12 Talvez entendamos algumas propostas estruturalistas nestas linhas, mas creio que seria uma interpretação dúbia.

nece informação que é usada pelos sistemas sensório-motores para articulação e percepção; a SEM(E) fornece informação que é usada pelos sistemas conceptual-intencionais para se engajar no mundo de diferentes maneiras, à medida que o usuário da língua pensa e fala com base nas perspectivas tornadas disponíveis pelas fontes da mente.

O uso referencial da linguagem pode assistir de várias maneiras os elementos componentes de Significado-I e de SEM. A individuação em geral gira em torno de fatores tais como o *design*, o uso característico e intencionado, o papel institucional etc. Se algo me parece um livro, mas aprendo que foi designado para ser um peso de papéis e é, de modo característico, usado dessa maneira, poderia chegar a concordar que se trata de um peso de papéis e não de um livro. Suponhamos que a biblioteca possua duas cópias indistintas de *Middlemarch* e que Peter toma emprestada uma delas e Tom a outra. Se tratamos do material componente da LI, eles retiraram livros diferentes; se focalizamos em seus componentes abstratos, eles retiraram o mesmo livro. Podemos tratar de ambos de modo simultâneo, usando palavras com um caráter abstrato/concreto, como nas expressões "o livro que ele está planejando pesará pelo menos dois quilos e duzentos gramas se ele escrevê-lo", ou "seu livro está em todas as lojas do país". De maneira semelhante, podemos pintar a porta de branco e passar por ela. Ou consideremos a palavra "banco" (economias, rio). Podemos dizer que:

1. *The bank burned down and then it moved across the street;**
2. *The bank, which had raised the interest rate, was destroyed by fire;* e**
3. *The bank lowered the interest rate to keep from being blown up.****

---

* O banco queimou-se e então mudou-se para o outro lado da rua.
** O banco, que havia aumentado a taxa de juros, foi destruído pelo fogo.
*** O banco diminui a taxa de juros para evitar uma quebra.

A dependência referencial é preservada ao longo da divisão concreto/abstrato. Assim (1) significa que o edifício queimou-se e então a instituição mudou-se; similarmente (2) e (3). Mas não podemos dizer que:

4. The bank burned down and then it eroded; ou*
5. The bank, which had raised the interest rate, was eroding fast; ou**
6. The bank raised the interest rate without eroding.***

A sentença (4) não significa que as economias do banco queimaram-se e então as margens do rio sofreram erosão. Os fatos são frequentemente claros, mas não triviais. Assim, os elementos referencialmente dependentes, até mesmo os mais restritos, observam algumas distinções, mas ignoram outras (pronomes, relativos, a "categoria vazia" que é o sujeito de "evitar uma quebra" e "sofrer erosão"). No caso de "banco", a conclusão natural é que há duas LIs que compartilham o mesmo Som-I (homonímia) e que uma delas ("banco") é polissêmica, como "livro": fornece uma maneira de ver o mundo que combina propriedades concretas e abstratas, permitindo que haja dependência referencial ao longo dessas perspectivas. (Sobre alguns problemas tradicionais, com frequência obscuros e complexos, ver Lyons, 1977, seç.13, p.4.) Tais propriedades podem ser investigadas de várias maneiras: aquisição de linguagem, generalidade entre as línguas, itens similares dentro da língua, formas inventadas, zeugma, e assim por diante. Se as similaridades sistemáticas e as diferenças persistem, as conclusões sobre as estruturas lexicais têm fundamento. Não há *a priori* razão para esperar que a linguagem tenha tais propriedades; com o marciano poderia ser diferente.

---

* O banco queimou-se e então sofreu erosão.
** O banco, que havia aumentado a taxa de juros, estava sofrendo erosão rapidamente.
*** O banco aumentou a taxa de juros sem sofrer erosão.

A questão "a que a palavra X se refere?" não tem sentido claro, se colocada para Peter ou (de modo mais misterioso) para alguma "língua comum". Em geral, uma palavra, mesmo a do tipo mais simples, não seleciona uma entidade do mundo ou de nosso "espaço de crença" – que não se deve negar, é claro, que há bancos ou que estamos falando sobre alguma coisa (até mesmo alguma coisa) se discutimos sobre o destino da Terra (ou do destino da Terra) e concluímos que *ele* é horrível; apenas que não devemos extrair conclusões não garantidas do uso comum. As observações se estendem ao referencial mais simples e a elementos dependentes no aspecto referencial (pronomes, *mesmo*, *re*("construir") etc.); ou a nomes próprios, que têm ricas propriedades semântico-conceptuais derivadas em grande parte de nossa natureza com algum revestimento de experiência. Alguma coisa é nomeada como uma pessoa, um rio, uma cidade, com a complexidade de entendimento que acompanha essas categorias. A língua não tem nomes próprios de maneira lógica, privados de tais propriedades; precisamos estar conscientes do que Peter Strawson chamou de "o mito do nome próprio de forma lógica" (Strawson, 1952, p.216) em língua natural, e mitos relacionados a indexadores e pronomes. Podemos pensar na tarefa de dar nomes como um tipo de "fazer o mundo", um pouco semelhante ao sentido de Nelson Goodman (1978), mas os mundos que fazemos são ricos, intricados e compartilhados de modo substancial, graças a uma natureza compartilhada complexa. Mesmo os esforços mais conscientes das ciências e das artes são guiados por tais propriedades – felizmente, ou não poderiam realizar nada. (Para uma discussão mais ampla, ver Chomsky, 1975; 1995a.)

Uma abordagem à interpretação semântica nessa linha tem um sabor tradicional. A Psicologia racionalista do século XVII defendia que os "poderes cognoscitivos" inatos capacitam as pessoas a "entender ou julgar o que é recebido pelos sentidos", o que dá à mente "uma ocasião para exercer sua atividade própria", para construir "as ideias inteligíveis e concepções de coisas de dentro de si mesma", como "regras", "modelos", "exemplares" e "antecipações" que fornecem relações de causa e efeito, todo e parte, simetria e proporção, uso característico (para todas as "coisas artificiais" ou "coisas naturais compostas"), unidade de objetos e outras propriedades gestálticas, e, em geral, "uma ideia abrangente do todo".[13] "É manifesto", defende Hobbes, que "os Nomes são signos não de coisas mas de nossas cogitações", de "nossas concepções" (1889, p.16 et seq.); a noção técnica "signo de X," sobre palavras, é mais bem interpretada dessa maneira. As "concepções" podem ser intricadas, como podemos ver a partir de nossa maneira de individuação em termos de constituição, forma, origem, e outras propriedades. Um homem

> será sempre o mesmo, cujas ações e cujos pensamentos continuam sempre a partir do mesmo início e movimento, especificamente aquele que estava na sua geração; e sempre será o mesmo rio que flui de uma e mesma fonte, tanto se for a mesma água quanto se for outra, ou alguma outra coisa que não seja água, que flui daí [como no caso clássico do barco de Teseu, acrescenta Hobbes]; e a mesma cidade cujos atos procedem continuamente da mesma instituição (p.16 et seq.)

De Locke a Hume, a pesquisa da identidade pessoal estava preocupada com uma unidade orgânica, uma noção mais abrangente. Uma árvore ou um animal "são diferentes em relação à massa da matéria com que são formados", observou Locke, em virtude da "organização das partes em um corpo coerente, compartilhando uma vida comum", com "organização continuada", que vem de dentro, diferente dos artefatos. A identidade de um carvalho reside numa "simpatia de partes" contribuindo para "um fim comum" de "apoio, alimentação e propagação" da

---

[13] As aspas (citações) são de Cudworth (1838, p.425) mas o ponto de vista é geral; e também influente pelo menos na versão kantiana; ver Chomsky, 1966.

forma, acrescentou Shaftesbury. Hume concordou em grande parte com isso, mesmo que tenha considerado "a identidade que atribuímos à mente dos homens" e "a do tipo ... que atribuímos a corpos vegetais e animais" "apenas fictícia", estabelecida pela imaginação, não pela *"natureza peculiar pertencendo a esta forma"*, de Shaftesbury. John Yolton dá uma grande importância ao fato de que o cerne da teoria das ideias, de Descartes a Reid, considera as ideias "não coisas, mas maneiras de conhecer", "não sinais da estrutura corpuscular, mas sinais em termos dos quais sabemos ou conhecemos pela experiência", de maneira que "O mundo como conhecido *é* o mundo das ideias, de conteúdo *significatário"* (Yolton 1984, 213 et seq.; outras citações aqui e adiante são de Mijuskovic, 1974, p.96-113).

As conclusões de Hume ganham mais força à medida que olhamos com mais atenção para a complexidade dos conceitos. "[*Pessoa*] é um termo forense", observou Locke, "apropriando ações e o seu mérito; e, assim, pertence apenas a agentes inteligentes, capazes de uma lei, e de felicidade e de miséria", tanto quanto de responsabilidade por ações e muito mais. A individuação de rios e de cidades envolve fatores muito além de sua origem. O fluxo de um rio pode ser revertido ou redirecionado para um curso diferente ou até mesmo dividido em riachos que podem mais tarde convergir ou mudar em vários outros caminhos e ainda permanecerem o mesmo rio, sob condições apropriadas. A imprensa aponta de modo inteligível que os cientistas "descobriram a nascente do Amazonas" em um lugar inesperado, a única nascente, embora, em geral, "os rios iniciem de uma miríade de pequenos riachos". Locke observa que um carvalho continua o mesmo quando um galho é cortado. Suponhamos que o carvalho seja transportado para algum outro lugar e substituído em sua localização original pelo galho, que cresce e se torna uma réplica da árvore, enquanto o carvalho transplantado seca e morre – mas é ainda a árvore original, de acordo com a identidade fictícia estabelecida pelos poderes cognoscitivos inatos. Isso apenas toca na superfície. Seguindo adiante, achamos que esses poderes impõem um rico panorama de interpretação e entendimento, o qual se esperava ser influenciado apenas de maneira marginal pela experiência, como no caso de outras estruturas orgânicas complexas. A partir dessas ideias sobre modos de cognição gerados internamente, aos quais a experiência se conforma, damos um pequeno passo em direção a uma análise que considere as características semânticas ou em direção ao que Julius Moravcsik chama de "fatores (gerativos)" da estrutura lexical (Moravcsik, 1975; 1990).[14] Remodelando assim a iniciativa, tentamos desembaraçar a anatomia da mente, incluindo a FL e os sistemas na interface e descobrir como a experiência e a interação social são formatadas em termos dessas fontes internas.

Algumas questões de legitimidade

Em geral, defende-se que esta versão da ciência da natureza humana seja complexa sem necessidade, ou mal orientada em princípio. De um ponto de vista, a evidência mencionada para os princípios da FL "é explicada de uma maneira muito mais simples pela ... hipótese" de que a FL de fato é "inata em cérebros humanos", mas necessitamos apenas dizer que há "um nível *hardware* de explicação, descrevendo que tipos de línguas podem ser adquiridas" (Searle, 1992, p.244). Ou devemos renunciar à FL, em favor das "hipóteses em competição" de que as estruturas inatas do cérebro "têm como sua função original e ainda primária a organização da experiência conceptual, a administração de categorias linguísticas sendo uma função adicional adquirida, para a qual a evolução tem apenas incidentalmente adaptado es-

---

14 Adaptando as noções aristotélicas e aplicando-as muito à semântica lexical, Moravcsik (1975; 1990) considera os fatores "constituintes, estrutura, função e agência". Para algum comentário, ver Chomsky, 1975; para a elaboração de ideias semelhantes, ver Pustejovsky, 1995.

sas categorias", superando assim os problemas de explicação da evolução da linguagem, entre "outras vantagens" (Paul Churchland, 1981, p.86).[15] Admitir que há um "nível *hardware*" não constitui um problema, se com isso queremos dizer que átomos, células e assim por diante estejam de modo presumível envolvidos na "estrutura do mecanismo" FL que é "inato em cérebros humanos". No momento, podemos apenas seguir o bom conselho de Joseph Black e construir um "corpo de doutrina" sobre a FL; com o progresso em direção à unificação haverá mais a dizer – talvez essas assunções correntes sobre o "*hardware*" sejam mal concebidas, como ocorre no caso da Química. O "corpo de doutrina" está preocupado com "que tipos de linguagens podem ser adquiridas" e também com suas propriedades, suas interações com outros sistemas, com a maneira de sua aquisição e seu uso, com problemas de unificação, e qualquer coisa que se apresente como investigação útil. Com isso resolvido, parece que somos levados de volta às "regras inconscientes profundas", que Searle considera dispensáveis. Searle está certo de que não há "poder profético ou explicativo mais amplo ... ao se dizer que há em adição [ao *hardware* e ao nível funcional] um nível de regras inconscientes profundas" (1992, p.244-5) de FL. Mas o que tem sido proposto é bem diferente: estruturas específicas e princípios de FL, que produzem pelo menos uma explicação parcial das propriedades de linguagem. De maneira semelhante, a Química deixa de ser interessante se apenas afirma que há propriedades estruturais mais profundas da matéria, e nada mais senão um corpo de doutrina sobre elas é desenvolvido. Na melhor das hipóteses, o debate é mais precisamente uma reminiscência de controvérsia passada sobre se as propriedades químicas, a estrutura molecular etc. devem ser atribuídas à matéria ou consideradas apenas mecanismos; tudo isso constitui matéria inútil, como concordado ante-

---

15 Estou fazendo vistas grossas às diferenças terminológicas irrelevantes.

riormente, e cai sob a adequada observação de Burge de que questões de ontologia e correlatas são "epistemicamente posteriores à questão sobre o sucesso das práticas explicativas e descritivas" (Burge, 1986a, p.250s; 1995a; nota 2).[16] A proposta de Paul Churchland poderia tornar-se uma "hipótese competitiva" se oferecesse explicações suficientes para dizer algo sobre as propriedades mais elementares da linguagem (infinidade discreta, dependência de estrutura etc.) e sobre as propriedades do exemplo (1) e outras semelhantes a elas.[17] Também seria necessário lidar com o fato de que não encontramos, como predito aparentemente, uniformidade de desenvolvimento cognitivo e estruturas atingidas ao longo dos domínios, similaridades de uso de linguagem entre as espécies como modos similares de experiência perceptual organizacional, sem dissociação de funções sob deficiências, homogeneidade de estrutura do cérebro, e assim por diante.

Um desafio mais considerado é apresentado por Hilary Putnam em sua crítica do "mentalismo do MIT", em parte o ponto de vista esboçado até aqui (que atribui a Fodor e a mim; Putnam, 1986a; 1986b).[18] Seu objetivo é "destruir a teoria das representações semânticas inatas", que podem ser chamadas de TRSI, que afirma:

(5) a. "Há 'representações semânticas' na mente/cérebro."
b. "Elas são inatas e universais."
c. "Todos os nossos conceitos são decomponíveis em tais representações semânticas." (Putnam, 1986b, p.18)

---

16 Searle argumenta em seguida que a postulação de regras inconscientes é ilegítima, mas em bases que me parecem sem mérito; ver Chomsky, 1990. Seu *reductio* usando a analogia de uma "faculdade de visão" não é relevante porque o princípio que ele corretamente rejeita não apresenta nenhuma força explicativa.
17 Tem surgido trabalho sério com teor um pouco semelhante, tanto de feição tradicional como moderna. Ver Jackendorff, 1994, cap.14 e fontes citadas.
18 Deixarei de lado questões de acuidade de atribuição onde não for relevante.

Além disso, a TRSI defende que a mente é um "Criptógrafo": a "mente pensa seus pensamentos em mentalês, codifica-os no local da linguagem natural e, então, transmite-os" a um ouvinte que "tem um Criptógrafo em sua cabeça também, é claro, que logo após continua a decodificar a 'mensagem'" (Putnam, 1986b, p.20) na *lingua mentis*.

A TRSI vai bem além da Linguística-I. Essas representações geradas pelo mapa da Língua-I na *lingua mentis* constitui uma hipótese separada. A declaração (5c) também vai além do estudo da linguagem, que tem a ver com a FL, não com outros sistemas cognitivos, os quais podem ser (e suponho que sejam) diferentes em caráter. A declaração (5b) exige um esclarecimento. Apenas os elementos das representações que são interpretadas são considerados inatos (daí universais, em geral, disponíveis, embora talvez não percebidos). Assim, os componentes e os modos de composição de representações fonéticas são presumivelmente inatos, mas as representações não são; são diferentes para o inglês e para o japonês, até mesmo entre línguas irmãs. O mesmo é verdadeiro sobre qualquer coisa que esteja envolvida em fixar significado – "representações semânticas", ou alguma outra coisa. As línguas diferem quanto a esse aspecto, um dos muitos problemas que confundem os tradutores. Não há controvérsia sobre isso, nem, presume-se, sobre a tese de que os elementos de qualquer coisa que esteja envolvida em fixar o significado sejam inatos. É difícil imaginar outra alternativa.

Há bases empíricas para acreditar que a variedade é mais limitada para a semântica do que para aspectos fonéticos da linguagem. Os dados fonéticos estão disponíveis em abundância para a criança, e o espaço entre o objetivado atingido e os dados disponíveis parece mais estreito do que para os subsistemas semânticos. Se isso é verdadeiro, a variedade é aceita de maneira mais fácil. O estudo do significado deve enfrentar o fato de que a exposição muito limitada em circunstâncias muito ambíguas é suficiente para que as crianças cheguem a entender os significados das palavras e de outras expressões com delicadeza extraordinária, muito além de qualquer coisa que os dicionários e as gramáticas mais abrangentes começam a apresentar, com refinamentos e complexidade que apenas começam a ser entendidos. Por essas razões, a pesquisa empírica tem procurado descobrir as propriedades semânticas que são inatas e universais.

Esses problemas precisam ser enfrentados se adotamos um panorama Linguística-I (ou, de modo mais amplo, uma TRSI) ou qualquer outro. A posição de Putnam parece ser a de que os mecanismos de inteligência geral são suficientes, daí precisarem ter a estrutura inata exigida para transportar a mente dos dados disponíveis aos sistemas cognitivos alcançados. Para a linguagem, o problema agora é deslocado da FL para a inteligência geral. Enfrentamos agora os problemas que confrontam a "hipótese competitiva" de que todas as coisas se reduzem de alguma maneira à organização perceptual. As perspectivas parecem tão desmotivadoras quanto antes, mas não há nada a discutir até que alguma coisa seja proposta. Em relação à linguagem, a tese que Putnam tem como alvo destruir é agora reduzida a (6):

(6) a. "Há 'representações semânticas' na mente/cérebro."
   b. Elas são construídas com elementos que são inatos.

A declaração (6b) é inócua se (6a) se sustenta. Mas (6a) não tem nada em particular a ver com o "mentalismo do MIT". Em geral, a semântica empírica assume algo semelhante. Entretanto, suponhamos que (6a) seja falsa. Assim, nem a FL nem outro sistema de mente/cérebro envolve "representações semânticas". Mas um certo estado interno está envolvido em como entendemos sentenças, digamos S ou os exemplos em (1). A alternativa para (6), então, se sustenta pelo fato de que tais estados não envolvem "representações semânticas". Aparentemente, a alternativa que se tem como intenção mantém as assunções sobre estados de mente/cérebro relacionadas ao som, e talvez também aquelas relacionadas às propriedades estruturais de FL que entram no estabelecimento do significado de expressões, mas não de "representações semânticas". O conhecimento específico intricado que a criança adquiriu e usa é representado na mente/cérebro de alguma maneira, mas não da maneira desenvolvida em estudos de semântica de língua natural que fazem sucesso na atualidade. Isso não é improvável; a teoria fonética corrente pode também tornar-se muito ampla. Mas, uma vez mais, é impossível fazer um comentário.

Deixando isso de lado, observemos a crítica que Putnam faz de (6a), seguindo várias linhas. Uma é que o "significado é holístico". Na fórmula de Quine, as sentenças satisfazem o teste da experiência "como um corpo associado" e a revisão pode atingir qualquer lugar. Para as ciências, a fórmula parece justa o suficiente; ainda que preferisse uma formulação diferente (ver Uebel & Hookway, 1995), Rudolf Carnap aparentemente concordou com isso. Entretanto, parece que as questões aqui discutidas têm a ver com a linguagem humana, um objeto biológico, e não com as ciências que os humanos constroem com o uso de diferentes faculdades da mente.

Entretanto, Putnam defende que "a vida comum da linguagem" tem as mesmas propriedades holísticas que as ciências. A razão é que o discurso cotidiano repousa em assunções não declaradas, de maneira que, "se a linguagem descreve a experiência, ela o faz como uma rede, não sentença por sentença" (1986b, p.23). Mas a linguagem não "descreve a experiência", ainda que possa ser usada para descrever ou descrevê-la mal, ou de outras incontáveis maneiras. O fato de que assunções escondidas entram em uso de linguagem não nos informa nada de relevante aqui.

Outra linha da crítica de Putnam volta-se para a prática científica. Certos ou errados, esses argumentos não se sustentam em linguagem humana ou em outros aspectos do pensamento humano, exceto em assunções sobre uniformidade da mente que, com certeza, requerem justificação, até aqui não apresentada. Outras partes do argumento baseiam-se em conclusões sobre *língua mentis* e "linguagem pública" e intuições sobre sinonímia, tradução e outras questões, nenhuma das quais seria relevante aqui, caso pudessem ser desenvolvidas (quanto a isso, sou cético; ver Chomsky, 1995a).

O restante do argumento tem a ver com "a hipótese do inato de Chomsky". Nunca entendi o que isso pretende ser. Com frequência, isso é refutado, mas, que eu saiba, nunca formulado ou defendido. É de presumir que as capacidades cognitivas, como todas as outras, estejam arraigadas em capacitação biológica, e que a FL (se ela existir) em algum tipo de expressão dos genes. Fora isso, ainda que haja hipóteses específicas sobre exatamente o que é inato, não conheço nenhuma delas.

Putnam parece identificar a "hipótese do inato" com:

1. a tese de que a *lingua mentis* é inata; e
2. a tese de que o "vocabulário mental" é inato.

A Linguística-I não está comprometida nem com (1) nem com (2) – pelo menos do que entendo dessas teses; admito que minha compreensão não está muito distante do que se pretende comunicar. Além disso, qualquer que seja seu conteúdo, elas são presumivelmente distintas: a *lingua mentis* não é o vocabulário mental, assim como o inglês não é seu vocabulário.

Putnam então volta aos argumentos tantas vezes usados para minar não apenas o "mentalismo do MIT", mas também uma abordagem ao estudo do significado e da referência que vai desde Aristóteles até Mill, Russel, Frege e Carnap, a tradição que defende (7a) e (7b):

(7) a. "Quando entendemos uma palavra ou qualquer outro 'signo', associamos essa palavra a um 'conceito'."
b. O conceito determina a referência da palavra (ou signo).

Putnam acha que (7) deve ser refutada pelo fato de que essa referência é determinada em parte pela "divisão do trabalho linguístico" e pela "contribuição do ambiente".

A Linguística-I não tem compromisso com (7); nem poderia ter, sem alguma explicação das noções técnicas. Na melhor das hipóteses, a Linguística-I está comprometida com (8):

(8) a. Quando X entende a palavra P, X faz uso de suas propriedades.
b. As propriedades talvez incluam o Som-I e o Significado-I e, se isso funcionar dessa maneira, o último desempenha um papel em determinar a que X se refere ao usar P.

Além disso, os *chips* estão inseridos onde podem estar.

A crítica de (7) não parece se sustentar, pelo menos no componente da Linguística-I do "mentalismo do MIT", mas vamos mesmo assim considerá-la. Para ilustrar a divisão do trabalho linguístico, Putnam considera a palavra *robin* em inglês britânico e americano. Suponhamos que Peter$_{GB}$, na Grã-Bretanha, e Peter$_{US}$, nos Estados Unidos, são, em aspectos relevantes, o mesmo e não tenham consciência de (9):

(9) "A palavra '*robin*' não se refere às mesmas espécies de pássaro na Grã-Bretanha e nos Estados Unidos."

Peter$_{GB}$ e Peter$_{US}$ têm a mesma palavra *robin* em suas Línguas-I, mas ela tem diferentes extensões porque a *"referência é um fenômeno social"* que envolve confiança em especialistas. Portanto, precisamos abandonar a tese tradicional (7).

Considerando (9) uma declaração do fato sobre relações linguagem-mundo, queremos determinar se isso é verdadeiro. Em primeiro lugar, temos de entender seus termos: de modo específico, as frases "a palavra '*robin*'" e "refere-se", o que constitui uma relação que se considera a ser estabelecida entre "a palavra '*robin*'" e uma espécie biológica. Vamos tomar como garantido (rápido demais) que entendemos bem o suficiente o que é significado ao se falar de "a palavra '*robin*'", uma entidade em uma "linguagem pública" (como intencionado). E a expressão "refere-se"? As pessoas usam palavras para se referir a coisas de várias maneiras, mas o inglês não tem nenhum termo "referir-se" ou "referência" usado no sentido de (9);[19] nem as línguas similares têm, uma razão pela qual Frege teve que reunir termos técnicos e pela qual há muitas variações em relação a como traduzi-los, alguns preferindo palavras latinas para esclarecer o *status* técnico. Algum trabalho precisa ser feito, então, para tornar possível avaliar (9) como uma exigência empírica.

O contexto (recorra a experimentos de pensamentos etc.) sugere que (9) seja entendido no âmbito do estudo das teorias populares. Se for assim, as conclusões não têm nenhuma sustentação óbvia em Linguística-I; ou, talvez, nem mesmo na tradição, se entendida como oferecendo um tipo de reconstrução racional. Entretanto, perguntemos se (9) está bem fundamentada no estudo da teoria popular. Para evitar (como já explicado) termos técnicos, vamos selecionar contrapartes comuns em inglês, talvez (10):

(10) $Peter_{US}$ usa a palavra *robin* para se referir a uma espécie de pássaro e $Peter_{GB}$ para se referir a uma espécie diferente.

A declaração (10) é verdadeira? Os pássaros que $Peter_{US}$ denominou *robins* são diferentes em todos os tipos daqueles que $Peter_{GB}$ denominou *robins*, mas isso também é verdadeiro em relação a $Peter_{US}$ e seu amigo Charles, que têm sido vizinhos por toda a vida. Temos que saber muito mais para avaliar (10).

Suponhamos que perguntemos o que $Peter_{US}$ diria se fosse para a Grã-Bretanha e visse algo com o peito vermelho. Por assunção, iria denominá-lo *robin*, de maneira que isso não chega a lugar nenhum. Suponhamos que Jones dissesse que $Peter_{US}$ está cometendo um equívoco quando chama os pássaros na Grã-Bretanha de *robins* (eu não diria). Estamos então aprendendo algo sobre Jones que não tem relevância aqui.

Jones pode estar assumindo algo como a tese (9). Talvez Jones acredite que o conceito de $Peter_{US}$ de *robin* não cubra a espécie na

---

[19] A observação é conhecida; ver, por exemplo, Strawson, 1952, p.189.

Grã-Bretanha; e que o conceito de *água* de Oscar terrestre não cubra o de XYZ da Terra-Gêmea. Mas agora estamos de volta à pergunta original: como descobrimos se as reivindicações de Jones são verdadeiras? Suponhamos que Bill, o primo de Peter$_{US}$, more numa parte dos Estados Unidos onde os pássaros chamados *robins* pertençam a uma subespécie diferente. Se Peter$_{US}$ visitar Bill e chamar a coisa que está em seu gramado de *robin*, estará cometendo um equívoco? Ele será capaz de entender a conversa de Bill sobre *robins*? Suponhamos que Mary, a esposa de Peter$_{US}$, tenha sido criada em sua vizinhança, mas passado parte de sua infância na Grã--Bretanha. A que Mary estaria se referindo quando falasse sobre *robins*? Como os casos variam, os julgamentos também variam e, de todas as maneiras e de modo frequente, são muito incertos.

O caso não parece constituir um problema para o "mentalismo do MIT". Por assunção, as aves aqui mencionadas, semelhantes em vários aspectos, teriam os mesmos julgamentos sobre o que é um *robin*. Conclusões posteriores sobre se estão certos ou errados, ou como "a palavra '*robin*'" é usada para se referir em "linguagens públicas" ou sobre suas crenças, suscitam outras questões que podem ou não valer a pena investigar, uma vez que é dada uma formulação clara o suficiente. Parece haver pouco mais a dizer.

Para ilustrar "a contribuição do ambiente", Putnam acrescenta a Terra-Gêmea e outros argumentos, todos baseados em assunções sobre o que "uma pessoa típica diria" sob várias circunstâncias. Mais uma vez, os argumentos não têm sustentação direta numa teoria da linguagem T que adota uma explicação completa de comportamento linguístico ou capta o uso ordinário mas antecipadamente é óbvia.

Os argumentos (para "água") são baseados na assunção de que água seja H_2O. Para acessar o prestígio dessa declaração temos que conhecer a que língua ela pertence. Não ao inglês, que não tem a palavra "H_2O". Não à Química, que não tem a palavra "água" (ainda que os químicos usem a palavra de modo informal). Poderíamos propor que a Química e o inglês pertencem a uma "superlíngua", mas a necessidade de explicar o que isso significa continuaria (ver Bromberger, 1996).

Deixando esses problemas de lado, é verdade que um falante típico confia no grupo de constituintes ao decidir se chama alguma coisa de água? Suponhamos que dois copos, C e C', estejam sobre a mesa e que C seja cheio de água de torneira e C' de água de um poço. Suponhamos que um saquinho de chá seja mergulhado em C'. Os conteúdos de C e C' poderiam ser quimicamente idênticos: talvez a água de torneira venha de um reservatório que usa um "filtro de chá" para remover partículas de contaminação. Sabendo que os conteúdos são idênticos, diria que o conteúdo em C é água, não chá; e que o conteúdo em C' é chá, não água. Suspeito que isso seja típico. A constituição é um fator ao se decidir se algo é água, mas não o único.[20]

A situação lembra o caso do "livro" e outros semelhantes a ele. Aqui também podemos organizar as circunstâncias de maneira que iremos dar atenção à constituição, não a outros fatores, ao decidir sobre o que estamos falando. Sob tais circunstâncias, talvez chamemos os conteúdos de C e C' de água. O estudo empírico talvez mostre que a constituição seja mais um fator central para "água" do que para "livro"; presume-se que seja assim, mas isso ainda não teria nenhuma sustentação em (8). Em casos ordinários, não há respostas, exceto em termos de circunstâncias complexas e variadas e interesses que produzem o que Akeel Bilgrami (1992) chama de "conteúdo de localidade". Se, por

---

20 Para algum trabalho experimental concluindo que o conteúdo de H_2O apenas pouco correlacionado com julgamentos sobre o que é água, ou mesmo água prototípica, ver Malt, 1994; Braisby et al., 1996, em que se resenham várias ideias e trabalhos experimentais sobre tais questões e apresentam-se descobertas delas mesmas, as quais, argumentam, "demonstram que os termos do tipo natural não são empregados de uma maneira essencialista". O entendimento é limitado, daí a confiança na interpretação de dados.

exemplo, Mary acredita que exista água em Marte, e que algo seja descoberto lá que ela considere água, mesmo que isso tenha a constituição interna de água pesada ou XYZ, não há resposta geral quanto a se sua crença está certa ou errada. A referência ao uso dos especialistas acrescenta novas incertezas. Um recente artigo técnico começa por afirmar que "Gelo, na concepção popular e basicamente correta, é um líquido que perdeu sua habilidade de fluir" e continua com a conclusão de que "a maior parte da água do universo existe no estado sólido (em cometas, ...)", como "naturalmente ocorrendo em água sólida" (Angell, 1995, p.1924). Suponhamos que o quadro chá–água há pouco descrito aconteça na Terra-Gêmea, onde eles fazem seus copos de caudas de cometas terrestres. Suponhamos que Oscar terrestre chegue à Terra-Gêmea e peça água, apontando para C. Ele estará certo se estiver se referindo ao copo e errado se estiver se referindo ao seu conteúdo? Meus julgamentos são razoavelmente claros e, suspeito, típicos.

Observando essas questões de um ponto de vista diferente, tomemos Albert e Bill como semelhantes de modo relevante, e A e B como maçãs indistinguíveis, A como um objeto da experiência de Albert e B como da de Bill. Cada um pensa, acha e considera uma mordida de suas respectivas maçãs, levando a mudanças de estado idênticas ao longo do processo. Devemos dizer que os pensamentos, as imagens visuais, os gostos, as mudanças de peso e assim por diante são os mesmos para Albert e Bill, mas "dirigidos" a coisas diferentes? Ou diferentes para Albert e Bill, os objetos externos A e B sendo "parte de" pensamentos etc.? Ouvindo diferentes versões da declaração D, Albert e Bill têm a mesma experiência auditiva e de entendimento dirigida a objetos diferentes ou diferentes experiências incorporando os objetos? O inglês comum pode aceitar o uso "externalista" para o pensamento e para o entendimento, em vez de avaliar mudanças, ainda que não esteja claro o que aprenderíamos com isso. A ciência da natureza humana é primitiva demais para suscitar essa questão.

Um quadro internalista parece apropriado, ainda que incompleto, no sentido não interessante de que um estudo de Albert e Bill em seus ambientes leva o último em consideração. Os exemplos comuns são com frequência mais complexos. Tomemos uma versão do enigma de Kripke. Suponhamos que Peter diga: "Achava que Constantinopla e Istambul fossem cidades diferentes, mas agora sei que são a mesma", acrescentando: "mas Istambul terá que se mudar para algum outro lugar, de maneira que Constantinopla não terá um caráter islâmico". (Para exemplos reais deste tipo, ver Chomsky, 1995a.) Ele adotou novos itens lexicais? Novas crenças? Algo diferente? Se, referindo-se a Istambul, ele diz "*ela* terá que se mudar e ser *re*construída em algum outro lugar" (enquanto continua sendo a *mesma* cidade), como devemos interpretar os itens em itálico – que se comportam de forma diferente, de maneiras curiosas, à medida que os exemplos variam? (Chomsky, 1995a; ver também aqui o capítulo 5, p.226). Parece que podemos apenas continuar como indicado antes.

Consideremos a questão da falibilidade: sem dúvida, queremos ser capazes de dizer que Peter talvez esteja equivocado em chamar alguma coisa de X. Assim Peter talvez descreva mal o conteúdo de C' como água, não sabendo que é chá, não água. Ou talvez ele, de modo equivocado, tome um peso de papel como sendo um livro. Talvez Peter esteja enganado por sua própria conta: não chamaria isso de X se estivesse consciente dos fatos. Ou talvez estejamos adotando um ponto de vista que se baseia na constituição para decidir se ele está certo ou errado, de maneira que o que Peter considera água talvez *seja* alguma outra coisa, talvez água pesada ou XYZ. Tais mudanças são padrão nas ciências, mas não está claro que sejam apropriadas para a linguagem natural. E, se forem, em que aspectos o são? Isso precisa ser demonstrado. Seria necessário esboçar o panorama teórico no qual as questões são colocadas e, se ele usa tais noções como *conceitos*, para defini-los de maneiras não ambíguas; não, digamos, por estipular que conceitos são especificados por constituição interna. Não há nenhuma questão clara, daí nenhuma resposta direta.

Suponhamos que o jovem Charlie tenha experiências que o levam a reconhecer que seu uso difere do dos adultos em sua comunidade.[21] Suponhamos que no Estágio 1 tenha se referido a animais aquáticos aerodinâmicos como peixes e aos muito grandes como baleias. Achando que os adultos adotam um uso diferente para as contrapartes mais próximas (pronunciando as palavras de modo diferente também), ele se move para o Estágio 2, adaptando-se ao uso adulto, de forma consciente ou não. De que maneira podemos descrever o que aconteceu?

Alguns talvez estejam inclinados a dizer que o que Charlie pensou sobre baleias e peixes no Estágio 1 e o modo como usou as palavras e as pronunciou estavam errados. No Estágio 2, ele se corrigiu. Está crescendo em seu conhecimento de inglês a língua de sua comunidade (o uso ordinário não fornece modos de se referir ao seu sistema linguístico no Estágio 1). A procura por conhecimento mais amplo pode seguir os dois cursos comuns. Podemos procurar aprender mais sobre como as pessoas falam e pensam sobre tais questões ou sobre o que está de fato acontecendo.

Uma explicação Linguística-I é direta, ainda que incompleta, em parte por causa de seu alcance, em parte por causa da falta de entendimento em seu alcance. No Estágio 1, Charlie tem a Língua-I L_1, com itens lexicais "peixe$_1$" e "baleia$_1$". No Estágio 2, sua Língua-I$_2$ tem "peixe$_2$" e "baleia$_2$' ", diferindo um pouco em propriedades. As características fonológicas são diferentes (por assunção), mas o *status* das características semânticas não é claro. Os novos itens têm características diferentes, incorpo-

---

21 Há muitas ideias interessantes sobre tais casos em artigos escritos por Tyler Burge, entre eles 1986b; 1989. Não está muito claro para mim se e, se for assim, onde diferimos de forma substantiva sobre eles. Para uma interpretação, ver Merder, 1992.

rando os novos critérios para se referir a animais aquáticos? Eles selecionam diferentes regiões em uma *lingua mentis*, em um espaço conceptual, em um sistema de crença? Algo mais? O modo como Charlie denomina as coisas irá mudar de várias maneiras, dependendo dos fatos acidentais: por exemplo, se os animais aquáticos grandes com os quais tinha alguma experiência no Estágio 1 eram mamíferos ou atuns. Poderíamos procurar por princípios que agem em seja o que for que tenha acontecido e perguntar em que medida isso poderia seguir um outro curso, se as circunstâncias tivessem sido diferentes. Tão pouco é conhecido sobre esses tópicos que podemos apenas especular, mas nenhum problema óbvio de princípio aparece. A iniciativa não seria levada adiante por se evocar "o real significado (denotação)" de palavras em uma "língua comum" que é parcialmente conhecida e compartilhada, "a mente coletiva", "palavras" que continuam constantes à medida que a pronúncia e o uso variam, e outras noções que continuam misteriosas.

Suponhamos que abordemos a questão em termos de uma noção de referência em uma língua comum, talvez uma teoria causal. Teríamos então que determinar se as denotações de "baleia" ou "peixe" continuaram constantes ou não, à medida que Charlie mudou o que ele denomina coisas (incluindo os objetos de sua experiência anterior), e o que aconteceu ao conteúdo de seus pensamentos. Se as noções técnicas estão claras, talvez seja possível formular questões empíricas significativas em relação a como as pessoas pensam sobre essas questões em um outro contexto cultural e linguístico. Para a ciência da natureza humana, esse não me parece um caminho muito promissor.

Em último lugar, consideremos um caso discutido por Burge (1986b), que ilustra um gênero interessante. Suponhamos que A compartilhe com outros falantes de inglês a palavra "sofá" e algumas experiências relevantes com coisas que eles chamam de sofás. Mas ele passa a acreditar que sofás "funcionam não como móveis que servem para se sentar, mas como obras de arte ou como artefatos religiosos", e não são "somente *para*" sentar. A e os outros concordam sobre quais coisas de sua experiência comum são sofás, mas não concordam sobre sua função; pode ser que também discordem sobre se sofás têm de fato sido usados para sentar (A achando que os outros estão iludidos sobre isso). Se as dúvidas de A se mostram bem fundamentadas, Burge conclui que "o significado convencional de 'sofá' teria que mudar", mas "talvez continuasse adequado ... em atribuir atitudes proposicionais envolvendo a noção de sofá" (1986b, p.715), como acabou de ser descrito.

De que maneira tais eventos poderiam ser descritos no panorama internalista, estendendo-o agora para a assunção de que há um sistema conceptual-I e um sistema de crença junto com o sistema Língua-I?

Inicialmente, A e os outros têm o mesmo LI "sofá", o mesmo conceito-I *sofá* e as mesmas crenças-I sobre sofás. Chamemos isso de complexo SOFA compartilhado. Nele, os sofás são identificados como artefatos com certas propriedades físicas e com certas funções. Para A, SOFÁ muda para SOFÁ' com a mudança de crenças sobre para que servem os sofás. Uma outra pessoa, chamada B, talvez mude suas crenças sobre constituição, concluindo que os sofás típicos têm superfícies planas com cravos de ferro, ainda que sejam usados para sentar; para B, SOFÁ muda para SOFÁ". Todos concordam sobre quais das coisas à volta deles são sofás, mas A difere dos outros sobre a função, e B sobre a constituição da categoria a qual essas coisas pertencem.

Até aqui, não há dificuldade em descrever os eventos e os estados mentais – (I) dos participantes. Entretanto, não dissemos nada sobre o que aconteceu ao significado convencional, aos pensamentos e crenças, à medida que a estória se desenvolve; ou sobre onde ocorreu a mudança em SOFÁ.

A primeira questão não pode ser proposta até que as noções estejam esclarecidas. A segunda poderia ser relevante aqui, mas ainda não tem resposta. Por assunção, ocorreram mudanças no componente crença-I de SOFÁ, mas isso deixa aberta a questão se A e B mudaram as LIs de suas Línguas-I ou algum outro aspecto do complexo SOFÁ. Qualquer que seja a resposta, parece que há uma explicação direta disponível.

Burge argumenta que seria "inaceitavelmente superficial" dizer que A mudou sua língua quando suas dúvidas apareceram, porque "não temos dificuldade de entender que ele está levantando questões sobre o que sofás de fato são" e sabemos como investigar as questões. Entretanto, garantindo tudo isso, ainda não sabemos se A mudou sua Língua-I, substituindo uma LI por outra. Se sua Língua-I continuou fixa, ele estaria agora dizendo que o que as pessoas pensavam sobre sofás estava errado; se isso mudou como indicado, ele estaria dizendo agora que as pessoas estavam enganadas em chamar essas coisas de sofás – elas realmente são outras coisas. De qualquer maneira, podemos entender suas questões e saber como investigá-las. Há problemas empíricos escondidos aqui e talvez eles possam ser resolvidos. Entretanto, não está claro que alguma coisa mais esteja em jogo.

Questões semelhantes surgem em relação a baleias e peixes. Suponhamos que as baleias sejam consideradas peixes na comunidade de Peter, mas que ele decida que uma classificação diferente faria mais sentido e revise seu uso de acordo com isso. Mais uma vez, não temos dificuldade de entender que ele está levantando questões sobre baleias e peixes (o que "de fato são", talvez, ainda que não seja óbvio que esta seja a locução mais indicada) e sobre como investigar essas questões. A pesquisa em casos como esses, em suas fascinantes variedades, parece produzir respostas que variam muito sob leves mudanças de circunstâncias assumidas, suscitando algum ceticismo sobre quanto pode ser aprendido por se continuar neste caminho. Ainda que isso aconteça, tais fenômenos não me parecem se sustentar sobre a solidez de abordagens internalistas à Linguística e a outros aspectos mentais da vida humana, na medida em que eles podem atingir ou sugerir uma alternativa preferível.

Referências bibliográficas

ALMOG, J. The what and the how. *Journal of Philosophy*, 5, p.225-44, 1991.
ANGELL, C. A. Formation of glasses from liquids and biopolymers. *Science*, n.267, p.1.924-35, 1995.
ATLAS, J. *Philosophy without Ambiguity*. Oxford: Clarendon Press, 1989.
AUSTAD, S. Communication complexity and modality in non-human primates. In: GAJDUSEK, C., MCKHANN, G. e BOLIS, L. (Eds.). *Evolution and Neurology of Language*: Discussions on Neurosciences. X.1-2, 1994, p.89-93.
AUSTIN, J. *How to do Things with Words*. Oxford: Clarendon Press, 1962.
BAILLARGEON, R. *How do Infants Learn About the Physical World?* MS, University of Illinois, 1993.
BAKER, L. R. *Saving Belief*: A Critique of Physicalism. Princeton University Press, 1987.
_____. Cognitive suicide. In: GRIMM, R. H. e MERRILL, D. D. (Eds.). *Contents of Thought*. Tucson, AZ: University of Arizona Press, 1988.
BALDWIN, T. R. Two types of naturalism. *Proceedings of the British Academy*, n.80, p.171-99, 1993.
BARINAGA, M. Neurons tap out of a code that may help locate sounds. *Science*, n.264, p.775, 1994.
BILGRAMI, A. An externalist account of psychological content. *Philosophical Topics*, 1987.

BILGRAMI, A. *Belief and Meaning*. Blackweel: Oxford, 1992.

_____. Discussion. In: CHOMSKY, N. et al. *Language and Thought*. London: Moyer Bell, 1993, p.57-68.

BRADLEY, D. A new twist in the tale of nature's asymmetry. *Science*, n.264, p.908, 1994.

BRAISBY, N., FRANKS, B. e HAMPTON, J. Essentialism, word use, and concepts. *Cognition*, n.59, 1996, p.247-74.

BROCK, W. *The Fontana/Norton History of Chemistry*. New York/London: Norton, 1992.

BROMBERGER, S. Types and tokens in linguistics. In: _____. *On What We Know We Don't Know*. University of Chicago Press, 1992a. p.170-208.

_____. *On What We Know We Don't Know*, University of Chicago Press, 1992b.

_____. Natural kinds and questions. In: SINTONEN, M. (Ed.). *Essays on Jaakko Hintikka's Epistemology and Philosophy of Science*. Poznam: Studies in the Philosophy of Science and the Humanities, 1996.

_____. HALLE, M. *The Content of Phonological Signs*. MS, MIT, 1996.

BROOK, A. *Kant and the Mind*. Cambridge University Press, 1994.

BURGE, T. Individualism and Psichology. *Philosophical Review*, n.95, p.3-45, 1986a.

_____. Intellectual norms and foundations of mind. *Journal of Philosophy*, n.83, p.697-720, 1986b.

_____. Cartesian eror and the objectivity of perception. In: PETTIT, P. e McDOWELL, J. (Eds.). *Subject, Thought and Context*. Oxford: Clarendon Press, 1986c, p.117-36.

_____. Wherein is language social. In: GEORGE, A. (Ed.). *Reflections on Chomsky*. Oxford: Blackwell, 1989, p.175-91.

_____. Philosophy and language of mind. *Philosophical Review*, n.101, p.3-51, 1992.

CAREY, S. *Conceptual Change in Childhood*. Cambridge: MIT Press, 1985.

CHOMSKY, C. Analytic study of the Tadoma Method: Language abilities of three deaf-blind subjects. *Journal of Speech and Hearing Research*, n.29, p.332-47, 1986.

CHOMSKY, N. *Syntactic Structures*. The Hague: Mouton, 1957.

_____. *Current Issues in Linguistic Theory*. The Hague: Mouton, 1964.

_____. *Aspects of the Theory of Syntax*. Cambridge: MIT Press, 1965.

_____. *Cartesian Linguistics*. New York: Harper and Row, 1966.

CHOMSKY, N. *Language and Mind*. New York: Harcourt Brace Jovanovich, 1968. (Extended edition 1972)

_____. Some empirical assumptions in modern philosophy of language. In: MORGENBESSER, S., SUPPES, P. e WHITE, M. (Eds.). *Philosophie, Science, and Method*: Essays in Honor of Ernest Nagel. New York: St. Martin's Press, 1969, p.260-85.

_____. *Logical Structure of Linguistic Theory*. New York: Plenum, 1975[1955]. (Excerpted from unpublished 1955-56 MS.)

_____. *Reflections on Language*. New York: Pantheon, 1975.

_____. Questions of form and interpretation. In: _____. *Essays on Form and Interpretation*. New York: North Holland, 1977, p.25-59.

_____. *Morphophonemics of Modern Hebrew*. Master's Thesis – University of Pennsylvania. New York: Garland Publishing, 1979[1951]. (Revised version of 1949 BA Thesis.)

_____. *Rules and Representations*. Oxford: Blackwell, 1980.

_____. *Lectures on Government and Binding*. Dordrecht: Foris, 1981a.

_____. Principles and parameters in syntatic theory. In: HORNSTEIN, N., LIGHTFOOT, D. (Eds.). *Explanations in Linguistics*. London: Longman, 1981b, p.123-46.

_____. *Knowledge of Language*. New York: Praeger, 1986.

_____. Reply [to reviews of his 1986 by A. George and M. Brody]. *Mind and Language*, n.2, p.178-97, 1987.

_____. *Language and Problems of Knowledge*: The Managua Lectures. Cambridge: MIT Press, 1988a.

_____. Language and problems of Knowledge. *Synthesis Philosophica*, n.5, p.1-25, 1988b.

_____. Accessibility "in Principle". *Behavioral and Brain Sciences*, n.13, p.600-1, 1990.

_____. Linguistics and adjacent fields: a personal view. In: KASHER, A. (Ed.). *The Chomskyan Turn*. Oxford: Blackwell, 1991a, p.3-25

_____. Linguistic and cognitive science: problems and mysteries. In: KASHER, A. (Ed.). *The Chomskyan Turn*. Oxford: Blackwell, 1991b, p.26-53.

_____. et al. *Language and Thought*. London: Moyer Bell, 1993a.

_____. A minimalist program for liguistic theory. In: HALE, K., KEYSER, J. (Eds.). *The View from Building 20*. Cambridge: MIT Press, 1993b, p.1-52.

_____. Language and nature. *Mind*, n.104, p.1-61, 1995a.

CHOMSKY, N. Bare Phrase Structure. In: Webelhuth, G. (Ed.). *Government and Binding Theory and the Minimalist Program*. Oxford: Blackwell, 1995b, p.383-439.

_____. *The Minimalist Program*. Cambridge: MIT Press, 1995c.

_____. *Minimalis Inquires: The Framework*. MS, MIT, 1998.

CHURCHLAND, Patricia. Presidential address of tha APA Pacific Division, March 1994, 1994.

CHURCHLAND, Paul. *Scientific Realism and the Plasticity of Mind*. Cambridge University Press, 1979.

_____. Eliminative Materialism and the propositional attitudes. *Journal of Philosophy*, n.78, p.67-90, 1981. (Republicado em CHRISTENSEN, S., TURNER, D. [Eds.]. *Folk Psychology and the Philosophy of Mind*. Hillsdale: Erlbaum, 1993.)

_____. Review of Searle, 1992. *London Review of Books*, 12 maio 1994.

CLARK, A. e KARMILOFF-SMITH, A. The cognizer's innards. *Mind and Language*, n.8, p.487-530, 1993.

COHEN, L. *From Beast-Machine to Man-Machine*. Oxford University Press, 1941.

CUDWORTH, R. *Treatise concerning Eternal and Immutable Morality*. 1838. Ed. T. Birch. (Edição americana de *Works*.)

DARWIN, C. *The Origin of Species by Means of Natural Selection*. Ed. J. W. Burrow. Harmondsworth: Penguin, 1968[1859].

DAVIDSON, D. Psychology as philosophy. Reprinted in *Essays on Actions and Events*. Oxford University Press, 1980.

_____. *Inquires into Truth and Interpretation*. Oxford University Press, 1984.

_____. A coherence theory of truth and knowledge. In: LEPORE, E. (Ed.). *Truth and Interpretation*. Oxford: Blackwell, 1986a.

_____. A nice derangement of epitaphs. In: LEPORE, E. (Ed.). *Truth and Interpretation*. Oxford: Blackwell, 1986b.

_____. The structure and content of truth. *Journal of Philosophy*, n.87, p.279-328, 1990a.

_____. The second person. MS, Berkeley, University of California, 1990b.

DAVIES, M. Individualism and perceptual content. *Mind*, 100, p.461-84, 1991.

DENNETT, D. When philosophy encounters artificial intelligence. *Daedalus – Proceedings of the American Academy of Arts and Sciences*, n.117, p.283-95, 1988.

DENNETT, D. Review of McGinn (1991). *TLS* 10 maio 1991.

DESCARTES, R. Letter (to Morus). In: Eaton, R. M. (Ed.). *Descartes Selections*. 1927[1649].

DEVITT, M. e STERELNY, K. Linguistics: whats wrong with "the right view". *Philosophical Perspectives*, n.3, p.497-531, 1989.

DIJKSTERHUIS, E. J. *Mechanization of the World Picture*. Princeton University Press, 1986.

DOBBS, B. J. e JACOB, M. *Newton and the Culture of Newtonianism*. New York, Humanities Press, 1995.

DREBEN, B. Putnam, Quine and the facts. *Philosophical Topics*, n.20, p.293-315, 1992.

DUMMET, M. A nice derangement of epitaphs: some comments on Davidson and Hacking. In: LEPORE, E. (Ed.). *Truth and Interpretation*. Oxford: Blackwell, 1986, p.459-76.

_____. *The Logical Basis of Metaphysics*. Cambridge: Harvard University Press, 1991.

_____. *The Seas of Language*. Oxford: Clarendon Press, 1993.

EARMAN, J. (Ed.). *Inference, Explanation and other Philosophical Frustrations*. Berkeley: University of California Press, 1992.

EDELMAN, G. *Bright Sun, Brilliant Fire*. New York: Basic Books, 1992.

EGAN, F. *Computation and Content*. MS, Rutgers, s.d.

EPSTEIN, S. UN-Principle syntax and the derivation of syntatic relations. In: _____. HORNSTEIN, N. (Eds.). *Working Minimalism*. Cambridge: MIT Press, 1999.

EVNINE, S. *Donald Davidson*. Stanford University Press, 1991.

FODOR, J. *The Language of Thought*. New York: Crowell, 1975.

_____. *The Modularity of Mind*. Cambridge: MIT Press, 1983.

_____. *Psychosemantics*. Cambridge: MIT Press, 1987.

_____. *A Theory of Content*. Cambridge: MIT Press, 1990.

_____. *The Elm and the Expert*. Cambridge: MIT Press, 1994.

_____. LEPORE, E. *Holism: A Shopper's Guide*. Oxford: Blackwell, 1992.

FREGE, G. Über Sinn und Bedeutung. *Zeitschrift für Philosophie und Philosophische Kritik*, n.100, p.25-50, 1965[1892]. (Republicado em parte como On sense and nominatum. In: NAGEL, E., BRANDT, R. [Eds.]. *Meaning and Knowledge*: Systematic Readings in Epistemology. New York: Harcourt, Brace & World, p.69-78.)

FRIEDMAN, M. Remarks on the history of science and the history of philosophy. In: HORWICH, P.(Ed.). *World Changes: Thomas Kuhn and the Nature of Science*. Cambridge: MIT Press, 1993, p.37-54.

GAIFMAN, H. Is the "bottom-up" approach from the theory of meaning to metaphisics possible? *Journal of Philosophy*, n.93, p.373-407, 1996.

GALILEU. *Dialogues on the Great World Sistems*. Trad. (1661) Thomas Salusbury. 1632.

GAY, P. *The Enlightenment: An Interpretation*. London: Weidenfeld ans Nicholson, 1970.

GIBSON, R. Translation, physics, and facts of the matter. In: HAHN, E. e SCHILPP, P. A. (Eds.). *The Philosophy of W. V. Quine*. La Salle: Open Court, 1986, p.139-54.

GLEITMAN, L. The structural sources of verb meanings. *Language Acquisition*, n.1, p.3-55, 1990.

GOODMAN, N. *Ways of Worldmaking*. Hassocks: Harvester Press, 1978.

GOULD, S. *The Panda's Thumb*. New York: Norton, 1982.

GRIFFIN, D. Animal communication as evidence of animal mentality. In: GAJDUSEK, C., MCKHANN, G. e BOLIS, L. (Eds.). *Evolution and Neurology of Language*: Discussions in Neuroscience, X.1-2, 1994, p.67-71.

HAGOORT, P. e BROWN, C. Brain responses to lexical ambiguity, resolution and parsing. In: CLIFTON, C. et al. (Eds.). *Perspectives on Sentence Processing*. Hillsdale: Erlbaum, 1994, p.45-80.

HAGOORT, P., BROWN e CGROOTHUSEN, J. The syntatic positive shift (SPS) as an ERP-measure of syntatic processing. *Language and Cognitive Processes*, n.8, p.439-83, 1993.

HALLE, M. e MARANTZ, A. Distributed morphology and the pieces of inflection. In: HALE, K. e KEYSER, S. J. *The View from Building 20*. Cambridge: MIT Press, 1993, p.111-76.

HARMAN, G. Two quibbles about analyticity and psychological reality. *Behavioral and Brain Sciences*, n.3, p.21-2, 1980.

HAUGELAND, J. Understanding natural language. *Journal of Philosophy*, n.76, p.619-32, 1979.

HERBERT OF CHERBURY. *De Veritate*. Trad. M. H. Carré. 1937[1624]. (University of Bristol Studies, 6.)

HIGGINBOTHAM, J. On semantics. *Linguistic Inquiry*, n.16, p.547-93, 1985.

_____. Elucidations of meaning. *Linguistic and Philosophy*, n.12, p.465-517, 1989.

HOBBES, T. *The English Works of Thomas Hobbes*. Ed. William Molesworth. 1889. v. I.

HOLTON, G. On the art of scientific imagination. *Daedalus – Proceedings of the American Academy of Arts and Sciences*, n.125, p.183-208, 1996.

HUARTE, J. *Examen de ingenios*. Trad. (1698) Bellamy. 1575.

HUMBOLDT, W. von. *Über die Verschiedenheit des Menschlichen Sprachbaues*. Berlin. *The Diversity of Human Language-Structure and its influence on the Mental Development of Mankind*. Trad. Peter Heat. Cambridge, University Press, 1988[1836].

HUME, D. *The History of England*: From the Invasion of Julius Caesar to the Revolution in 1688. London: T. Cadell, 1841. 6 v.

_____. *An Enquiry concerning Human Understanding*. 3. ed. rev. Oxford: Cllarendon Press, 1975[1748].

_____. *A Treatise of Human Nature*. Ed. L. A. Selby-Bigge. 2. ed. rev. Oxford: Clarendon Press, 1978[1740].

JACKENDOFF, R. *Patterns in the Mind*. New York: Basic Books, 1994.

JACOB, F. *The Logic of Living Systems*: A History of Heredity. Trad. B. E. Spilmann. London: Allen Lane, 1974.

JACOB, M. *The Cultural Meaning of Scientific Revolution*. Philadelphia: Temple University Press, 1988.

_____. *Living the Einlightenment*: Freemasonry and Politics in Eighteen--Century Europe. Oxford University Press, 1991.

JAEGER, H. M., NAGEL, S. R. Physics of granular state. *Science*, n.255, p.1.523-31, 1992.

JENKINS, L. *Biolinguistics*: Exploring the Biology of Language. Cambridge University Press, 1999.

JERNE, N. K. The generative grammar of the immune system. *Science*, n.229, Nobel lect., p.1.057-9, 1985.

JESPERSEN, O. *The Philosophy of Grammar*. London: Allen & Unwin, 1924.

KANT, I. *Prolegomena to any Future Metaphysics*. s.l.: s.n., 1783.

KAYNE, R. *The Antisymmetry of Syntax*. Cambridge: MIT Press, 1994.

KENNY, A. *The Legacy og Wittgenstein*. Oxford: Blackwell, 1984.

KOYRÉ, A. *From the closed World to the Infinity Universe*. Baltimore: John Hopkins Press, 1957.

KRIPKE, S. Name and necessity. In: DAVIDSON, D. e HARMAN, G. (Eds.). *Semantics of Natural Language*. Dordrecht: Reidel, 1972, p.253-355.

LABANDEIRA, C. C. e SEPKOSKI, J. Insect diversity in the fossil record. *Science*, n.261, p.310-15, 1993.

LA METTRIE, J. O. de. *L'Homme-Machine*. Ed. A. Vartanian. Princeton University Press, 1747. (Critical Edition.)

LANGE, F. A. *The History of Materialism*. London: Kegan Paul, 1925.

LARSON, R. e SEGAL, G. Knowledge of Meaning. Cambridge: MIT Press, 1995.

LASNIK, H. *Essays on Anaphora*. Dordrecht: Kluwer, 1989.

LEPORE, E. (Ed.). *Truth and Interpretation*: Perspectives on the Philosophy of Donald Davidson. Oxford: Blackwell, 1986.

LEWIS, D. Languages and language. In _____. *Philosophical Papers*. Oxford University Press, 1983. v.1, p.163-88.

LEWONTIN, R. The evolution of cognition. In: OSHERSON, D. N., SMITH, E. E. (Eds.). *An Invitation to Cognitive Science*. Cambridge: MIT Press, 1990. v.3, p.229-46.

_____. MS, Harvard, 1994.

LLINÁS, R. Mindness' as a functional state of the brain. In: BLAKEMORE, C., GREENFIELD, S. (Eds.). *Thoughts and Consciousness*. Oxford: Blackwell, 1987, p.339-58.

LOCKE, J. *An Essay Concerning Human Understanding*. Ed. P. Nidditch. Oxford: Clarendon Press, 1975[1690].

LORMAND, E. How to be a meaning holist. *Journal of Philosophy*, n.93, p.51-73, 1996.

LYONS, J. *Semantics*. Cambridge University Press, 1977. 2v.

MALT, B. Water is not H_2O. *Cognitive Psychology*, n.27, p.41-70, 1994.

MARR, D. *Vision*. New York: W. H. Freeman, 1982.

MARSHALL, John. Foreword. In: Yamada, J. *Laura*. Cambridge: MIT Press, 1990.

MARSHALL, Jonathan. On making representations. In: BROWN, C., HAGOORT, P. e MEIJERING, T. (Eds.). *Vensters op de Geest*. Utrecht: Stichting Grafiet, 1989.

MCGINN, C. *The Problem of Conciousness*. Oxford: Blackwell, 1991.

_____. *Problem in Philosophy*. Oxford: Blackwell, 1993.

MEHLER, J. e DUPOUX, E. *What Infants Know*. Oxford: Blackwell, 1994.

MERCIER, A. *Linguistic competence, convention and authority*: individualism and anti-individualism in linguistics and philosophy. 1992. Dissertação (PhD) – UCLA.

MIJUSKOVIC, B. L. *The Achilles of Rationalist Arguments.* s.l.: Martinus Nijhoff, 1974.

MILLER, G. e CHOMSKY, N. Finitary models of language users. In: LUCE, R. D., BUSH, R. e GALANTER, E. (Eds.). *Hanbook of Mathematical Psychology.* New York: Wiley, 1963. v.II, p.419-91.

MORAVCSIK, J. Aitia as generative factor in Aristotle's Philosophy. *Dialogue,* p.14, p.622-36, 1975.

_____. *Thought and Language.* London: Routledge, 1990.

MOUNTCASLE, V. Brain science at the century's ebb. *Daedalus – Proceedings of the American Academy of Arts and Sciences,* p.127, p.1-36, Spring 1998.

NAGEL, T. The mind wins! Review of Searle. *New York Review,* 4 mar. 1993. (Republicado como Searle: why we are not computers. In _____. *Other Minds.* Oxford University Press, 1995, p.96-110.)

NEVILLE, H. et. al. Syntatically based sentense processing classes: evidence from envent-related brain potentials. *Journal of Cognitive Neuroscience,* n.3, p.151-65, 1991.

PASSMORE, J. *Priestley's Writings on Philosophy, Science and Politics.* New York/London: Collier-MacMillan, 1965.

PATEMAN, T. *Language in Mind and Language in Society.* Oxford University Press, 1987.

PEIRCE, C. S. The logic of abduction. In: THOMAS, V. (Ed.). *Peirce's Essays in Philosophy of Science.* New York: Liberal Arts Press, 1957, p.235-55.

PENROSE, R. *The Emperor's New Mind.* Oxford University Press, 1989.

PIATELLI-PALMARINI, M. The rise of selective theories: a case study and some lessons from immunology. In: DEMOPOULOS, W. e MARRAS, A. (Eds.). *Language Learning and Concept Acquisition:* Foundational Issues. Norwood: Ablex, 1986, p.117-30

POPKIN, R. *The History of Skepticism from Erasmus to Spinoza.* Berkeley: University of California Press, 1979.

PUSTEJOVSKI, J. (Ed.). *Semantics and the Lexicon.* Dordrecht: Kluwer, 1993.

_____. *Coercion and cocomposition.* MS, Brandeis, 1994.

_____. *The Generative Lexicon.* Cambridge: MIT Press, 1995.

PUTNAM, H. The meaning of "meaning". In: _____. *Philosophical Papers:* Mind, Language and Reality. Cambridge University Press, 1975. v.2, p.215-71

_____. *Meaning and the Moral Sciences.* London: Routlegde and Kegan Paul, 1978.

PUTNAM, H. Meaning holism. In: HAHN, E., SCHILPP, P.A. (Eds.). *The Philosophy of W. V. Quine*. La Salle: Open Court, 1986a, p.405-26.

_____. Meaning and our mental life. In: ULLMAN-MARGALIT, E. (Ed.). *The Kaleidoscope of Science*.Dordrecht: Reidel, 1986b, p.17-32.

_____. *Representation and Reality*. Cambridge: MIT Press, 1988a.

_____. Much ado about not very much. *Daedalus – Proceedings of the American Academy of Arts and Sciences*, p.117, p.269-81, 1988b

_____. Replies. *Philosophical Topics*, n.20, p.347-408, 1992.

QUINE, W. *World and Object*. Cambridge: MIT Press, 1960.

_____. Reply to Chomsky. In: DAVIDSON, D. e HINTIKKA, J. (Eds.). *Words and Objectios*: Essays on the Work of W. V. Quine. Dordrecht: Reidel, 1969, p.302-11.

_____. Methodological reflections on current linguistic theory. In: DAVIDSON, D. e HARMAN, G. (Eds.). *Semantics of Natural Language*. Dordrecht: Reidel, 1972, p.442-54.

_____. *Theories and Things*. Cambridge: Harvard University Press, 1981.

_____. Reply to Gilbert H. Harman. In: HAHN, E. e SCHILPP, P. A. (Eds.). *The Philosophy of W. V. Quine*. La Salle: Open Court, 1986, p.181-8.

_____. Indeterminacy of translation again. *Journal of Philosophy*, n.84, p.5-10, 1987.

_____. *Pursuit of Truth*. Cambridge: Harvard University Press, 1990.

_____. Structure and nature. *Journal of Philosophy*, n.89, p.5-9, 1992.

RAMBERG, B. *Donald's Davidson Philosophy of Language*. Oxford: Blackwell, 1989.

REID, T. *Essays on the Intellectual Powers of Man*. Edinburgh: John Bell, 1785.

RHUM, M. Understanding "belief". *MAN*, v.28, n.4, dez. 1993.

ROMAINE, S. *Language in Society*. Oxford University Press, 1994.

RORTY, R. Pragmatism, Davidson and truth. In: LEPORE, E. (Ed.). *Truth and Interpretation*. Oxford: Blackwell, 1986, p.333-55.

SCHEFFLER, I. On synonymy and indirect discourse. *Philosophy of Science*, n.22, p.39-44, 1955.

SCHIFFER, S. *Remnants of Meaning*. Cambridge: MIT Press, 1987.

SCHOFIELD, R. *Mechanism and Materialism*. Princeton University Press, 1970.

SCHWEBER, S. Physics, community and the crisis in physical theory. *Physics Today*, n.46, p.34-40, 1993.

SEARLE, J. Minds, brains and programs. *Behavioral and Brain Sciences*, n.3, p.417-24, 1980.

SEARLE, J. *The Rediscovery of the Mind.* Cambridge: MIT Press, 1992.

SEGAL, G. *In deference to reference.* Massachusetts, 1987. Dissertação (PhD) – MIT.

SMITH, B. Understanding language. *Proceedings of the Aristotelian Society,* p.109-41, 1992.

SMITH, N. *Chomsky: Idea and Ideals.* Cambridge University Press, 1999.

_____. TSIMPLI, I.-M. e OUHALLA, J. Learning the impossible: the acquisition of possible and impossible languages by a polyglot savant. *Lingua,* n.91, p.279-347, 1993.

SOAMES, S. Semantics and semantics competence. *Philosophical Perspectives,* n.3, 1989.

SPELKE, E. Origins of visual knowledge. In: OSHERSON, D. N., KOSSLYN, S. M. e HOLLERBACH, J. M. (Eds.). *An Invitation to Cognitive Science.* Cambridge: MIT Press, 1990. v.II, p.99-127.

STICH, S. *From Folk Psychology to Cognitive Science.* Cambridge: MIT Press, 1983.

_____. *Deconstructing the Mind.* Oxford University Press, 1996.

STRAWSON, G. *Mental Reality.* Cambridge: MIT Press, 1994.

STRAWSON, P. On referring. *Mind,* n.59, p.320-44, 1950.

_____. *Introduction to Logical Theory.* London: Methuen, 1952.

STRYKER, M. Precise development from imprecise rules. *Science,* n.263, p.1.244-5, 1994.

THACKRAY, A. *Atoms and Powers.* Cambridge: Harvard University Press, 1970.

TREMBLAY, M. *Possession and Datives.* 1991. Dissertação (PhD) – McGill University.

TURING, A. Computing machinery and intelligence. *Mind,* n.49, p.433-60, 1950.

UEBEL, T. *The Vienna Circle Revisited.* London: Centre for the Philosophy of the Natural Sciences, 1995. DP 6/95. (Comentários de Christopher Hookway.)

ULLMAN, S. *The Interpretation of Visual Motion.* Cambridge: MIT Press, 1979.

WALDROP, M. M. Spontaneous order, evolution and life. *Science,* n.247, p.1543-5, 1990.

WEISSKOPF, V. The origin of the universe. *Bulletin of the American Academy of Arts and Sciences,* n.42, 1989.

WELLMAN, K. *La Mettrie: Medicine, Philosophy and Enlightenment*. Chapel Hill: Duke, 1992.

WHEELER, J. *At Home in the Universe*. New York: American Institute of Physics, 1994.

WITHERSPOON, G. *Language and Art in the Navajo Universe*. Ann Arbor: University of Michigan, 1977.

WRIGHT, C. Wittgenstein's rule-following considerations and the central project of theoretical linguistics. In: GEORGE, A. (Ed.). *Reflections on Chomsky*. Oxford: Blackwell, 1989, p.233-64.

YAMADA, J. *Laura*. Cambridge: MIT Press, 1990.

YOLTON, J. *Thinking Matter*. Minneapolis: University of Minnesota Press, 1983.

_____. *Perceptual Acquaintance*. Minneapolis: University of Minnesota Press, 1984.

Índice

abordagem individualista 8, 74, 278, 279, 284 – *ver também* abordagem internalista
abordagem internalista 76, 77, 84-96, 235-81, 283-330 – legitimidade das pesquisas que vão além 269 – e outros domínios da psicologia 272-4 – para diferir de crenças 329 – para relações da linguagem-mundo 48, 49
abordagem naturalística 27, 188, 194 – comparada com uma abordagem internalista 235, 269
abordagens externalistas 18, 85-8, 92, 256-81, 325 – e experimentos de pensamento da Terra-Gêmea 257-60, 267
"abstração coerente, teste de" (Almog) 91
abstrato *ver* dimensão concreto-abstrata
acesso: à consciência 172-180, 246, 248, 249, 250, 255, 291 – em princípio, 173, 174, 177, 179, 246, 247, 250
acordo 105, 128
adequação descritiva 35, 36, 38, 114, 218, 285
adequação explicativa 35, 36, 38, 42, 95
"adequação observacional" 114
adjacência 41, 215
agência e objetos 57, 314
"ajustar" e "guiar" (Quine) 175, 176
alcance cognitivo 194, 195
algoritmos 59, 62, 256, 274
Almog, Joseph 91
ambiente: influência sobre o estado inicial da faculdade da linguagem 149, 280, 281, 286, 323-6 – papel na especificação da referência 89, 90.

anáfora 86, 87, 92, 108, 244
análise 8, 9, 12, 19, 22, 31, 67, 73, 76,
    80, 91, 94, 181, 187, 200, 209, 211,
    221, 223, 240, 273, 279, 314
"analista" 203
animal, homem e 29
antifundamentalismo 148, 149
antropologia 271
aprendizado: introjetando regras que
    mapeiam a LI em alguns outros
    sistemas da mente 302, 303 – mecanismos generalizados 130, 184
    – incremental 71 – "pelo esquecimento"212 – processos seletivos
    130
aprendizado de linguagem, capacidade
    de 20, 220
aquisição 33-8, 310 – e acesso lexical
    215-18 – caráter inato e seletividade 13-6, 215-18 – e déficit sensorial
    215-18 – "estado inicial" como um
    mecanismo para 30-3 – e formação
    do conceito 122-31 – rotulação de
    conceitos inatos 123-25, 129, 130 –
    ver também aquisição da linguagem
    da criança; Sistema de Aquisição da
    Linguagem (SAL)
aquisição de linguagem da criança
    13-6, 33-6, 185, 319 – comparada com de adultos estrangeiros
    102 – designando rótulos para os
    conceitos 123-5, 129, 130 – exposição anterior e desenvolvimento
    da linguagem 217 – exposição
    limitada a aspectos semânticos em
    circunstâncias ambíguas 214, 215 –
    de uma língua específica 109,110 –
    média de 215 – e o SAL 170-2 – e
    o sistema computacional 214, 215

arbitrariedades saussurianas 66, 214
argumento, estrutura 41
argumento transcendental; método
    de Kant 285
Aristóteles 64, 227, 240, 320
artefatos, capacidades dos 205
assertabilidade, condições de 198
associação 42, 66, 171, 183
atitudes proposicionais; atribuição
    de 329
Atlas, Jay 261, 262
"atômicas", unidades 40
atomismo físico 200
Austin, John 95, 233
autoridade: deferência a 267 – de primeira pessoa 248, 249
autossegmental 87, 88

Baker, Lynne Rudder 207, 265, 266
Baldwin, T.R. 152, 153, 155, 182, 250
Baringa, Marcia 272
barra-X, teoria da 41
Bedeutung (Frege) 230, 232
Beekman, Isaac 199, 200
behaviorismo 98, 100, 184, 187
Berthelot, M. 201
bifurcação, tese da 20
Bilgrami, Akeel 83, 141, 146, 240, 241,
    260, 266, 267, 268, 324
biologia 9, 10, 26, 32, 59, 109, 156,
    167, 194, 242, 243, 244, 252,
    254, 277
Black, Joseph 286, 315
Bohr, Niels 92, 93, 94, 95, 200, 261,
    262
Boltzman, Ludwig 200
Boyle, Robert 197
Bradley, David 280
Brentano, Franz 58

Brock, William 200, 201, 262
Bromberger, Sylvain 57, 156, 157, 241, 299, 324
Burge, Tyler 24, 57, 60, 140, 242, 274, 277, 278, 294, 316, 327, 328, 329, 330 – sobre o eliminativismo 165, 171, 241, 242 – sobre naturalismo 164, 166, 170, 198, 250, 251

características 40, 41, 214, 308 – atração de 44-8 – condições de legibilidade e 41-4 – que não são interpretadas na interface fonética nem na semântica 42, 43

características flexionais; papel na computação 43, 46

características não interpretáveis 17, 42-8

características semânticas 42, 48, 222, 293, 297, 314, 327

caráter inato do conhecimento da linguagem 13-5, 18, 21, 26, 29-31, 224

Carnap, Rudolf 319, 320

Cartesianismo 153, 158, 159, 161, 234, 252, 287, 288 – colapso do 188, 197, 198

"categoria-p" (Bromberger) 156, 157

categoria vazia 49, 310

categorias 243, 244

categorias de boa formação 151

categorias intuitivas; falta de significado para as ciências 276-9

causalidade 10

cegueira 176, 177, 178, 179

cérebro: *inputs* auditivos, visuais e tácteis 216-8 – atividade elétrica do 10, 11, 208-11, 244 – ciências do 13, 54, 106, 115, 151, 208, 234, 244

coisas mentais como propriedades emergentes do 25-7 – configurações relevantes para o significado 53-6, 61-89 – e consciência 162, 163, 252 – em uma cuba 272-4 – estado inicial compartilhado 32, 77, 78 – estrutura mental e orgânica do 288, 289 – estrutura neural – como realização natural de sistemas de regras 111, 112 – estudo em vários níveis 33, 62, 188, 189 – explora 295 – faculdade da linguagem 16, 17, 142, 143, 149, 150 – fornece mecanismos de pensamento 203-7, 314, 315 – homogeneidade de estrutura não encontrada 316 – leis bioquímicas de 50 – localização de mecanismos analíticos 216-18 – e mente 147 – propriedades de 66 – resolvendo problemas e adaptado a situações normais 274, 277 – teorias computacionais 208-11 – como termorregulador 64

Chastain, Charles 207

Churchland, Patrícia 195, 207

Churchland, Paul 128, 207, 315, 316

ciência, faculdade da formação da (FFC) 11, 58, 76, 77, 156, 157, 217, 234 – e crença do senso comum 92 – e o linguista 186 – propriedade de construção de sistemas de Frege 232

ciência, ficção; e teorias sobre o mundo 263

ciência cognitiva 60, 75, 203, 208, 285 – *status* de 286-7

ciência: limite de autojustificação 203 – e categorias de intuição 278-280 – e filosofia 154-7, 164, 174 – his-

345

tória da 20, 92, 197-203 – objetivo de unificação 155, 156, 194, 195, 202 – origens da ... moderna 157-61, 198 – problema da unificação 151, 158, 159, 160, 170, 188-190, 196, 208, 209 – unificação 8, 11-13, 20, 200, 201, 252, 287, 289

"ciência da natureza humana" (Hume) 285, 286, 287, 291, 297, 298, 314, 325, 328

ciência popular 21, 158, 168, 226, 237, 240, 241, 283, 297 – e condições culturais 213

ciências "duras" 244 – linguagem da vida comum e linguagem das 319

ciências naturais 9, 237 – e conhecimento de linguagem 105 – e continuidade – definição de Quine 251 – definindo 155-61, 171 03 – física de seres humanos 243 – métodos-padrão das 108-15 – e noções de crença e desejo 254 – "como primeira filosofia" 2

cientificismo 264

cliques, deslocamentos para limites de frases 63, 93, 112, 117, 172, 244, 261

cobertura, movimento de 47

cognição: moldes gerados internamente para os quais a experiência se conforma 312-4 – conhecimento da linguagem e 13, 142, 235, 236

cognitivo, desenvolvimento: e crescimento ... da linguagem 125 – uniformidade não encontrada 315

coisas: mudanças nas 328 – em algum tipo de modelo mental 229 – continuidade espaço-tempo de 226 – definindo 238-41 – no mundo 229 – *status* de coisas nomeáveis 57, 225

comando-c 41, 88, 109

competência: assunções sobre atração apenas a partir do comportamento 115-9 – gramatical 65 – pragmática 65 – como um procedimento gerativo 122 – *ver também* Língua-I

competência pragmática; limitada e faculdade de linguagem 253

complexidade 14, 16, 17, 31, 35, 36, 44, 53, 70, 80, 92, 123, 124, 142, 151, 196, 205, 215, 217, 218, 220, 224, 294, 303, 304, 311, 313, 318

componente inato, identificando o 297

comportamento, causa do 141, 176

comunicação 17, 70, 71, 101, 132, 133, 134, 136, 137, 146, 150, 183, 185, 186, 229, 230, 267, 283, 284, 305, 306

comunidade, normas da 73, 141, 181, 247, 267

conceitos: construção de ... artificiais 106 – inatos rotulados em aquisição de linguagem 122-31 – ligação com som 214 – posicionais 124 – Putnam sobre pequenas teorias em formação de 130, 131 – como uma referência determinante de uma palavra 320 – uso no entendimento na vida comum 168

conceituais-I, sistemas 329

conceptual-intencionais, sistemas 67, 222, 309

concretude 290, 291, 303, 303

condições de corrente 40, 80

condições filosóficas necessárias 255

condições de limite 36

conexismo 188-90, 208

conexões semânticas 99, 123-9, 132, 240, 307, 308

conhecimento; distinto da habilidade 104-7 – natureza do 292 – natureza do...tácito 19
conhecimento da linguagem 8, 12, 20, 104-7 – e cognição 13, 142 – definido 142 – como habilidade aprendida 104 – parcial 100-3, 183, 184, 254 – como representação interna do procedimento gerativo no cérebro 103-7 – uniforme entre as línguas 224 – uso no inglês 292 – *ver também* caráter inato
consciência 157, 196, 252 – acesso à 172-80, 246, 255, 291 – "acesso à... em princípio" 177-80, 246, 247, 250 – natureza da 207, 249, 252, 253 – potencial 161-4, 170, 171, 173, 179 – potencial para, e cegueira 177-80 – relação com estruturas neurais 251, 252 – "tese radical de Searle" 162, 163
constituição 322-6
constructo mental 8
conteúdo: de referência fixa em linguagem natural 91 – amplo e estreito 284, 293 – fonético 261 – localidade de (Bilgrami) 260, 324 – como uma noção técnica 241, 264 – *ver também* conteúdo perceptual
coordenativa, estrutura; restrição de; Quine sobre 111-4, 123
Cordemoy, Géraud de 206
corpo: Teoria Cartesiana 10, 188 – limitações da teoria naturalística do corpo 68, 250 – como mental e físico 204, 287, 288 – teoria do 118, 158, 161, 163
corpo-mente, problema do *ver* problema da mente-corpo

córtex auditivo 272
crenças: ausência de termos em outras línguas que não o inglês 213 – atribuição de 169, 213, 237, 254, 255, 264-6 – convicções sobre a natureza, como um *a posteriori* ou um *a priori* 166 – diferentes sobre o mesmo assunto 258, 327-9 – falsa 76, 93 – fixação 128 – individuação de 284 – *ver também* – que correspondem literalmente à terminologia animista e intencional 238 – justificação de crenças-I como interesse relativo 71 – papel social de 103 – e propriedades de expressões 305-8 – em relação ao mundo 98, 99, 237 – e significado 240 – similaridade de 93, 94, 262 – crenças-I 18, 75, 76, 329 – expressas na Língua-I 140 – mudanças em 329
crianças: com sistemas de performance especializados para a linguagem 211 – caráter inato da propriedade de infinitude discreta 30, 31 – cegas e aquisição de linguagem 217 – crenças de atributo para outros antes do desenvolvimento da linguagem 213 – dados fonéticos disponíveis para 317 – entendimento intuitivo de conceitos 125 – reificação dos corpos em 171 – uso difere do uso adulto 327-9
criatividade, uso de linguagem de 48-52
culturais, estudos 270, 271

D (domínio) 85, 86, 87
Darwin, Charles, *Origem das espécies* 279, 280

Davidson, Donald 97, 123, 238 – "A Nice Derangement of Epitaphs" ("Uma bela desordem dos epitáfios") 114, 132-8 – anomalismo do mental 165-7 – exemplo do "intérprete 69-71, 114, 132-8, 186 – nada comparável à linguagem 238, 239
Davies, Martin 60, 87
DE *ver* descrição estrutural
deferência, modelos de 268, 271, 294
deficiências cognitivas; com faculdade de linguagem intacta 216, 253
déficit sensorial; e faculdade de linguagem 217
Dennet, Daniel 136, 152, 169, 195, 196, 250
denotação, uso do termo 230
dependência referencial 85, 99, 104, 224, 309,
Descartes, René 12, 20, 50, 51, 196, 202, 205, 234, 263, 313
descrição 15, 36, 47, 63, 110, 111, 117, 138, 163, 165, 167, 171, 198, 243, 252, 291
descrições estruturais, (DEs); geração de 64, 65, 105, 119, 122, 135, 137, 138
desempenho: competência e 12 – e teorias da computação 220
design da linguagem 41, 45
designação de estruturas de constituintes derivados 112, 126
designer, intenção do 56, 191, 239
deslocamento, propriedade de ... explicada 43-7 – e condições de legibilidade 44-7
desvio 11, 151, 153 – normas da comunidade 181, 182, 247 – respostas distintas do cérebro à linguagem 62

– e teorias computacionais da faculdade do cérebro 209
Dewey, John 98
dialeto: como uma noção não linguística 72 – prestígio 249, 269
dicionário, comparado à complexidade de registros lexicais humanos 34, 35, 81, 123, 215, 268, 318
Diderot, Denis 199
Dijksterhuis, E. J. 156, 197
dimensão animada-inanimada 223-225
dimensão concreto-abstrata 224, 309, 310
direita-esquerda, orientação 173
discurso, atos do 150
discurso científico; inteligibilidade em 93, 261
discurso, representação do 229
dissociações 210
distinção analítico-sintática, 19, 98, 99, 123
divisão do trabalho linguístico 89, 139, 259, 320, 321
dotação inata: e fatores ambientais 286 – e *input* empobrecido 216-8 – papel no entendimento do mundo 167-70
du Marsais 87
dualismo 9, 20, 145-91, 210, 245, 248, 281 – variedades de 180-91 – *ver também* cartesianismo; dualismo metafísico; dualismo metodológico
dualismo metafísico 196, 203
dualismo metodológico 147, 148, 172, 180, 203, 236, 244, 280
Dummett, Michael 19, 97, 114, 115, 187, 250 – sobre SAL 174 – sobre linguagem como uma prática social

100-4 – sobre pesquisa naturalística como psicológica e não filosófica 245, 246

Dupoux, E. 211, 212, 217, 286

economia, condições de 219

Edelman, Gerald 188, 189, 208

efeitos fundamentais 245

Egan, Frances 278, 279

eletrofisiológicas, respostas; a violações sintáticas *versus* semânticas 209

entendimento 291 – busca de entendimento teórico 53, 149, 207, 236 – faculdade gerativa de humano 50-2 – limites do humano 270 – das pessoas, não de parte delas 204-6 – do significado sem experiência relevante 226, 227

entidades, crenças sobre 237

epistêmico, limite; Dennet sobre 195

epistemologia: evolucionista 153 – naturalizada (Quine) 97-100, 152, 153, 154

Epstein, Samuel 41

equivalência extensional (Quine) 233

espaço-tempo, continuidade; das coisas 226

especialistas: deferência a 267-70 – papel em determinar a referência de termos 75, 89-91, 139, 140, 325-8

estado L 32, 150, 212, 293

estado cognitivo 110, 111, 135, 142, 154, 157, 266

estado inicial 13-15, 31, 32, 149, 150, 219 – comum às espécies 32, 104, 109-11, 214 – determina o sistema computacional da linguagem 66 – como estrutura compartilhada 72, 77, 104 – como uma função biologicamente determinada fixa, que mapeia a evidência 109, 110 – geneticamente determinado 66, 109, 110, 211 – como Gramática Universal (GU) 142, 155, 185 – esquema conceptual integrado 125 – e estado atingido 175 – e identidade postulada de todas as línguas 218 – incorpora princípios de dependência referencial 104 – incorpora princípios gerais de estrutura de linguagem 122 – mais curso de experiência 31, 32, 36, 37 – com parâmetros fixos 219 – riqueza do 79-81 – *ver também* Língua-I

estados internos; ideias sobre 284

estados mentais; atribuição de 170, 276, 291

estímulo, pobreza de 18, 130, 224, 295

estrutura compartilhada, grau de 262 – e adequação explicativa 35-8

estrutura, dependência de 216, 316

estrutura lexical 310 – fatores geradores de (Moravcsik) 312-4

estrutura profunda e de superfície 14, 15, 22, 39

estrutura relacional interna 57, 240

estruturas neurais; relação da consciência com as 251

"eventos-f" (eventos fisicamente descritos) 167

eventos-m (eventos mentalisticamente descritos) 167

eventos mentais; símbolos de, e símbolos de eventos físicos 165

eventos relacionados potenciais (ERPs) 62

evidência: categorias intuitivas como 278 – legitimidade do uso amplo de 13, 108-19, 123, 187, 244, 245 – linguística 112, 116-8, 172, 180, 244 – papel do estado inicial em determinar o que conta como 109 – psicológica 112, 116, 117, 118, 172, 180 109 – utilidade da referência 295

evolução: categorias linguísticas de administração do cérebro 314 – e argumentos de conceitos inatos 129, 130 – e questões de pesquisa empírica 143 – teoria da 242, 279

experiência: efeito sobre mudanças do sistema cognitivo 212-3 – estabelece condições de limite 36, 37 – e "estado inicial" 31, 32, 36, 37

explicação e descrição 15

explicação filosófica 246, 255 – ciência e 244-6

expressão; modos de pensamento e meios de 47-50

expressões: classe gerada pela Língua--I 150, 151, 291 – como um par <FON, SEM> 298, 301 – problemas estruturais para interpretação 220 – procedimentos computacionais que acessam o léxico para formar 293, 298-300, 308 – propriedades internamente determinadas 77-81 – propriedades universais e línguas específicas 79 – relação com o mundo externo 228-30

extensão 257

faculdade gerativa do entendimento humano 49-52

faculdade da linguagem 8, 13-6, 18, 149, 150, 289-98 – acionamento dos mecanismos analíticos 216, 217 – assume estados que intera-gem com outros sistemas 289 – "austeridade" da 214-6 – comum às espécies 137, 138, 290 – evolução da 26, 30-3 – estrutura inata e efeito do ambiente externo 121, 289, 290 – estruturas específicas e princípios da 314-6 – como uma função que mapeia evidências na Língua-I 142 – componentes da 210 – intacta, mas com déficits cognitivos 216, 253 – como objeto natural 214 – perfeição da 38-48 – propriedades intrínsecas da 216, 225 – relações com os sistemas da mente/cérebro 16, 142, 143, 149-51 – *ver também* estado inicial; estado L

falibilidade 326

falta de significado de categorias intuitivas para 277 – e estudo da mente 280

fatos, verdades de e verdades de significado 124-8

FF *ver* Forma Fonética

filosofia 8, 97-143 – causalidade e cerne dos problemas da 252 – e ciência 154-6, 164, 174, 244-6 – naturalização da 250

filosofia da linguagem 18, 50, 97, 123, 148, 230, 231, 269, 296

filosofia mecânica 156, 158, 162, 189, 196, 197, 199, 203, 205, 251, 280, 288

física 21, 155, 158, 163, 164, 203 – desenvolvimento para permitir a unificação da 287

fisicalismo 164, 198, 210, 250

físico: anomalia do 242 – conceito mecânico de 287 – e realidade mental 287-9

FL *ver* Forma Lógica
Flaubert, Gustave 168
flexão: como propriedade especial da linguagem humana 43 – variações em riquezas 215
Fodor, Jerry 196, 211, 243, 316 – "Primeira Lei da Não existência da Ciência Cognitiva" 285 – "linguagem do pensamento" 541
FON(E) 298, 299, 302, 304, 308
Fonética 299
fonética acústica 298
fonética articulatória, 299
fonética, realização; diferente de sistemas flexionais 42
fonéticas, características 42, 48, 93, 222 – acessadas pelos sistemas articulatório-perceptuais 220, 308
fonéticas, relações 307, 308
fonéticas, representações 38, 266, 275, 298, 317
fonético, nível 41, 43, 298
fonético, valor 229, 305
fonéticos, aspectos; abundância de variedade 211, 261, 317
fonologia 48, 87, 93, 246, 256, 262, 264, 302
fonologia estrutural, 93, 262
fonologia gerativa 93
fonológicas, características 78, 293, 327
fonológicas, unidades 93, 262
fonológicos, níveis; em termos de intenção 299
forças imateriais 251
Forma Fonética (FF) 16, 39, 67, 221, 222, 229
Forma Lógica (FL) 16, 17, 222, 228, 229 – instruções na interface 228 – origens da 67
formas inventadas 310
frases com *wh* frontal 113
frases, limites de: e deslocamento perceptual de cliques 63, 111, 112, 117, 172, 244 – e dependência referencial em japonês 108-11, 117
frases, regras de estruturas de 41, 44, 108-11, 117
Frege, Gottlob 70, 81, 152, 160, 230, 320, 322 – "linguagem pública comum" 70, 76, 232, 233
Friedman, Michael 202

Galileu Galilei 18, 30, 31
"*garden path*, sentenças" 181, 221
generalizações psicológicas 286
genes, e estado inicial 31, 32, 177, 232, 235, 243, 320
Gestalt 312
Gibson, Roger 116
Goodman, Nelson 311
Governo 41
gramática: e adequação descritiva 35, 36, 215, 317, 318 – usos do termo 32, 211
gramática gerativa 7, 233, 300 – e abordagem de princípios e parâmetros – explicada 33-6 – e gramaticalidade 126 218 – objetivos do estudo dos mecanismos da vida cotidiana 51 – operações computacionais 44
Gramática de Port Royal 31
gramática tradicional 44, 215, 300
Gramática Universal (GU) 180, 188 – e o entendimento intuitivo de conceitos pela criança 125 – teoria do estado inicial como 142, 155, 184
gramaticalidade, Quine sobre 119, 126
gramáticas: "esqueleto inato" (Quine)

118 – como sistema de regras internalizado específico 115-26
gravidade, de Newton 197, 286, 287
grilo-gafanhoto, exemplo (Baker) 265
"guiar" e "ajustar" (Quine) 175, 176

Haas, W. 126
habilidade, distinta de conhecimento 104-7
Halle, Mo 293, 299
Harris, James 128
Heisenberg, Werner 286
Herbert, Edward, Barão de Cherbury 153, 160
Higginbotham, James 142
hipótese do caráter inato; Putnam sobre Chomsky 129, 130, 131, 184, 320-3
"hipótese competitiva" 316, 318
"hipótese psicológica" 174, 177, 246
hipótese, recusa de Newton da 197
Hobbes, Thomas, sobre nomes 312
holismo 98, 100 – do significado 71, 123, 131, 263
homonímia 310
Huarte, Juan 51
Humboldt, Wilhem von 33, 142
Hume, David 30, 128, 153, 160, 234, 294 – "ciência da natureza humana" 246, 284, 297 – sobre identidade atribuída fictícia 50, 312, 313 – sobre Newton 199, 288
Huygens, Christian 197

idealização 92, 102, 183, 219
ideias: história das 20 – não como coisas, mas maneiras de conhecer 313 – que as pessoas têm sobre significado e som 297 – teoria das 313

identidade, atribuição fictícia (Hume) 50, 312, 313
idioleto, comunicação entre fatias do tempo de um 71
imunologia, teoria seletiva 15, 129
"inatismo" ver "hipótese do caráter inato"
indeterminação empírica 117
indeterminação da tradução (Quine) 116, 233, 245, 255
indexadores 311
individuação: e coisas nomeáveis 224-6 – e uso referencial de linguagem 309, 312-4
inferência 216, 307 – como interesse relativo 83
infinitude discreta, 30, 31
inglês: importância do japonês para o estudo do 22, 109, 110, 117, 187 – orientado para a esquerda 173
instinto 153, 160, 169
institucional, papel 48, 309
inteligência 34, 218, 313 – acesso à ... humana 11, 170 – escopo e limites da 195 – mecanismos de ... geral 318 – e uso da linguagem 255 – ver também Inteligência Artificial
Inteligência Artificial 136
inteligibilidade em discurso científico 93, 157, 261
intenção 124, 169, 223, 239, 309 – referencial 230-2 – ver também sistemas conceptual-intencionais
intencionalidade: Brentano sobre 58 – pesquisa naturalística e 96, 234
interesse 221, 226, 240
interface, condição de; requer apagamento de características não interpretáveis 46-8

interface: entre faculdade da linguagem e outros sistemas da mente 220 – assunções mais fracas sobre relações 40, 228, 229 – condições de legibilidade na 39-44 – localização da 300 – níveis 39, 67, 86, 298-301 – propriedades 220-3 – representações fonéticas e semânticas na 39-44, 275, 298-300

internalismo 8, 20, 21, 48, 222 – crítica do 279 – definido 235 – forma de sintaxe 229

internalismo-externalismo, questões de 256-81

interpretação, designação de 275-7

interpretação semântica: abordagens à 47 – processos de 46 – e sintaxe no sentido técnico 300

"intérprete", Davidson sobre o 69, 114, 132-7, 186

intuições 90, 94, 137, 158, 213, 230, 237, 241, 276

intuições: limites das 20, 21 – como um assunto do estudo linguístico 294-7 – e termos técnicos 257-9

Jacob, François 243, 244
Jacob, Margaret 197, 199, 288, 289
Jakobson, Roman 244
James, Henry 98, 168
japonês: anáfora em 244 – evidência a partir de dependência referencial 109, 110, 117, 187 – importância para o estudo do inglês 22, 109, 110, 117, 187 – orientado para a direita 173
Jerne, Neils Kaj 129, 130
Jespersen, Otto 142, 175
julgamentos intuitivos: sobre declarações 88-90 – como dados a serem estudados como evidências 295-7 – diferentes 127 – lançados com expectativas pouco comuns 295

K, como um conhecimento constante de linguagem 105, 106
Kant, Immanuel 202, 312 – método de argumento transcendental 285
Kayne, Richard 220, 231
Kekulé von Stradonitz, August 201
Kenny, Anthony 104, 106
K-habilidade 106
Kripke, o enigma de 83, 326
Kripke, Saul 73, 247 – *Naming and Necessity* 89, 90

La Mettrie, J.O. 159, 204, 288
Lange, Friedrich 288
Lavoisier, Antoine 200
legibilidade, condições de 16, 38-42 – impõe uma divisão tríplice entre as características 42 – e a propriedade de deslocamento 44-7
legitimidade, questões de 269, 314
Leibniz, Gottfried Wilhelm 156, 197
"leis emergentes", 253
leis da mecânica 156
Leonardo da Vinci 280
Lewis, David 115
Lewontin, Richard 64, 277
lexicais, itens 40, 301-14 – abordagem relacional aos 307-14 – adquiridos em uma simples exposição 215, 317 – atribuição de estrutura semântica para 123 – constituídos por abordagens de propriedades 214, 293, 307 – diferentes abordagens ao estudo dos 81, 301-14 –

dissociação de som e significado 301, 302, 303 – podem ser decompostos e reconstruídos no curso da computação de SEM 301 – semântica lexical 299
léxico: definido 40 – coisas selecionadas e individualizadas pelas propriedades do 240 – mental 74 – e propriedades de computação 219, 293 – sujeito a um grau complexo de escolhas conscientes 294
Língua-I 8, 12, 16,18, 21, 219 – acréscimos linguísticos 91, 92 – aspectos de normatividade 182 – e construção de representações semânticas e fonéticas 300 – domínio e representação interna de uma determinada 142 – especifica a forma e o significado e é responsável pelas propriedades de expressões complexas 65 – como instanciação do estado inicial 219 – interna, individual e intencional 32, 137-42, 212, 233, 291 – como procedimento gerativo 137-42, 150, 212-6, 298, 299 – como um produto da faculdade de linguagem 66, 91, 92 – relação com eventos externos 299, 300 – e relações da linguagem com o mundo 321 – seguida pela abordagem dos princípios e parâmetros 219 – e sistemas de desempenho 66-75, 78-81 – tem um procedimento computacional e um léxico 214 – de teorias R-C 64, 75, 84, 87-91, 151 – uso do termo 211, 231 – variedade restrita da 66, 76, 95

lingua mentis, representações geradas pelo mapa da Língua-I em 317, 319, 320, 328

linguagem – aparente variabilidade de 218 – como um artefato cultural 270 – em diferentes comunidades de discurso 271, 272 – diversidade de 35 – estudo da 29-52 – como um fato social 103 – *head-first* ou *head-last* 14 – e interpretação 97-143 – como uma máquina portátil de interpretação 69, 134, 268, 269 – como um meio finito para usos infinitos (Humboldt) 33, 142 – não há nada como (Davidson) 238 – naturalismo e dualismo no estudo da 145-91 – nenhum sentido geral útil por meio do qual caracterizar 101 – como uma noção de estrutura que guia o falante na formação de expressões livres 142 – noções de etnociência 168, 169 – como um objeto biológico 9 – como um objeto natural 20, 193-234 – em parte, inútil 220, 277 – em pesquisa naturalística 149-52 – perspectiva internalista sobre 235-81 – pontos de vista sobre o conceito de 142 – como um procedimento gerativo de atribuir descrições estruturais 103-8 – como um processo de geração 142 – como propriedade de uma comunidade 183 – propriedades elementares 34 – propriedades específicas da linguagem humana 49 – como propriedade de matéria organizada 207 – termos para algo como 213 – uso do termo 193, 230-2

linguagem computacional, abordagem da 18, 34, 40, 189, 190, 208-10, 220, 273

linguagem comum, abordagem da 69-75, 76, 82, 83, 181-4 – explicação

de eventos físicos e mentais 167-9
– filosofia 97, 296 – uso e terminologia 246-8, 291 – *ver também* linguagem pública
linguagem externa, sistemas de 301, 307
linguagem, faculdade de *ver* faculdade de linguagem
linguagem, falante de; e ser humano 54-62
linguagem e interpretação 19, 97-143
linguagem, mudanças no estudo da 34
linguagem-mundo, relações entre: na interface fonética 300 – abordagem internalista 48, 49, 228-30 – verdadeiro de 321
linguagem-pensamento, relações entre 236, 237
"linguagem pública" 19, 70, 71, 74, 75, 83, 88, 225, 229, 232, 268, 270, 271, 272, 319, 321
Linguagem, Sistema de Aquisição da (SAL) 155, 161, 170-2 – como um mecanismo físico e não psicológico 172-5
linguagem/tese do significado compartilhado 69-75, 183, 184, 257, 268-73
linguagem, uso da *ver* uso da linguagem
linguagens formais, 43, 116, 126, 239
línguas nacionais, como codificação de usos 183
línguas naturais: aparentes imperfeições de 17, 38-48, 219, 220 – algumas vezes impossíveis de ser analisadas 196 – propriedades de termos de 223-5 – e uso de termos técnicos 230-3
linguística antropológica 34

linguista de campo 97-122
linguística descritiva 110, 218, 316
linguística estrutural; abordagem mentalística à 33, 34
Linguística-I 294 – noções de linguagem e senso comum 291, 293, 297, 298, 327-9 – e uso de propriedades que talvez incluam o Som-I e o Significado-I 321
linguística: *insight* explicativo para 9 – assunto principal da 25-7, 244, 245 – e faculdade de formação de ciência (FFC) 186 – *status* científico da 20, 203
linguossemântica 285
livre vontade 196
Llinás, Rodolfo 228
Locke, John 25, 53, 89, 288, 312, 313
locomoção 67, 146, 255, 256

mapeamento, e interação neural 208
máquina: habilidade de pensar e debater 94, 205, 255 – homem e 29, 50, 158, 234
máquina, inteligência da 205
Marr, David 60, 211, 273, 274, 277, 278
matéria: conceito alterado de 203, 234 – escura 160 – pensamento e ação como propriedades de ... organizada 159, 162
material: e fatores abstratos; simultaneidade em significado 49 – ou físico 170, 250
materialismo 198, 250, 288 – eliminativo 64, 161, 164, 165, 167, 168, 170-2, 190, 210, 241, 250 – Nagel sobre 163-5 – e sua crítica 161-72
mau uso da linguagem; noção de 102, 138, 139, 140, 141

McGinn, Colin 83, 157, 195, 252
mecanismos 14, 32, 33, 51, 59, 64, 96, 104, 114, 115, 119, 120, 135, 138, 143, 159, 171, 172, 174, 177-9, 184, 186, 187, 204, 211, 217, 263, 286, 315, 318
mecanismos psicológicos 174, 177, 179, 211
Mehler, J. 211, 212, 217, 286
"melhor teoria" 122, 175, 239, 247, 276, 297
mensagens, decodificando 317-23
mental: todos os fenômenos potencialmente conscientes 163 – "anomalismo do" (Davidson) 165, 166 – caracterizado como acesso à consciência 172-80 – definir em termos neurológicos 187 – fenômeno descrito em termos do físico 19 – e física 203 – leis-ponte relacionando ao físico 166, 167 – localização dentro do físico 187 – como o neurofísico num nível mais elevado 190 – e realidade física 287-9 – substituição pelo físico 241 – uso do termo 20, 145, 146, 193, 235
mentalês 302-5, 316
mente: arquitetura da 38, 44, 46, 216, 237, 300 – como aspectos mentais do mundo 236 – como consciência 162, 163 – como um "criptógrafo" 316-23 – desembaraçando a anatomia da 297, 314 – como um estado computacional do cérebro 228 – estudo da ... em termos biológicos 33 – história da filosofia da 197 – naturalismo e dualismo no estudo da linguagem e da 145-91 – pesquisa naturalística sobre a 188 – reflexões sobre a natureza da 285 –

como *res cogitans* 158 – teoria da (TM), *status* científico da 160-2 – teoria cartesiana da 158 – teorias explanatórias da no estudo da linguagem 149 – uso do termo 145, 146, 193, 230-2
mente/cérebro, interação 26, 38-41
mente/cérebro, sistemas: integração dos estados da faculdade de linguagem com 298-301 – estudo internalista da 283-5
mente-corpo, problema da 8, 9, 10, 20, 158, 161-70 – ausência do conceito de matéria ou corpo ou físico 118, 199 – como a consciência se relaciona com as estruturas neurais 25 – Nagel sobre 161-4 – não inteligível 188, 202, 242 – como um problema de unificação 196-8
metafísica 8, 202
metafísica, extração; das definições 145-9
Mill, John Stuart 320
mistérios 11, 30, 52, 83, 157, 195, 199, 234
"MIT, mentalismo do"; crítica de Putnam ao 316-23
modelos: computador 190, 209, 270 – construindo para aprender 206
modelos explicativos 53, 95, 96, 314-6
modificações não adaptativas 280
modularidade: da arquitetura mental 216 – uso do termo 211
Moravcsik, Julius 227, 314
motivação 277, 278
movimento 16, 45, 47, 48
movimento: inerente à matéria 289 – estudos usando apresentações do taquistoscópio 273

movimento, operação de 45
multilinguismo 292
múltiplo encaixamento 221
mundo: contexto externo e interno de quadros de referência 228 – características do ... real 256 – como a linguagem se engaja no 283, 309 – "material" 159-61 – modos de ver o 310 – como o mundo das ideias 313 "mundos estranhos"; cenário de 296
mutações 278

Nagel, Thomas 161-5, 167, 176-8 – Sistema de Aquisição da Linguagem (SAL) 170-4 – sobre o problema do corpo-mente 161-5, 198, 207 – sobre a teoria naturalística da linguagem 250
naturalismo 9, 18, 20, 23, 198 – Baldwin sobre 152 – no estudo da linguagem e da mente 20, 145-91 – uso do termo 147, 148, 236 – variedades de152-61 – *ver também* naturalismo epistêmico; naturalismo metafísico; naturalismo metodológico
naturalismo epistêmico 152, 154, 155
naturalismo metafísico 155, 160, 161, 170, 250, 251
naturalismo metodológico 147-52, 154, 170, 236, 250
natureza, crença como impossível de se conhecer 200
negação 221
neurofisiologia 64, 188, 190, 208, 209
Newton, Isaac 10, 154, 158, 159, 162, 172, 246, 260, 288 – antimaterialismo 25, 118, 156, 158, 159, 197-200, 251 – sobre gravitação 197, 198, 286

nível semântico 41, 298
níveis de análise (Marr) 211, 273
nomear, como um modo de construir o mundo 57, 225, 311
nomes: não têm significado 61, 90, 298, 311 – Hobbes sobre 312
nomes próprios; não lógicos (Strawson) 311
normas102, 141, 142, 256, 267, 294-6 – violação das 181
números 216

objetividade, premissa da 274
objeto, constância do 174, 179, 236
objeto natural 210, 214 – linguagem como um 193-234
objetos: e agência 56-9 – descontínuo 226 – nomeável 239 – problemas apresentados pelos artefatos comparados com ... naturais 192
objetos simbólicos; propriedades e arranjos 299
observação, da linguística alinhada com um comportamento não linguístico 98, 107
ontologia 316
opções marcadas 223
opções não marcadas 223
optimalidade, condições de 220
ordem temporal; variação não paramétrica 220
organismo: analogia 31, 51, 52, 121 – dedicado ao uso e interpretação da linguagem 289 – estados internos de um 235 – "resolvendo problemas" 274, 277 – restrições sobre computar uma função cognitiva 279
organização de dentro 312

padrão, linguagens; parcialmente inventadas 271
palavras: podem mudar de significado e ainda serem as mesmas 302 – oferecem perspectivas conflitantes 224 – relações com coisas no mundo 8, 256-62 – rica contribuição inata para as propriedades semânticas 307 – como unidades fonéticas (ou ortográficas) 302
parâmetros ver abordagens de Princípios e Parâmetros
Pateman, T. 103, 292
Pauling, Linus 194, 200
Peirce, Charles Sanders 153, 157
pensamento: e ação como propriedades de matéria organizada 159, 162 – abismo entre recurso semântico e expresso 237, 238 – são conteúdos externamente determinados 264 – individuação de 284 – "linguagem do" (Fodor) 54 – como uma propriedade do sistema nervoso/ cérebro 203, 204, 207, 208 – relação com coisas no mundo 259
pensamento, experimentos de 265 – que anulam crenças de pano de fundo 296
pensamento: Locke sobre a faculdade de 25, 288 – modos de 47-50
percepção 27, 220-4 – diferenças relacionadas com a linguagem em 211 – e o sistema computacional 214, 308 – como um sonho modulado pelo *input* sensorial 228 – teorias empíricas da 276-9 – verídica 59 – *ver também* sistemas articulatório- -perceptuais
percepção equivocada 273-5

percepção visual; teoria de Marr da 273, 277
perceptual, organização; redução à 316, 318
perfeição da linguagem 16, 22, 39-48, 220
perspectivas 88, 165, 260, 261-70, 309 – conflitantes para palavras 224 – linguísticas do agente 240 – série de 82, 83 – *ver também* ponto de vista
pesquisa científica, *ver* pesquisa naturalística
pesquisa empírica, 23, 37, 97, 98, 101, 102, 111, 118, 119, 127, 128, 134-7, 142, 143, 193, 230, 268, 269, 272, 285, 317
pesquisa naturalística; e perspectivas do senso comum 83-96, 160 – definida 207, 235 – detalhada 210-34 – divergência com a linguagem natural 59, 60 – escopo da 53-62, 67-70, 167, 179 – e intencionalidade 96, 234 – linguagem em 149-52 – "nos moldes malkovianos" 84 – natureza da 147-52 – como psicológica e não filosófica 244, 245 – sistemas simbólicos de 264
pesquisa racional; idealização para domínios selecionados 103
"Platão, problema de" 123
Platonismo 152
Poder e questões de *status* 269
"poderes cognoscitivos" inatos 311, 313
Poincaré, Jules 200
ponto de vista 88, 283, 312 – objetos nomeáveis e 238-41 – e *status* das coisas 223-8 – *ver também* perspectivas

Popkin, Richard 116, 148
pragmática 233
pragmatismo 97, 98
prejuízo seletivo 65, 210
Priestley, Joseph 159, 203, 204, 207, 208, 288
primeira pessoa, autoridade de 247
"Princípio de Conexão" (PC); de Searle 177-9
princípio da projeção 40
princípio regulador 98, 107, 117
princípio da rigidez 174
princípios 243, 315, 328 – e estruturas de ênfase 289-91 – fixos e inatos 218
Princípios e Parâmetros, abordagem dos 13, 15, 41 – explicado 36, 216-20 – *ver também* Programa Minimalista
problemas 11, 157, 194, 195, 207, 208 – de erro 248
procedimento computacional, austeridade do 215, 216 – adjacência de registros, mas não de "mostradores" 215 – mapas de ordem de escolhas lexicais em fonética e forma lógica 222, 293
procedimento gerativo; isolando um 64, 70-5, 134 – o correto 233
processos internos; correlação com propriedades periféricas 279
produção 27
Programa Minimalista 14, 15, 21, 39, 40
pronomes 310, 311 – dependência de referência 224 – propriedades anafóricas dos 86
pronomização anterior 79
propósitos 240

propriedades: causativas 308 – distribucionais 308 – das espécies 26, 29, 214 – explicação parcial da linguagem 315 – da sensação ou percepção e pensamento 204
propriedades mentais: abordagens das 255 – e sistema nervoso 288
propriedades periféricas; correlação de processos internos com 279
propriedades referenciais; debate sobre 61
propriedades semânticas 189, 240 – inatas e universais 318
Proust, Marcel 168
psicolinguístico, experimento 295
psicologia 8, 9, 26, 152, 238, 241, 242, 263, 264, 266, 267, 311
psicologia internalista 249 – e problemas de software 190 – termo técnico inventado 264
psicologia popular 59, 60, 68, 166, 267
psicológica, evidência 112, 116, 117, 118, 172, 180
psicossemântica 285
Pustejovsky, James 227, 299, 314
Putnam, Hillary 18, 54, 89, 263, 270 – sobre a água 226 – sobre Bohr 92 – crítica de Chomsky de 53-96 – crítica do "mentalismo do MIT" 316-23 – divisão do trabalho linguístico 139, 320 – experimento do pensamento da Terra-Gêmea 89, 257, 267 – sobre fatos 238 – sobre a impossibilidade de modelos explanatórios para os seres humanos 53-5 – sobre intencionalidade 96 – sobre linguagens e significados como realidades culturais 270 – rejeição da hipótese do "caráter

inato" 129-31 – "O Significado do Significado" 89-91
"qualidades ocultas" 158
quantificadores 41, 221
quantum, teoria do 200
Quine, Willard 19, 97, 115, 122, 184, 247 – distinção entre "ajustar" e "guiar" 175 – epistemologia naturalizada 97, 152, 154 – sobre equivalência extensional 233 – estudo do deslocamento dos cliques 112, 117, 244, 245 – sobre gramaticalidade 126 – indeterminação da tradução 233, 245, 255 – nenhuma importância 118, 120 – paradigma da tradução radical 107-12, 185 – restrições sobre a estrutura coordenada 112 – "a revisão pode surpreender em qualquer lugar" 131, 319 – "tese naturalística" 171, 251

R (referir), relação 84-8 – e relação do tipo R 89, 90
Real Sociedade 199
recursos semânticos; abismo entre os ... e os pensamentos expressos 237, 238
redes neurais; teoria das 188, 189, 195
redução 10, 11, 20, 156, 163, 194, 233, 252, 253
referência 27, 257 – dois aspectos do estudo da 295 – nas ciências 263 – cooperação social mais contribuição da teoria de especificação do ambiente da 89 – escolhas sobre fixação da 132 – especificação da 89 – como um fenômeno social confiado a especialistas 321 – em filosofia da linguagem 50 – fixação de 91, 94, 227 – como uma noção técnica inventada 257-60, 262 – como uma relação tríplice 259 – noções de independência 240 – noção técnica da 264 – problema de relação 82-91 – a "protociência" da 295 – semântica e 230-3 – similaridades transculturais 295 – teoria causal da 89 – transparência de relação 85-7 – uso do termo 81, 230, 231, 321 – utilidade do conceito 83-96, 310
reflexão: avaliação por 286 – operações da mente que precedem a 294
regra, seguir 100, 180, 181 – em termos de normas da comunidade 73, 247
regra, sistema de: atribuição de uma regra internalizada específica 115-23 – problema de se encontrar propriedades gerais de um 36
regras: e comportamento 175 – e condições de acesso para a consciência 21, 181, 315 – inconsciência 315, 316 – *status* da linguística 19, 180, 181, 219
regras tranformacionais 44
Reid, Thomas 87, 153, 296, 297, 313
reificação 171, 172, 174
relações entre expressões e coisas 230
relações semânticas 307
relações sintáticas 125
relativos 200, 310
representação estrutural 87
representação mental: estudo internalista da 222 – especificações de 284 – *ver também* R-C teorias
representações: "informacionais" com conteúdo intencional 60 – como

entidades mentais postuladas 18, 273-5 – dois níveis de fonética e lógica 15, 298
representações semânticas 39, 293, 317-24 – e relações da FL com o sistema cognitivo 300, 301
revolução científica 33, 199
revolução cognitiva 7, 33
Richards, Theodore 202
rima, relações de 299
Romaine, Suzane 269
Rorty, Richard 97, 98, 100, 107, 123, 127
rótulos, atribuindo a conceitos 124
Russel, Bertrand 320

saber como 105-7
Sapir, Edward 245
Sapir-Worph, hipótese de 238
Saussure, Ferdinad de 66, 214
Schweber, Silvan 253
Searle, John 175, 176, 204, 207, 247, 289, 314-6 – Princípio da Conexão (PC) 177-80 – tese radical sobre consciência 162, 163
segmentos postulados 93
segunda língua, aprendizes de uma 17
seleção natural: substituir Deus 200 – funções não selecionadas em 280
sem(E) 298, 302, 308
semântica descritiva, 99, 123
semântica: evento 61-5 – referencial 8, 233, 299
semântica internalista 77, 85-7, 96
"semântica da linguagem natural" 299, 301
semântica popular 296, 321, 322
senso comum 22, 153, 154, 236, 241, 253, 254, 280-4 – e pesquisa naturalística 55-62, 83, 96

"sentido individual" 138, 140
"sentido, de referência fixa em linguagem natural" 91
ser humano: conceito de 22, 29, 30, 55, 243 – e linguagem falada 54-62 Shaftesbury, Anthony Ashley Cooper; terceiro Conde de 312, 313
significado: analogias com som 48, 301-8 – na cabeça ou determinado externamente 256-62 – como características semânticas de uma expressão 2 – condições internas sobre 81 – e crenças 240 – desacordos sobre o estudo do 48 – pesquisa sobre o significado do 27, 297 – relevância da configuração mental/cérebro para o 53, 54, 62-85 – e som 16, 39 – teoria do, e debate sobre o internalismo-externalismo do 256-81 – verdadeiros de, e verdadeiro de fato 125-8
Significado-I 293, 297, 298, 301, 302, 304, 305, 307, 309, 321
similaridade, relação de 89-91, 93, 263
"simplificação" 113
sinais 150, 313
sinal linguístico do surdo 217
sintaxe 17, 22, 233 – e dependência da estrutura 216 – forma internalista da 229 – relações D-R como 85-8 – tese da "autonomia da" 300 – uso do termo 300
sistema cognitivo 210-214, 223 – aspectos fonéticos do 211 – mudanças de estado que refletem experiência 212-4 – e palavras relacionais complexas 226-9 – e representação semântica 300 – uso de recursos 228, 237
sistema inventado; designado para violar princípios de linguagem 216

sistema motor 51, 122
sistema nervoso 188, 208 – e propriedades mentais 288
sistema sensório-motor 38, 39 – desativação do 46 – como linguagem específica em parte 300 – uso da informação disponibilizada pela Língua-I 299-301, 308
sistema visual 20, 51, 212, 255 – e teorias R-C 67, 68
sistemas articulatório-perceptuais 16, 67, 220, 221
sistemas de caso; diferenças de linguagem em 41-4
sistemas computacionais, complexidade de 219-21 – (gerativos) 150, 151 – com princípios muito invariáveis 214, 291 – propriedades 194, 215-7, 220, 252
sistemas computacional-representacionais *ver* teorias R-C
sistemas de crenças: e a faculdade da linguagem 19, 126-8, 228 – léxico e 75 – e os termos da linguagem 57, 240, 258
sistemas de desempenho 96, 210, 211 – especializados para a linguagem 211 – falibilidade de 20, 220, 221 – e Língua-I 66-75, 249 – Línguas-I encaixadas em 78-81 – representações internas acessadas pelos 275 – uso de expressões geradas pela Língua-I 221-4 – *ver também* sistemas articulatório-perceptuais; sistemas conceptual-intencionais
sistemas flexionais: basicamente o mesmo 215 – diferenças em linguagens em 42, 43
sistemas *input-output* da faculdade da linguagem 31, 69, 171, 180, 185,
204, 208-11, 217, 228, 255
sistemas simbólicos 43, 232
Smith, Barry 248
Smith, Neil 7-22
Soames, Scott 233, 245
social, cooperação; em especificação de referência 89
social, prática 74, 103, 104, 141 – e línguas diferentes 101
sociolinguística 147, 269, 270
sociologia da linguagem 292
som: analogias com o significado 48, 301-8 – como características fonéticas de uma expressão 222 – o estudo dos sistemas de 34 – localização pelo córtex auditivo 272 – pesquisa sobre o significado do 297 – e significado 16, 39, 40, 290, 293
Som-I 293, 294, 299, 302-5, 307, 310, 321
Spelke, Elizabeth 60, 172, 174, 286
Stich, Stephen 76, 187, 188, 259, 295, 296
Strawson, Peter 61, 311, 321
substâncias; *design* mental especial para 226
"superlíngua" 324

teoria do caso, 40
teoria da estrutura inata do organismo e do plano M 121-4
teoria explicativa 188, 194, 199, 207, 286 – e julgamentos intuitivos 295
teoria da ligação 40, 73, 104, 110 – uso do princípio (C) 173
teoria linguística internalista (T) 248, 249, 253
"teoria precedente" 132-7
"teoria primitiva" 168

teoria das representações semânticas
  inatas (TRSI), crítica de Putnam
  316-24
teoria das sentenças-T 304
"Teoria da Teoria" 187
teorias celulares 245
teorias: conceitos surgem de 130 –
  "pequenas" 131 – "transitórias"
  69, 70, 132-7, 269
teorias denotacionais de interpretação
  231, 239, 304-7, 328
teorias R-C 61-6, 87, 96, 189, 190 –
  como uma forma de sintaxe 77,
  87 – *ver também* linguagem-I
teorias sobre a verdade 230, 269, 270
terminologia: animística e intencional
  238 – e uso de linguagem comum
  230-4, 247
terminologia intencional 206
termos: forênsicos 313 – línguas sem
  certos termos 237
termos técnicos 87, 130, 257 – invenção de 321 – sem contraparte em
  linguagem comum 230-3 – variação
  em tradução de 322 – e verdade ou
  falsidade 230
Terra-Gêmea, experimentos de pensamento na 21, 89, 257, 258, 259,
  261, 267, 275, 296, 323, 325
"tese naturalística"; Quine sobre 171,
  172, 251
tipos naturais 22, 53, 55-9, 167, 192,
  240, 324
tradução: indeterminação da 19, 233,
  245, 255 – radical (Quine) 107-12,
  114, 185 – reconstrução racional de
  prática 256
trajetória 174

TRSI, *ver* teoria das representações
  semânticas inatas
Turing, Alan 94, 95, 205, 256
Turing, teste de 205

Ulman, Shimon 59, 60
União, operação 45
unidade orgânica; e identidade pessoal
  312
unificação, problema da *ver* ciência
uso do inglês comum; descrição de
  Pateman 291, 292
uso da linguagem: fatores sociais em
  74 – e atributos linguísticos 26 –
  criatividade do 48-52, 252 – explicando o 18, 53-96 – e inteligência
  255 – e interpretação do significado
  48 – restrições no nível da FF ou da
  FL 80 – similaridades não encontradas entre espécies 316
uso metafórico dos termos 205, 232,
  272, 277
uso: mudanças do, em mudança de
  linguagem 75, 95 – "correto" 271
  – *ver também* mau uso da linguagem
  e distinção entre conhecimento da
  linguagem e habilidade 105, 106
uso referencial da linguagem 309
uso regular de objetos 239, 309
uso do termo "linguístico" 193, 236

valores semânticos 229, 305
variação em linguagem; como instruções do sistema computacional
  para articulação e percepção 214
variação entre línguas: e orientação
  direita-esquerda 173 – como limitada a certas opções no léxico 151,

214, 219 – e propriedades de sistemas flexionais 42
variáveis 41, 90, 268, 291
Vaucanson, Jacques de 206
vínculo, relação de 78
visibilidade 287
vontade 124, 195, 197, 225, 295

Weinrich, Max 72
Wittgenstein, Ludwig 94, 95, 97, 106, 180, 225, 233, 247, 297 – Ludwig posterior 106

Wright, Crispin 249

Yamada, Jeni 65, 253, 254
Yolton, John 288, 297, 313

zeugma 310

SOBRE O LIVRO

Formato: 14 x 21 cm
Mancha: 23 x 44 paicas
Tipologia: Iowan Old Style 10/14
Papel: Pólen Soft 80 g/m² (miolo)
Cartão Supremo 250 g/m² (capa)
1ª edição: 2005

EQUIPE DE REALIZAÇÃO

Edição de Texto
Maurício Balthazar Leal (Preparação de Original)
Sandra Garcia Cortes e
Jane Cristina Mathias Cantu (Revisão)

Editoração Eletrônica
Luís Carlos Gomes (Diagramação)

Assistência Editorial
Alberto Bononi

Impressão e acabamento